本书得到阜阳师范学院学术著作出版专项经费资助

新式交通与
皖北地区城镇变迁研究
（1907—1949）

李 强 著

Xinshi Jiaotong Yu Wanbei Diqu
Chengzhen Bianqian Yanjiu

1907-1949

中国社会科学出版社

图书在版编目（CIP）数据

新式交通与皖北地区城镇变迁研究：1907—1949 / 李强著 . —北京：中国
社会科学出版社，2018.5
ISBN 978 - 7 - 5203 - 2571 - 4

Ⅰ.①新… Ⅱ.①李… Ⅲ.①交通运输—关系—城市史—研究—
皖北地区 Ⅳ.①F512②K295.4

中国版本图书馆 CIP 数据核字（2018）第 108970 号

出 版 人	赵剑英	
责任编辑	刘 艳	
责任校对	陈 晨	
责任印制	戴 宽	

出 版	中国社会科学出版社	
社 址	北京鼓楼西大街甲 158 号	
邮 编	100720	
网 址	http://www.csspw.cn	
发 行 部	010 - 84083685	
门 市 部	010 - 84029450	
经 销	新华书店及其他书店	

印 刷	北京明恒达印务有限公司	
装 订	廊坊市广阳区广增装订厂	
版 次	2018 年 5 月第 1 版	
印 次	2018 年 5 月第 1 次印刷	

开 本	710×1000	1/16
印 张	18.25	
插 页	2	
字 数	273 千字	
定 价	78.00 元	

凡购买中国社会科学出版社图书，如有质量问题请与本社营销中心联系调换
电话:010 - 84083683

序

马陵合

　　本书是李强副教授在其博士论文基础上，经过认真修改而成的区域交通史研究专著。李强是我所指导的第二届的硕士毕业生，毕业后到阜阳师范学院工作。工作几年后，2011年他考入安徽师范大学攻读中国史博士学位，仍由我指导。因李强来自皖北，研究皖北区域历史具有得天独厚的地理条件，也有持续研究的空间。所以，我们共同商讨后，确定博士论文的选题为"新式交通与皖北地区城镇变迁研究（1907—1949）"。2014年，他顺利完成学业，获得博士学位。回到原单位后，他坚持围绕这一课题继续进行研究，取得了一定的成果，获得省社科基金的资助，在《安徽史学》等刊物上发表多篇学术论文。现在呈现在读者面前的这本著作，肯定较几年前的博士论文更加完善，学术质量更高。

　　近年来，交通史日渐成为学界关注的热点，已在天津（2010）、杭州（2012）、苏州（2014）、芜湖（2016）成功举办四届学术研讨会。以江沛、朱从兵、丁贤勇等为代表的一批学者在这一宽广学术平台上进行多元、多角度的学术探索。他们的学术成果为本课题的研究提供了有益的借鉴。皖北地区也是近年学界关注的重点。吴春梅、张崇旺、朱正业等对皖北地区经济社会变迁等方面进行研究，在学界产生一定的学术影响。这些研究一方面为后来者提供有益的借鉴，另一方面也给后来者提出挑战，即如何跳出前人的研究模式，如何吸收借鉴前人成果进行必要的创新？李强为此作出了自己的学术努力。

首先，李强在广泛搜集资料、实地调查的基础上，初步理清了皖北地区传统交通格局与城镇体系，梳理出新式交通——铁路、轮船、公路发展的脉络，进而探究新式交通对淮河流域城镇与社会经济的影响，较为完整地勾勒出皖北地区交通由传统向现代演进的历史轨迹，充分展现了新式交通对城镇的兴衰、城镇形态等方面产生的巨大作用。作者尽可能搜集相关档案文献，使用第一手资料，并引入历史地理研究方法，通过绘制地图，直观、具体地呈现淮河流域商路变迁、城镇空间结构等。作者也充分关照到了区域交通发展的历史延续性，在经济近代化程度不高的皖北地区，传统交通与现代交通的互补性，应更为明显。

其次，本书探究了近代皖北地区交通中心的变迁。新式交通冲击了皖北地区传统交通格局，导致皖北地区商路变迁，进而引发交通与商业中心变迁。随着安徽地方政府和绅商筹建以正阳关为中心的铁路计划相继流产，蚌埠势不可当地取代了正阳关、临淮关，成为皖北地区新的交通枢纽和商业中心。同时还与临近的豫南地区进行横向比较。作者基于对商路扎实研究的基础上，对皖北地区城镇格局变化的基本动因，作了较为深刻的洞察。这一研究思路，回归到了交通与城镇间最本质的关联，并非那种对铁路与经济发展间关系的泛泛而谈。

再次，本书揭示了新式交通，特别是铁路与皖北城镇发展的关系。以铁路为代表的新式交通是提升城市交通区位优势的主动力。津浦、淮南铁路相继通车，拉动皖北地区新城镇崛起，如蚌埠、淮南等。铁路对这些城市的空间结构、城市规模、城市地位产生深远影响。铁路沿线的小城镇也得到长足发展。同时，一些传统城镇因缺少新式交通的拉动，逐渐失去交通与区位的优势，城镇发展停滞或渐趋衰落，如凤阳、阜阳、亳州等。此盛彼衰的历程，内含着交通对区域城镇格局影响的内在规律，其历史意义与现实关照，自不待言，也是意蕴深远的学术议题。

本书史料丰富，结构清晰严谨，表述流畅，反映出作者有着严谨的学术态度和独立思考的学术精神，也足见其学术研究能力日见提升。在读博期间，李强学习勤奋，勇于探究，先后发表多篇关于新式交通与皖北地区城镇变迁的学术论文，在学界产生了一定的影响。我们合作完成的关于近代皖北交通中心变迁的论文刊于《安徽师范大学学报》（人文社科版），随后被人大复印资料、《中国社会科学文摘》等多家刊物转载或刊发摘要，这甚至让师大学报的编辑们颇为意外。他本人在读书期间也荣获国家奖学金。

瑕不掩瑜，本书只是作者学海探索的起点，对本书的研究主题而言，仍存在着一些可以继续探究的问题。如地方政府建设新式区域交通网络过程中与中央政府关系，地方政府如何行使交通行政管理权，这些均尚有很大研究空间。针对一些与新式交通有关的征地、税捐、警察等具体问题，若进行深入探讨，可以更全面揭示区域交通与社会发展之间的内在关联。当然，李强目前也在既有基础上，继续进行更深的挖掘。更可喜的是，他还利用他的研究专长，积极参与当下有关小城镇建设的研究课题，利用历史资源为传统城镇的新发展提供支撑。

在李强博士论文出版之际，发自内心地为他高兴。相信他在以后的工作和研究中取得更大的成绩，期待早日见到新的大作。

2017 年 10 月 30 日于芜湖

目　　录

绪　　论

一　选题意义

交通是传递信息、人口迁移和商品流通的纽带，具有鲜明的经济特征。一个经济区域对外界的影响力、辐射范围的大小，以及商品的流通量，在一定程度上取决于其交通条件。严耕望先生曾说："交通为空间发展之首要条件，盖无论政令推行，政情沟通，军事进退，经济开发，物资流通，与夫文化宗教之传播，民族感情之融和，国际关系之亲睦，皆受交通畅阻之影响，故交通发展为一切政治经济文化发展之基础，交通建设亦居诸般建设之首位。"[①] 这充分说明交通的重要性。一个经济区域内部，中心城市往往在水陆交通的要道，通过交通干线连着次级城镇，次级城镇又以支线连着小城镇，小城镇再连着乡村，形成交通网络，为城乡经济的交流、商旅的往来提供便利；同时，经济的发展也会促进交通的进一步拓展，物资流通量和流通地域的扩大，交通建设也会不断延伸，进一步加强了物资的流通。城乡交通网络的形成也促进城乡市场体系的形成。在一定时期内物资流通的固定路线，就成为商路。它是商品流通的载体与渠道。李伯重指出："在一个全国市场中，各地的商品、劳动、资金及信息都必须能够在全国范围内大规模地自由流动，只有做到了这一点，这个市场才

---

① 严耕望：《唐代交通图考》序言，上海古籍出版社 2007 年版。

能称为全国市场。"① 明清时期，国家统一，水陆交通畅通，驿道比较发达，长途贩运兴起，商路纵横，为区域间物资交流提供可能，全国市场初步形成。清末民初，新式交通出现，交通拉动社会经济发展的能力更为强大。"交通占得社会经济重要之地位，时代益进，生活之欲望益繁复，经济状态益发达，于是由经济上之需求交通乃益关重要矣。"②

因此，随着新式交通的兴起，传统交通模式受到冲击，皖北交通格局和商品运输方式随之发生变化，商品流向改变，商路亦发生变迁，新的交通格局渐趋形成。与此同时，本区域传统城镇体系也因新式交通兴起发生变动，新城镇崛起，传统城镇得新式交通之利者兴，失交通优势者衰，并导致皖北地区交通中心发生转移。

本书所研究的内容属于区域交通史、城镇史的研究范畴。区域史作为历史研究的方法之一，它企图全面、整体地掌握人民生活的全部历史，是通过对特定"区域"的深入考察来实现其研究目的，如谢国兴的《中国现代化的区域研究——安徽省（1860—1937）》。该著作将安徽作为一个行政单元的"整体"进行研究，一定程度上忽略了地理方面的因素。因为安徽省并不是一个完整的地理单元。由于长江的阻隔，皖南、皖北是存在很大差距的。皖南与毗邻的赣东地区以及浙西的金衢严处等地比较相似，而皖北则与豫东、苏北地区更为接近。地理上的因素，往往会强化经济上的联系，这是通过交通来实现的。交通运输是实现人或物从一地到另一地的空间转移，与地理学的关系十分密切。"交通者，乃人类利用地理状况之一种活动，人类为活动之主人，地理为活动之基础，至于交通事业则活动之现象也。故地理之状况及人类活动之程度，与交通有密切之关系。"③ 城镇是历史上形成和发

① 李伯重：《中国全国市场的形成：1500—1840》《清华大学学报》（哲学社会科学版）1999 年第 4 期。
② 曾世荣：《交通与社会经济》，《学艺》1930 年第 5 期。
③ 盛叙功编译、刘虎如校订：《交通地理》，上海商务印书馆1931 年版，第 1 页。

展的地理实体，是人类聚居的高级形式。城镇间的商品流通是通过交通维系的，交通是否畅通关系城镇的兴衰。基于此，本课题将皖北地区的交通与城镇变迁结合进行研究，地理空间以淮河为中心，向其流域南北扩展，结合流域内各城镇的水陆交通情况，将本课题进行深入研究。

本书在考察皖北传统交通格局和城镇体系的基础上，重点对新式交通兴起与交通路线的变更、新式交通格局下交通中心的转移、新城镇崛起、传统城镇兴衰进行研究，探究交通与商品流通、交通对城镇发展的影响以及新式交通兴起对该地区传统交通格局的冲击，进而分析新的交通中心的形成和传统城镇的不同命运。通过对本区域交通史的研究，可以透视出在历史的转型时期，交通方式的进步，必然会形成新的交通格局，拉动新城镇的崛起，同时，交通中心的转移对传统城镇体系产生强力冲击，传统城镇面临不同的兴衰命运。本书的研究可以反映皖北地区传统交通向新式交通过渡的历史轨迹，为皖北地区社会经济方面的研究寻求一个新的路径，对于该地区交通事业发展、城镇规划政策的制定等方面提供一定的理论支持，为区域交通史、城镇史研究提供一个范例。

二　研究现状与述评

交通史、城镇史是学界研究的重要领域，出版的专著和发表的论文颇丰，在此，对于涉及本书研究内容的文献资料、专著以及论文进行简要的综述。

（一）近代交通史、城镇史的研究现状

民国时期，交通史的研究已经起步。如曾鲲化的《中国铁道史》，谢彬的《中国铁道史》，白寿彝的《中国交通史》，张家璈的《中国铁道建设》，交通部铁道部交通史编纂委员会编纂的《交通

史路政篇》，盛叙功编译、刘虎如校订的《交通地理》，等等①。这些研究成果是交通史研究的开启之作，其影响深远。

20世纪60年代，交通史研究逐步走向深入。李国祁的《中国早期的铁路经营》②，对晚清铁路的筹建及运营进行初步的梳理。宓汝成的《中国近代铁路史资料》三册③，是研究中国铁路交通的基础性的资料，具有较高的学术价值。

20世纪80年代以来，交通史研究成果丰厚。宓汝成的《帝国主义与中国铁路（1847—1949）》，系统阐述了一百年间帝国主义对中国铁路路权的攫取以及铁路运营对中国社会经济的影响，是研究铁路交通史的一部力作。朱从兵的《铁路与社会经济：广西铁路研究（1885—1965）》④，是以广西省铁路修筑、运营为例，重点分析了铁路对广西社会经济发展的影响。马陵合的《清末民初铁路外债观研究》⑤，系统阐释了近代中国对借款修路模式的探讨及运用历程，体现了近代中国对经济独立和政治独立的追求。尹铁的《晚清铁路与晚清社会变迁研究》⑥，具体叙述了晚清铁路修建及其对晚清政局、社会经济以及城市等的影响。丁贤勇的《新式交通与社会变迁——以民国浙江为中心》⑦，全面探讨了新式交通兴起对乡村、城市以及人们社会观念等方面的变化。这些成果对本书的研究具有重要的参考价值。

交通史方面的研究论文也比较丰富。刘秀生的《清代内河商

---

① 曾鲲化：《中国铁道史》，燕京印书局1924年版；谢彬：《中国铁道史》，上海中华书局1929年版；白寿彝：《中国交通史》，商务印书馆1937年版；张家璇：《中国铁道建设》，商务印书馆1945年版；交通部铁道部交通史编纂委员会：《交通史路政篇》1935年版；盛叙功编译、刘虎如校订：《交通地理》，上海商务印书馆1931年版。
② 李国祁：《中国早期的铁路经营》，（台北）"中央研究院"近代史研究所1961年版。
③ 宓汝成：《中国近代铁路史资料》，中华书局1963年版。
④ 朱从兵：《铁路与社会经济：广西铁路研究（1885—1965）》，广西师范大学出版社1999年版。
⑤ 马陵合：《清末民初铁路外债观研究》，复旦大学出版社2004年版。
⑥ 尹铁：《晚清铁路与晚清社会变迁研究》，经济科学出版社2005年版。
⑦ 丁贤勇：《新式交通与社会变迁——以民国浙江为中心》，中国社会科学出版社2007年版。

业交通考略》① 一文利用地方志资料研究清代长江、黄河、淮河等河流商业交通状况，其中对清代淮河沿线的航运线路及沿线城镇状况作了概要性的分析。邹逸麟的《黄河下游河道变迁及其影响概述》② 研究了黄河河道变迁对淮河流域特别是淮河支流颍河、涡河的水利和航运的影响以及给该地区带来的灾害。《略论历史上交通运输与社会发展的关系》③ 认为交通运输的发展可以促进地区经济的进步，交通线路的变迁关系城市的盛衰。邓亦兵的《清代前期商品流通的运道》④ 将清代前期的商路分为官路与民路，认为二者皆为商品流通的运道；《清代前期的粮食运销和市场》⑤ 对清代前期淮河粮食运输的路线及沿线的粮食集散市场的分布作了概要性的分析。丁贤勇的《方法与史实：以民国交通史研究为中心的考察》⑥ 一文，则为研究民国交通史提供了一些必要的史学理论支持。

城镇史的研究经历一个从集中研究上海、天津、武汉等大城市转向研究区域城镇和小城镇的过程。顾朝林的《中国城镇体系——历史·现状·发展》、何一民的《中国城市史纲》、庄德林等编著的《中国城市发展和建设史》、许学强的《城市地理学》⑦ 等从国家层面对中国城镇进行宏观的研究，构建起城镇历史地理的基本理论和范式，具有很高的学术价值。而区域城镇史研究则主要探讨了近代区域城镇发展变迁及其对区域经济社会诸多方面的影响，为区

---

① 刘秀生：《清代内河商业交通考略》，《清史研究》1992 年第 4 期。

② 邹逸麟：《黄河下游河道变迁及其影响概述》，《复旦学报》（社会科学版）1980 年第 1 期。

③ 邹逸麟：《略论历史上交通运输与社会发展的关系》，《复旦学报》（社会科学版）1991 年第 1 期。

④ 邓亦兵：《清代前期商品流通的运道》，《历史档案》2000 年第 1 期。

⑤ 邓亦兵：《清代前期的粮食运销和市场》，《历史研究》1995 年第 4 期。

⑥ 丁贤勇：《方法与史实：以民国交通史研究为中心的考察》，《清华大学学报》（哲学社会科学版）2008 年第 3 期。

⑦ 顾朝林：《中国城镇体系——历史·现状·发展》，商务印书馆 1992 年版；何一民：《中国城市史纲》，四川大学出版社 1994 年版；庄德林等：《中国城市发展和建设史》，东南大学出版社 2002 年版；许学强：《城市地理学》，高等教育出版社 2002 年版。

域城镇历史地理研究作出有益的探索。[①]

关于近代城镇史方面的研究文章既有个案分析，也有对区域城镇体系和城镇群体的研究。许檀《清代河南商业重镇周口——明清时期河南商业城镇的个案考察》[②]《清代河南朱仙镇的商业——以山陕会馆碑刻资料为中心的考察》[③] 等文章利用清代会馆碑刻资料，对朱仙镇、周口、北舞渡等淮河流域城镇的商业发展进行了比较细致的研究，对清代淮河上游的商业交通路线也进行了分析，其中不少内容涉及颍州、亳州等水路运输路线。程敬磊的《清代豫东城镇地理初探》[④]，对豫东城镇进行分类，探究了豫东地区城镇发展的制约因素，如经济、地理、交通等因素。马义平的《道清铁路与豫北城镇体系变动》[⑤] 以道清铁路与豫北城镇化之间的关系为切入点，对豫北地区城镇化进程中的作用及地位进行初步考察。满霞的《胶济铁路与近代社会变迁研究——以 1899—1933 年为中心》[⑥]，其内容涉及了沿线农村城镇化和城镇的消长，体现出交通对城镇变迁的影响。鲍成志的《近代中国交通地理变迁与城市兴

---

① 茅家琦主编：《横看成岭侧成峰——长江下游城市近代化的轨迹》，江苏人民出版社 1993 年版；张仲礼主编：《东南沿海城市与中国近代化》，上海人民出版社 1996 年版；戴鞍钢：《港口·城市·腹地——上海与长江流域经济关系的历史考察（1843—1913）》，复旦大学出版社 1998 年版；隗瀛涛主编：《中国近代不同类型城市综合研究》，四川大学出版社 1998 年版；包伟民主编：《江南市镇及其近代命运》，知识出版社 1998 年版；王守中等：《近代山东城市变迁史》，山东教育出版社 1999 年版；曲晓范：《近代东北城市的历史变迁》，东北师范大学出版社 2001 年版；张仲礼主编：《长江沿岸城市与中国近代化》，上海人民出版社 2002 年版。

② 许檀：《清代河南商业重镇周口——明清时期河南商业城镇的个案考察》，《中国史研究》2003 年第 1 期。

③ 许檀：《清代河南朱仙镇的商业——以山陕会馆碑刻资料为中心的考察》，《史学月刊》2005 年第 6 期。

④ 程敬磊：《清代豫东城镇地理初探》，硕士学位论文，郑州大学，2012 年。

⑤ 马义平：《道清铁路与豫北城镇体系变动》，《华北水利水电学院学报》2011 年第 6 期。

⑥ 满霞：《胶济铁路与近代社会变迁研究——以 1899—1933 年为中心》，硕士学位论文，山东大学，2007 年。

衰》① 探讨了交通地理变化，打破了中国传统城市发展的格局，许多传统城镇因交通区位变化，丧失了优越的交通条件，发展或停顿或衰落。

这些研究或从国家层面，或从区域范围对交通史、城镇史进行研究，其中一些成果也探究了区域交通与城镇体系、交通与城镇兴衰的关系，对本书的研究提供了有益的借鉴与参考。

（二）本区域交通史、城镇史研究现状

与本书研究区域相关的著作颇为丰富。林传甲的《大中华安徽省地理志》②，该书为当时师范中学教科书，系统介绍安徽省地理概况，其中有交通、城镇等方面的史料。李品仙署、黄同仇等编纂的《安徽概览》③，其中有民国时期安徽交通建设、城镇概况等方面的记载。马茂棠主编的《安徽航运史》④，讲述了历史时期安徽水路运输情况，对晚清民国时期的淮河水路交通路线等方面论述较为简略。周昌柏主编的《安徽公路史》（第1册）⑤ 研究了安徽陆路交通的情况，对清至民国时期的官道、大路以及公路的兴修有概要性的论述。杨正泰的《明代驿站考》⑥ 一书是明代驿站研究的代表性的论著。该书主要利用文献考订了明代两京十三省驿站名称及方位。由于清代基本沿袭了明代的驿站路线，所以该书对驿站的考证对研究清代皖北地区的驿路也很有参考价值。此外，书后还附有经校订的明代路程图记，包括记载明初驿路的《寰宇通志》、明末徽商所撰的《一统路程图记》和《士商类要》，载有行经皖北地区的多条商路路线，对明清皖北地区交通史的研究很有价值。刘秀生

---

①　鲍成志：《近代中国交通地理变迁与城市兴衰》，《四川师范大学学报》（社会科学版）2007年第4期。

②　林传甲：《大中华安徽省地理志》，中华印书局1919年版。

③　李品仙署、黄同仇等编纂：《安徽概览》，1944年印刷，1986年重印，安徽档案馆藏。

④　马茂棠主编：《安徽航运史》，安徽人民出版社1991年版。

⑤　周昌柏主编：《安徽公路史》（第1册），安徽人民出版社1989年版。

⑥　杨正泰：《明代驿站考》，上海古籍出版社1994年版。

的《清代商品经济与商业资本》①，附有"清代国内商业交通考略"，其中有汉口—开封及开封—凤阳—浦口的沿淮商业路线，只是概述，缺乏详论。邹逸麟的《黄淮平原历史地理》②，研究了淮河流域的历史地理变迁，分析了黄河改道对淮河流域交通的影响。牛冠杰的《17—19 世纪中国的市场与经济发展》③，对淮河水系的航运以及当时六大水陆联运的商路干线之一的"包头—开封—凤阳—浦口"商路进行研究，并附有示意图，但言之过简。吴海涛、陈业新、马俊亚等学者④对淮北地区生态环境遭到破坏，黄河改道对淮河流域的影响进行了考察，揭示了皖北地区长期贫困的原因，其中对于该地区的水运、城镇兴衰等方面也有涉及。

涉及本区域交通和城镇研究的论文如下。廖声丰的《清代前期凤阳榷关的征税制度与商品流通》⑤ 利用清代关税档案，对清代凤阳关在商品流通中的地位进行了分析，认为凤阳关所在地正阳关是清代前期淮河沿线最重要的商业交通枢纽。周德春的硕士学位论文《清代淮河流域交通路线的布局与变迁》⑥ 对淮河流域的水陆交通路线进行翔实考察，认为淮河流域水陆交通优势显著，正阳关是水路交通枢纽，陆路交通中心是凤阳，该文是研究淮河流域交通路线的重要成果，有重要的学术价值。马陵合的《民营江南铁路的修筑及运营评述》⑦ 对民营江南铁路的修筑进行了考察，认为该铁路的运营便于皖南货物输出，并促进芜湖等城市崛起。张晓芳的博士学

---

① 刘秀生：《清代商品经济与商业资本》，中国商业出版社 1993 年版。

② 邹逸麟：《黄淮平原历史地理》，安徽教育出版社 1997 年版。

③ 牛冠杰：《17—19 世纪中国的市场与经济发展》，黄山书社 2008 年版。

④ 吴海涛：《淮北的盛衰：成因的历史考察》，社会科学文献出版社 2005 年版；陈业新：《明至民国时期皖北地区灾害环境与社会应对研究》，上海人民出版社 2008 年版；马俊亚：《被牺牲的"局部"——淮北社会生态变迁研究（1680—1949）》，北京大学出版社 2010 年版。

⑤ 廖声丰：《清代前期凤阳榷关的征税制度与商品流通》，《淮南师范学院学报》2005 年第 1 期。

⑥ 周德春：《清代淮河流域交通路线的布局与变迁》，硕士学位论文，复旦大学，2011 年。

⑦ 马陵合：《民营江南铁路的修筑及运营评述》，《安徽史学》2009 年第 3 期。

位论文《蚌埠城市历史地理研究》① 从历史地理的角度对蚌埠城市兴起进行考察，其中对蚌埠兴起的交通因素有所涉及。

以上这些成果对皖北地区的交通史、城市（镇）史研究进行初步探讨，主要集中在交通或城镇发展方面，将二者结合起来进行研究的成果还不多见，特别是新式交通与城镇变迁关系的研究较为薄弱，需要深入探究。

（三）新式交通与皖北社会、城镇变迁的研究

目前，涉及皖北地区社会变迁方面的研究主要有陈业新的《明至民国时期皖北地区灾害环境与社会应对研究》，探讨了在灾害环境下，民间和国家在不同层面上的应对举措，以此对皖北社会变迁及其原因进行深入分析。马俊亚的《被牺牲的"局部"——淮北社会生态变迁研究（1680—1949）》对明清以来淮北社会生态变迁的历程及其原因进行全面探讨，认为淮北地区之所以从唐宋时代的鱼米之乡演变为穷乡僻壤，主要是封建中央政府以"顾全大局"的名义而有意牺牲这一"局部利益"的结果，发人深思。

涉及皖北地区新式交通与皖北社会、城镇变迁的研究主要有台湾学者谢国兴的《中国现代化的区域研究：安徽省（1860—1937）》② 一书，对于晚清民国时期安徽的交通事业如铁路、公路兴修、城镇发展给予较多的关注。沈世培的《文明的撞击与困惑——近代江淮地区经济和社会变迁研究》③，对近代以来江淮地区在近代化的过程中所面临的困惑进行分析，对江淮地区的交通、城镇也有论述。王鑫义的《淮河流域经济开发史》④，研究了淮河流域历史时期的经济与商业发展，对于该地区的交通、城镇、商

---

① 张晓芳：《蚌埠城市历史地理研究》，博士学位论文，复旦大学，2007 年。
② 谢国兴：《中国现代化的区域研究：安徽省（1860—1937）》，（台北）"中央研究院"近代史研究所 1991 年版。
③ 沈世培：《文明的撞击与困惑——近代江淮地区经济和社会变迁研究》，安徽人民出版社 2006 年版。
④ 王鑫义：《淮河流域经济开发史》，黄山书社 2001 年版。

业研究较为详细。吴春梅等的《近代淮河流域经济开发史》①，对近代淮河流域的商业、交通、城镇等方面进行了翔实的研究，探讨了淮河流域经济开发的轨迹，彰显了淮河流域整体经济社会发展的全貌，其中对交通的研究较为深入，值得借鉴。秦熠《铁路与淮河流域中下游地区社会变迁（1908—1937）》② 一文认为铁路交通兴起，淮河中下游地区交通体系重组，在水陆交会处形成新的交通中心，并促进农业商品化、区域化，社会也发生相应的变迁。朱正业等的《民国时期铁路对淮河流域经济的驱动（1912—1937）》③ 一文探究了铁路对淮河流域农业、工业、运输方式、城市等方面带来的变化，认为铁路驱动了淮域社会经济的发展。任文杰的《交通变革与蚌埠城市发展（1911—1938）》④ 探究了蚌埠迅速崛起的交通因素，正是交通的变革使得蚌埠迅速从一个乡村津渡发展成为皖北地区的经济、政治、军事中心。这些研究或从各自研究角度或从个案的角度对新式交通与城镇变迁进行了研究，但未全面系统地考察皖北地区新式交通与城镇变迁关系。这正是本书要解决的问题。

总之，关于皖北地区交通与城镇方面的研究成果虽比较丰富，但大多没有将交通与城镇结合起来研究，即使在研究中提及，往往缺乏深入的探究，这为本书研究提供了较大空间。以往的研究大多缺乏从宏观的角度去探究新式交通与皖北城镇变迁，增强了本书研究的必要性。另外，以前的研究时间跨度较短，不能清晰反映皖北新式交通发展的轨迹，更不能全面揭示新式交通与皖北城镇互动的关系，这留给本书更多的研究余地。

① 吴春梅等：《近代淮河流域经济开发史》，科学出版社2010年版。
② 秦熠：《铁路与淮河流域中下游地区社会变迁（1908—1937）》，《安徽史学》2008年第3期。
③ 朱正业等：《民国时期铁路对淮河流域经济的驱动（1912—1937）》，《福建论坛》2010年第10期。
④ 任文杰：《交通变革与蚌埠城市发展（1911—1938）》，硕士学位论文，复旦大学，2006年。

三　研究思路与方法

（一）研究思路

首先，本书突破以往交通史、城市史研究的瓶颈，将新式交通兴起与城镇变迁结合起来研究，探究二者之间的互动关系，尽可能搜集相关档案文献，使用第一手资料，寻找强有力的史料支撑。其次，引入历史地理研究方法，通过绘制相关地图，使抽象的研究更为直观、具体。最后，在全面考察皖北新式交通发展的基础上，深层次探究影响城镇变迁的交通因素以及城镇变迁对新式交通格局形成的反作用，揭示皖北交通和城镇发展中的制约因素。

（二）研究方法

本书拟采用历史地理学的理论和方法，借鉴城市史一些研究成果，在书中采用一些地图、表格，使一些抽象的问题精确化；拟采取历史文献法，通过查阅晚清民国时期的历史档案、方志、文献资料，厘清皖北地区的交通路线；本书属于历史地理研究范畴，还涉及社会史、经济史等领域，必然要采用跨学科交叉研究的方法，对本区域的交通与城镇变迁进行深入而全面的研究；采用比较研究法，探究新式交通对于皖北地区不同类型城镇变迁的影响差异性。

四　研究区域与时间的界定

在进行区域史的研究中，学界往往根据研究需要，对所研究区域进行利于自己研究的界定。但事实上，进行区域界定，也要遵循一定的原则。正如李伯重在《简论"江南地区"的界定》中指出："这个地区必须具有地理上的完整性，必须是一个自然生态条件相对统一的地区，换言之，在其外部应有天然屏障将它与毗邻地区分隔开来；而在其内部，不仅有大体相同的自然—生态条件，而且最后还属同一水系，使其内部发生紧密联系。"① 本书使用"皖北地区"的概念，正是基于此种原则。主要指安徽淮河两岸的广大地区，涵盖清代的庐州、凤阳、颍州、六安、泗州等府州；大致相当于今天的合肥、阜阳、亳州、蚌埠、淮南、淮北、宿州、六安、凤阳、怀远、定远、凤台、灵璧、固镇、五河、濉溪、颍上、阜南、临泉、界首、太和、蒙城、涡阳、利辛、霍邱、霍山、寿县等县市。（见图1）

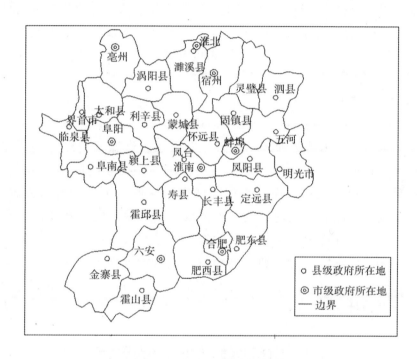

图1　皖北地区区域界定

之所以选择这一地区作为研究对象，是因为该地区因长江阻隔，形成本区域自有的交通路线，而且在地貌特征、社会状况、风俗人情等方面极其相似；其经济发展水平、传统城镇规模等方面也

---

① 李伯重：《简论"江南地区"的界定》，《中国社会经济史研究》1991年第1期。

十分接近。长期以来，本地区形成以淮河为中心，联系豫、鲁、苏、鄂等省的水陆交通网络。因长江的存在，本区域与安徽江南地区存在着明显的差异，长期的交通传统，使其形成各自的交通网络；其城镇布局、规模等也明显不同。

当然，在以往的研究中，学界对皖北地区的界定存在很大分歧。有的将皖北地区视为安徽长江以北地区，如闵宗殿的《清代苏浙皖蝗灾研究》①，此种界定，过于扩大了皖北地理范围；有的将安徽分为皖北、皖中、皖南。此处皖北地区指淮河以南的淮南、蚌埠和淮河以北的全部地区，如张德生的《安徽经济地理》②；也有将皖北视为皖省境内的淮河流域地区，如陈业新的《明至民国时期皖北地区灾害环境与社会应对研究》。还有的研究将皖北视为淮北，如张妍的《19世纪中期中国双重统治格局的演变》③。这些对皖北范围不同的界定，往往是因各自研究需要的不同而存在差异。

关于本书的时间界定。时间的上限是1907年。是年，正阳关永昌钱庄老板王锦芳等人在蚌埠设立私营利淮轮船公司，经营正阳关至江苏清江之间的传统航线。这标志着皖北地区新式交通的开始。时间的下限是1949年，也是众多课题多用的时间节点。因为之后历史进入了一个全新的历史时期。本书研究之所以选取皖北地区这一时段的交通进步与城镇变迁进行研究，是因为既能反映出本地区交通由传统向近代转型的全过程，又透视出本地区的城镇体系随之兴衰的轨迹，进而深入探究区域交通中心的转移、商品流通路线的变更对城镇功能、结构和布局的直接影响。

事实上，近代以来，新式交通包括运输和邮电两个方面。运输的任务运送旅客和货物，邮电的任务是传递信件、包裹、传送语

---

① 闵宗殿：《清代苏浙皖蝗灾研究》，《中国农史》2004年第2期。
② 张德生：《安徽经济地理》，新华出版社1987年版。
③ 张妍：《19世纪中期中国双重统治格局的演变》，中国人民大学出版社2002年版。

言、符号和图像。本书研究的交通指的是前者，包括轮船、铁路、公路运输等。

　　本书所讨论的城镇，既指本区域的府、州、县治所在的城市，也包括县治以下关津要冲、贸易繁盛之地设有佐贰、典史、巡检司的集镇，以及没有设治而地理位置重要、商业发达的集镇。

第一章　皖北地区传统交通格局与城镇体系

在传统社会中，一个区域的交通网络包含陆路交通和水路交通两个方面，二者既各自独立，又相互连接，进而形成综合的交通网络体系。陆路方面，不同朝代都注重修筑驿道，设置驿馆、递铺，建立起比较畅通的陆路交通网络。水路交通是利用自然河流或开挖运河进行航运。皖北地区的水路交通主要是对淮河干支流的开发利用，并建立了通江达海的航运。明清时期，皖北地区形成了以府、州、县城镇为中心的城镇体系，这些城镇大多位于交通要道，其经济功能也较明显。县级以下的商业城镇主要是交易的场所，其手工业并不发达。本章在考察皖北地区不同历史时期交通概况的基础上，厘清本区域陆路、水路交通路线，并对皖北地区传统城镇体系形成与发展进行研究。

第一节　皖北地区传统交通格局

皖北地区主要城镇大多是沿水路分布的，逐渐形成以淮河干支流水运为主导，陆路驿道等为补充的交通格局。在传统运输方式下，这种交通格局在自行缓慢演进，并没有发生质的飞跃，而且这与传统的自然经济相适应，基本上满足皖北城镇的商品流通。

一　明代以前皖北地区交通发展概况

（一）先秦时期的交通概况

夏、商、周三代统治区域是一个逐渐扩大的过程。夏朝统治中心在现在的河南西部、山西南部，其四至为"东为江，北为济，西为河，南为淮"①。这表明夏朝的交通区域已达淮河流域。商朝的统治中心在今天的河南北部、山东西南部和河北南部，其疆域比夏朝扩大很多。到商朝晚期已经初步形成以商都为中心的东西横向、南北纵向的交通路线。商朝六条干道之一的东南大道就是通往徐淮地区的。②西周统治范围进一步扩大，其交通范围也随之扩大。西周时期修筑了从王国中心通往各地的道路。《诗经》中所记"周道如砥，其直如矢""周道倭迟"，反映出当时周朝境内道路坦直和交通发达。同时，在主要交通大道两旁种植树木，"列树以表道"，并派官吏进行管理。春秋战国时期，虽是战争和兼并的时期，但各国的交流、交往并没有停止，这使本区域的交通得到较快发展。孔子周游列国，其中鲁、陈、曹、宋、郑、蔡、叶等都在淮河流域，说明孔子周游期间大部分是周游淮河流域各国。孔子率众弟子乘车周游，表明当时这些国家之间是有道路相通的。春秋时期的霸主，在举行会盟时，往往会选择在交通比较发达的淮河流域，这也印证了淮河流域交通的发达。这一时期，统治者非常重视道路的管理。当时的陈，道路不修，馆舍不整，反映出陈统治者昏庸腐朽，不问政事，不思发展，故时人预见其亡国不远了。这从一个方面反观当时道路交通的重要性。

水路方面，《尚书·禹贡》记载禹"导淮自桐柏，东会于泗、沂，东入于海"。禹沿汝水南下，治水，娶涂山氏女，会诸侯于涂

---

① 《史记》卷 3《殷本纪》，中华书局 1959 年版（2016 年第 26 次印刷），第 97 页。

② 商朝的六条干道是：东南通往徐淮地区的大道；东北通往辽阳的大道；向东通往古蒲姑（山东博兴一带）的大道；向南通往湖北、湖南、江西的大道；向西达于丰镐一带的大道；西北通往太行等地的大道。彭邦炯：《商史探微》，重庆市人民出版社 1998 年版，第 269 页。

山，又命人"开九州，通九道"。这表明淮河流域是禹治水的重要地区，开辟了淮河流域的水道。商代水上交通已达于本区域的淮河流域。商周王朝需要长江流域的铜锡资源，必然取道淮河流域。因此有"金道锡行"之类的贡道贯通之①。春秋末期，吴国先后开凿邗沟、荷水，将江、淮、河、济四渎沟通起来，直接将淮河流域与中原连接起来，不仅在吴国北上争霸的过程中发挥了重要的作用，而且贯通了南北水运，从根本上促进了淮河流域水路交通的发展。战国时期，魏惠王开凿了鸿沟，引黄河水，流经今天的开封、沈丘入颍水通淮河。这使黄淮之间的水路交通十分通畅。当时淮泗之间的徐、淮南的钟离（今凤阳临淮关附近）、涡口的向（今怀远东北）、颍尾的州来（今凤台）都是南下长江，北通中原有关南北交通的重要城邑。特别是位于淮河中游的州来，由此溯淮而上，连通荆楚；顺淮而下，交通东方齐鲁，北经焦（今亳州）、夷（今亳州城父镇），抵达宋（今河南商丘）、郑（今新郑）；南出淮汭，经施、肥二水和巢湖沿岸达于江上，通向吴越②。

（二）秦汉时期的交通概况

秦汉时期的交通较前代有显著的发展。秦"为驰道于天下，东穷燕齐，南极吴楚，江湖之上，濒海之观毕至。道广五十步，三丈而树。厚筑其外，隐以金椎，树以青松。为驰道之丽至于此"③。当时自秦都咸阳至吴、楚之地的驰道，必然经过淮河流域。本区域所具有的过渡带的条件，即四通八达的交通优势，为区域经济，特别是商业的发展提供便利。正如《史记·货殖列传》记载："汉兴，海内为一，开关梁，弛山泽之禁，是以富商大贾周流天下，交易之物莫不通，得其所欲。"④

水路方面，秦始皇曾下令整修鸿沟，使淮、泗与济、汝畅通。

---

① 李修松：《西周时期淮河流域工商业及交通简论》，《安徽史学》1999 年第 3 期。

② 王鑫义：《淮河流域经济开发史》，黄山书社 2001 年版，第 157 页。

③ 《汉书》卷 51《贾山传》，中华书局 2000 年版，第 1781 页。

④ 《史记》卷 129《货殖列传》，中华书局 1959 年版（2016 年第 26 次印刷），第 3261 页。

汉代，"荥阳下引河东南为鸿沟，以通宋、郑、陈、蔡、曹、卫，与济、汝、淮、泗会。于楚，西方则通渠汉水、云梦之野，东方则通沟江淮之间。于吴，则通渠三江、五湖。于齐，则通淄、济之间"①。由此可见，本区域的淮河流域水路可以经鸿沟与黄河以北地区相通；向南，可与长江流域相连；向西，可与楚地相通；向东，可以径直入海。随着工商业的发展和交通的畅达，本区域的城市也发展迅速，主要代表是寿春、合肥。"郢（楚都城）之后徙寿春，亦一都会也。而合肥受南北潮，皮革、鲍、木输会也。"② 可以说，迟至汉初，合肥已和位于淮河瓦埠湖之滨的寿春一样，成为江淮间一座商业城市。这些物资都是要靠水道，经过瓦埠湖、古江淮运河和巢湖运到合肥的。③

（三）魏晋南北朝时期的交通概况

魏晋南北朝时期的分裂割据，对交通发展有一定的影响。但是，由于地理上的人为割据，阻碍了人们的交往和交流，反而增强了人们拓展交通的愿望。同时，因战争需要，各割据政权为保障物资运输和信息传递，努力加强统治区域内的交通建设。

这一时期，淮河流域地区作为一个传统的农业区和南北对峙的重要地带，陆路交通发展明显滞后，而且交通路线也难以固定，往往因政权变动而变动。相反，水路却因战争需要而强化，在各个政权的漕运和军事行动中占有重要地位。其水上交通在自然河道通航的基础上，经过拓展修治，呈现出全新的面貌。水上交通路线与秦汉相比，有了很大的延展，形成颇为稠密的水运网。这一时期的水道运输主要路线有涡水漕路、蒗荡渠—颍水漕路、中渎水—泗水漕路、汴水漕路、彭城—四渎口间的泗黄漕路、淮河干流漕路④。曹

① 《史记》卷29《河渠书》，中华书局1959年版（2016年第26次印刷），第1407页。
② 《史记》卷129《货殖列传》，中华书局1959年版（2016年第26次印刷），第3269页。
③ 李南蓉：《合肥史话》，《安徽大学学报》1978年第3期。
④ 王鑫义：《淮河流域经济开发史》，黄山书社2001年版，第301—318页。

魏多次南下，都曾利用淮河水上行军，或由颍口东至寿春，或由涡口东至淮阴，西至寿春。曹操曾于公元209年"自涡入淮，出肥水，军合肥"①，之后还三次沿涡河南下进攻东吴。司马氏平定淮南三叛及邓艾在这一地区修渠通漕更多的是利用汝口、颍口至寿春的淮河水道。在邓艾的努力下，水运畅通无阻，史称"东南有事，大军兴众，泛舟而下，达于江淮"②。东晋南朝时期，淮河长时间作为南北政权统治的分界线，水上交通在军事战争中发挥着极大作用，淮河干流水运开始向上游和下游发展。公元383年，前秦伐晋，"水陆并进，运漕万艘，自河入石门，达于汝、颍"③。这是利用"汝水—颍水—淮河"的水运通道进行运输的。淮河下游通海的水道这一时期被频繁地利用。由长江可自广陵经中渎水至淮阴进入淮河，但由于这条水道有时不太畅通，南方政权向北方进军经常自长江口走海道转淮河入海口，然后溯淮西上。如刘宋元嘉二十八年（451），拓跋焘围攻沿淮重镇盱眙，"京邑遣水军自海入淮"相救，即走此道④。

（四）隋唐时期的交通概况

在隋唐统一的新版图中，本区域居于南北交流冲要地区，区位优势日渐凸显。随着南北经济发展，南北交流的政治经济形势对开发本区域的交通事业提出迫切要求。当时，经济重心南移趋势日益明显，政治中心和经济中心在空间上的分离，客观上要求有交通干道将二者紧密联系起来，以保障南方财赋大规模运往北方，而本区域正是全国各地向两京转运物资的必经之地。因此，隋唐时期，国家确立了开发淮河流域交通的国策，并持续不变，贯彻始终⑤。这使本区域拥有四通八达的交通网，并成为南北中转的枢纽区⑥。

---

① 《三国志》卷1《武帝纪》，中华书局1959年版，第32页。
② 《三国志魏书》卷28《王母丘诸葛邓钟传》，中华书局1975年版，第776页。
③ 《晋书》，《苻坚载记》（下），中华书局1975年版，第2917页。
④ 《宋书》卷74《臧质传》，中华书局1974年版，第1913页。
⑤ 周怀宇：《论隋唐开发淮河流域交通的国策》，《安徽大学学报》（哲学社会科学版）1999年第5期。
⑥ 王鑫义：《淮河流域经济开发史》，黄山书社2001年版，第391页。

隋朝大修驰道、御道等国道，形成通往全国的交通干道。唐朝道路交通建设更加系统和发达。柳宗元在《馆驿使壁记》中记载了以长安为中心通往各地的七条驿道①，其中第四条从长安至江浙福建的驿道，由长安经洛阳、汴州、泗州、扬州、苏州、杭州、越州、衢州直达福建泉州②。这条驿道就经过今天的皖北地区。这一时期，形成了州与州之间有干道相通、县与县之间有支道相连的全国交通网络。

隋唐时期，本区域的水路交通尤为发达。隋朝开凿了大运河，沟通了中国五大水系：海河、黄河、淮河、长江、钱塘江。特别是通济渠、邗沟，构建了黄河、淮河、长江水运网的基本框架，使本区域的运输突破原有地域限制，辐射全国。唐朝十分重视对运河的养护和利用。当时除了运河之外，还在本区域重修或开拓了沟通南北的水道：淮颍水道、汴泗水道、水陆兼运的淮南鸡鸣冈航道等。这样，本区域沟渠河流，纵横交错，组成了四通八达的淮河水运网。如：濉水通航宿州，直下淮河；涣水通航亳州、宿州，直下淮河；蕲水连接濉水、淮水，通航宿州、泗州；涡水连接蔡水、淮水，通航寿州、颍州等地；淝水连接淮水，通航颍州；汝水、小汝水皆通航颍州入淮；东西濠水通航濠州；肥水，通航寿州、庐州，同时越合肥"鸡鸣冈"40里陆路，通航巢湖，达于长江③。如此畅通的水路交通，对本区域的经济社会发展发挥重要作用。

（五）宋元时期的交通概况

北宋时期的陆路交通干线基本沿袭唐代，只是各路线的辐射源由原来的长安、洛阳变为汴京。本区域的淮河两岸地区，在北宋时期可谓京畿之地，其政治、经济地位大幅提高。当时的寿州升为寿

---

① 这七条驿道是长安至西域的西北驿道；长安至西南的驿道；长安至岭南的驿道；长安至江浙福建的驿道；长安到北方草原的驿道；长安到东北的驿道；长安至四川云贵地区的驿道。

② 臧嵘：《中国古代驿站和邮传》，商务印书馆1977年版，第93—94页。

③ 王鑫义：《淮河流域经济开发史》，黄山书社2001年版，第389页。

春府；颍州因曾是宋神宗赵顼的封地，被誉为"飞龙"之地，后升为顺昌府。汴京至广州路线，是从汴京取道蔡州，经颍州至寿春府，东南至洪州（今南昌市），再向南到广州。此路较唐代更为平直、繁忙。南宋时期淮河流域战争不断，南北交通受阻，道路交通主要为军事服务。当时从南宋都城临安至淮南地区的交通线主要有两条：1. 临安→严州→淳安→徽州→太平→池州→桐城→庐州→寿州；2. 临安→安吉→溧水→建康→滁州→濠州或者建康→太平→庐州→寿州。① 元代，本区域基本属于河南江北行省管辖，南北交流畅通，为区域经济发展提供良好的条件。商业发展突出，粮食大量贩运，以满足大都等地的需要。元政府下令："江淮等处米粟，任从客旅兴贩，官司无得阻挡，搬贩物斛车船，并免递运"②。

北宋时期，形成了以都城开封为中心，以"漕运四渠"为主的水路交通网络。"漕运四渠"指汴河、惠民河、广济渠、金水河。汴河通江、淮，广济渠通齐、鲁，惠民河通陈、颍，黄河通关中、河北，水上运输十分通畅。当时，"有惠民、金水、五丈、汴水等四渠，派引脉分，咸会天邑，舳舻相接，赡给公私，所以无匮乏"③。宋金对峙时期，南北水路交通阻断。水路交通局限在各自统辖的地区。绍兴议和后，双方在淮河沿岸设立榷场。金置榷场于泗、寿、颍、蔡等地，南宋在光州、霍邱、安丰军等地设榷场。榷场的设置，不仅促进了沿淮城市经济的发展，也活跃了宋金边境的商业。元代重开大运河，贯通南北，加强了南北经济文化交流和物资北运。元还开通贾鲁河，自郑州，经朱仙镇南下，由周家口入沙河，以沟通颍水、淮水。该河的开凿，恢复了黄、淮之间的水运，促进了沿河城镇和商业的发展。

---

① 张锦鹏：《南宋交通史》，上海古籍出版社 2008 年版，第 63—64 页。

② 《通制条格》卷 27《拘滞车船》，转引自王鑫义《淮河流域经济开发史》，黄山书社 2001 年版，第 611 页。

③ 《宋史》卷 93《河渠三》，中华书局 1977 年版，第 2321 页。

二　明清时期皖北地区的交通格局

传统的交通经历了从线状交通路线到树状结构再向网络型交通路线发展的历程。正如许倬云所指出的："由核心地区辐射，先成线型，再成为树型，然后支线与支线之间，有了新的连线，终于演化成密布的网型。"① 皖北地区的交通也大致如此形成。

（一）陆路交通状况

明清时期，皖北地区陆路交通主要由驿、铺组成的"官路"和"民路"构成的。② 明代安徽设驿 45 处，清代设驿 81 处，后增加 87 处③，到清末为 76 处④。从管理和维修的角度看，由国家各级政府负责的，是驿路和铺路，称为"官路"；由民间士绅、商人，或当地官员自行捐助筹款修筑的运道，称为"民路"⑤。这些官路与民路相连接，从而形成交通网络。

驿路亦称驿道，清代称官马大道，简称官路。各省所官修支路，以通省内各重要府镇和省际互通，称为大路，以别于官路。官路为干道，各省府的大路和铺递路为支线，从而形成全国四通八达的道路和交通信息网络。

皖北地区襟江带淮，沃野千里，商旅往来，交通发达。至清末，该地区设有驿站 44 处，具体见表 1－1。明清时期，本区域为南北交通要地。据明代后期黄汴的《一统路程图记》记载，经过本地区的南北驿路有两条：一是北京至南京、浙江、福建驿路；二是北京至江西、广东驿路。前者从北京出发，经山东德州、江苏徐州进入皖北地区，依次经过夹沟驿—睢阳驿—大店驿—固镇驿—王庄驿—凤阳府濠梁驿—红心驿—池河驿—大柳驿—滁州滁阳驿—南

---

① 许倬云：《研究道路的重要性》，转引自张锦鹏《南宋交通史》，上海古籍出版社 2008 年版，第 16 页。
② 这一时期的驿道由驿、站、台、所、铺组成，在本地区主要是驿、铺。
③ 周昌柏：《安徽公路史》（第 1 册），安徽人民出版社 1989 年版，第 14 页。
④ 冯煦：《皖政辑要》卷 94《驿传一》，黄山书社 2005 年版，第 863 页。
⑤ 邓亦兵：《清代前期商品流通研究》，天津古籍出版社 2009 年版，第 39 页。

京，由南京至浙，再由浙江至福建。后者从北京出发，经山东德州、济宁，江苏徐州进入皖北地区，依次经过夹沟驿—符离镇—固镇驿—王庄驿—凤阳府濠梁驿—红心驿—张桥驿—护城驿—庐州府金斗驿—派河驿—三沟驿—梅心驿—吕亭驿—陶冲驿—青口驿—小池驿—枫香驿—安庆，渡江，经九江至南昌，再由南昌南下至广东。此路还是外国使节从广州到北京的"使节路"，"轺车往复，冠盖纷驰，送往迎来，应接不暇"①。结合表1-1，可以看出在驿力配置方面，如安庆府、凤阳府、庐州府等重要驿站，马匹、人员数基本超过50，足见其驿务繁忙。另外，此两条官道所配马匹、人员数量明显多于他处，也凸显驿道功能的政治性特点。

表1-1　　　　　　安徽江北地区驿站情况

府县	驿站名称	马匹、人员	与邻驿距离
庐州府	合肥县金斗驿	马55匹；人58名	至店埠驿40里，派河驿45里，吴山庙驿60里
	护城驿	马55匹；人59名	至金斗驿40里
	店埠驿	马55匹；人59名	至县驿40里
	派河驿	马55匹；人59名	至金斗驿45里，舒城县三沟驿60里
	吴山庙驿	马2匹；人2名	至金斗驿60里，寿州瓦埠60里
	舒城县三沟驿	马54匹；人58名	至梅心驿60里，派河驿60里
	梅心驿	马54匹；人58名	至登云驿30里，桐城吕亭驿60里
	登云驿	马2匹；人2名	至梅心驿30里，六安椿树冈驿70里
	巢县镇巢驿	人8名	
	高井驿	人8名	

① 安徽地方志编纂委员会：《安徽省志》第35辑《交通志》，方志出版社1998年版，第108页。

府县	驿站名称	马匹、人员	与邻驿距离
凤阳府	凤阳县濠梁驿	马 65 匹；人 65 名	至王庄驿 60 里，红心驿 60 里，盱眙县驿 160 里，五河县驿 80 里
	王庄驿	马 60 匹；人 62 名	固镇驿 60 里，泗州旧虹县驿 120 里
	红心驿	马 65 匹；人 65 名	定远县池河驿 45 里，定远驿 45 里，盱眙县驿 180 里
	定远县定远驿	马 55 匹；人 58 名	至池河驿 60 里，张桥驿 45 里，永康镇驿 60 里
	池河驿	马 41 匹；人 44 名	至大柳驿 35 里
	张桥驿	马 55 匹；人 58 名	至定远驿 45 里，合肥护城驿 60 里
	永康镇驿	马 3 匹；人 3 名	至寿州姚皋店驿 75 里
	寿州州驿	马 4 匹；人 3 名	至正阳关驿 60 里，姚皋店驿 45 里，瓦埠驿 60 里
	正阳关驿	马 3 匹；人 2 名	至颍上县驿 60 里
	姚皋店驿	马 2 匹；人 2 名	至永康镇驿 75 里
	瓦埠驿	马 2 匹；人 2 名	至吴山庙驿 60 里
	凤台丁家集驿	马 2 匹；人 2 名	至寿州州驿 60 里，陈仙桥驿 60 里
	宿州睢阳驿	马 58 匹；人 61 名	至大店驿 50 里，百善驿 70 里，夹沟驿 70 里
	大店驿	马 58 匹；人 51 名	至灵璧固镇驿 70 里
	百善驿	马 9 匹；人 13 名	至河南永城驿 70 里
	夹沟驿	马 58 匹；人 61 名	至江苏铜山县桃山驿 40 里
	灵璧固镇驿	马 65 匹；人 65 名	至凤阳王庄驿 60 里，大店驿 70 里

府县	驿站名称	马匹、人员	与邻驿距离
颍州府	阜阳县驿	马2匹；人2名	至六十里铺驿60里
	六十里铺驿	马5匹；人2名	至颍上县驿60里
	颍上县驿	马6匹；人4名	至正阳关驿60里
	霍邱蓼城驿	马6匹；人4名	
	亳州州驿	马2匹；人2名	至龙王庙驿70里
	龙王庙驿	马2匹；人2名	至中新集驿70里
	蒙城县驿	马3匹；人2名	至陈仙桥驿50里，中新集驿70里
	中新集驿	马2匹；人2名	至阜阳县驿70里
	陈仙桥驿	马2匹；人2名	至凤台丁家集驿60里
六安直隶州	六安州驿	马2匹；人2名	至椿树冈驿50里
	椿树冈驿	马4匹；人2名	至登云驿70里
	钱家集驿	马3匹；人2名	
泗州直隶州	泗州州驿	马5匹；人3名	至旧虹县驿140里，盱眙县驿180里，五河县驿180里
	旧虹县驿	马2匹；人1名	至泗州州驿140里
	盱眙县驿	马3匹；人2名	至泗州驿180里，凤阳县濠梁驿160里，红心驿180里，江苏清江浦180里
	天长县驿		
	五河县驿	马2匹；人2名	至泗州州驿70里，凤阳县濠梁驿80里

　　资料来源：冯煦主修的《皖政辑要》卷94、卷95《驿传一》《驿传二》，第863—882页；其中人员数包括马夫、差夫。

　　明代官撰的《寰宇通衢》一书，主要记载了京师至各布政司的驿路及距离。除驿路外，不载其他道路；于驿站里距外，不记气候、物产、名胜和经商常识。其功能似乎主要作为会同馆和布政司派驿的依据。① 涉及本区域的驿路情况，该书记载从京城（南京）至主要府州的驿路，初步反映出明初本区域驿路交通的情况。

> 南京至凤阳府的驿路。一路马驿，八三百七十里。会同馆三十五里至江东驿，一十五里至东葛城驿，六十里至滁阳驿，六十里至大柳树驿，四十五里至池河驿，六十里至红心驿，六十里至本府濠梁驿②。
>
> 南京至庐州府的驿路。一路马驿，九驿四百九十五里。会同馆六十里至江宁镇驿，六十里至采石驿，三十五里至当利驿，六十里至祁门驿，六十里至界首驿，六十里至高井驿，六十里至西山驿，六十里至坡冈驿，四十里至本府③。

发达的驿道是服务于国家军政体系的。在中国传统交通体制下，轻视商运和民运，而重视官运和军运。完整的军政交通系统和落后的民间商运形成了十分鲜明的对照。但驿道客观上长期为经济发展、民生事业发挥着不可否认的积极效益。④

铺路是以各省、府、州、县等为中心向四方辐射，与邻域铺路相接，或与驿路重叠、相接，以补驿路的不足。铺路上设有铺递，亦称急递铺，简称铺。它是依据地理环境的冲僻，配合各省州县交通需要而设，主要传送本州县和邻省间的日常公文，依赖脚力奔走，传递范围偏重地方性质。首铺在省会，各府、州、县的总铺在府、州、县城前。安徽全省设铺 870 个，铺路总长6700.5 公里⑤，它的分布密度和置驿之比超过 10∶1，这表明铺递在交通中的作用十分重要。皖北地区地处平原，铺递发达，"置邮

① 杨正泰：《明代驿站考》（附录 1）上海古籍出版社 2006 年版，第 136 页。
② 同上书，第 140 页。
③ 同上书，第 141 页。
④ 王子今：《中国古代交通》，广东人民出版社 1996 年版，第 114 页。
⑤ 周昌柏：《安徽公路史》（第 1 册），安徽人民出版社 1989 年版，第 14 页。

而外，又可以通车马便行旅"①。铺区间以十里至三十里不等，把府、州、县和重要的村镇连接起来，形成通达的交通网络。对于普通商民，也许铺路比驿路更为便捷。以凤阳县铺路为例，可详见铺路情况。

铺路由县前东至府总铺三里，又东至独山铺，又至临淮西关铺，又至东乡铺，又至塔山铺，又过花园湖至司家铺，又过闻贤铺，又东十五里至盱眙上甸铺。

由临淮城南至南头铺，又至南二铺，又至总铺，又至黄泥铺，又至张家铺，又至红心铺，又南五里入定远界黄练铺（即驿路）。

由临淮城过淮，东北入五河界，西北至官庄铺，又至二铺，又至三铺，又至四铺，又至五铺，又至王庄铺，又西北十里入灵璧界，至濠冈铺（亦即驿路）。

由府总铺东南至大通桥十里，又东南至临淮天井铺十里，又东南至总铺合驿路……②

铺路除了连接府、州、县外，还与邻省铺路或驿路相接。皖北与江苏之间的路线是由灵璧、泗州至省界，路程90公里。与河南连接路线有四条：由宿州百善驿、铁佛寺至省界，路程为50公里；由庐州经六安、正阳关、颍上、颍州、太和、亳州至省界，可达开封，路程为455公里，是安徽最长的一条大路，又称"颍州大路"；由颍州经临泉、铜阳城至省界，路程为82公里；由颍州经地里城至省界，路程为58公里。③铺路有时发挥驿路的作用。从定远驿向西南经岱山铺、仙居铺、大柳铺、梁村铺、霍家铺、洛川铺、清流关铺、赤湖铺、总铺、八路铺、担子铺、官塘铺（乌衣）、苗练铺至江苏省江浦界，这条路为福建官路的一

---

① 光绪《凤阳县志》卷3《道路》。
② 同上。
③ 周昌柏：《安徽公路史》（第1册），安徽人民出版社1989年版，第31—32页。

段，号称"九省通衢"①。

驿路和铺路构成的官路网，是一个覆盖全国的交通体系，其主要功能是把国家的政令快速下传，地方情况能够上达，同时也为百姓商旅提供便利。一些税关往往就设在驿路或铺路上。本区域重要的税关是凤阳关。凤阳关包括正阳关和临淮关，它们位于水陆交通的要道。正阳关、临淮关以及分税口怀远、亳州、长淮、涧溪、蚌埠、符离等都设在铺路上，凤阳分税口设在驿路上。② 如此设置税关，主要便于征税。同时也反映出交通的便利，为区域内，乃至长距离的商品流通准备了必要的条件。

民路连接着驿路和铺路，是官路的补充和延伸，对于百姓出行和商品流通起到重要作用。民路多为商业路线，有的是沿着驿路、铺路延伸，更多的是根据商旅行程的需要而探索出的路线，往往是水陆合程的。本区域是明清时期长途贩运的必经之地，商路纵横。商贾运输货物，一般走官路，但如果水路通畅，运价较低，或者为了偷漏商税，他们也尽可能走民路。许多民路较官路短，可以缩短行程。现举例说明。

正阳至芜湖县路。正阳。三十里新壩。三十里安丰塘。三十里白洋河。四十里王长官。六十里三十里庙。三十里庐州府。三十里店埠。六十里柘皋。六十里巢县。一百六十里西梁山。渡大江。五十里至芜湖县③。

颍州至陈州路。颍州。三十五里王义关集。三十五里太和县。廿五里界沟。八里旧县。廿五里税子铺。廿里界首。南直隶界廿里。四十里怀方店。廿五里鲁台。廿五里冯唐。廿里穆

① 周昌柏：《安徽公路史》（第1册），安徽人民出版社1989年版，第14页。
② 邓亦兵：《清代前期商品流通研究》，天津古籍出版社299年版，第41页。
③ 黄汴：《一统路程图记》，杨正泰：《明代驿站考》（附录2），上海古籍出版社2006年版，第251页。

28

家集。廿里陈州①。

明清时期，长途贩运兴起，皖北地区成为南方丝绸、布匹等商品的输入地以及粮食的输出地，同时也是长途贩运商品的通道。据明代黄汴的《一统路程图记》和程春宇的《士商类要》的记载，以皖北地区重要城镇为起点和终点或者途径本区域的陆路交通路线有 30 条，突显出本区域重要的交通地位。具体情况见表 1-2。

表 1-2　　　　　　　明代皖北地区陆路交通路线

序号	路线名称	经过皖北地区主要城镇	资料出处
1	北京至南京、浙江、福建驿路	宿州、固镇、凤阳府等	
2	北京至江西、广东水陆路	固镇、凤阳府、庐州府等	
3	南京由东平州至北京路	固镇、凤阳府、宿州等	
4	南京至河南、山西路	凤阳府、固镇、宿州、百善镇等	
5	南京至湖广、贵州、云南水陆路	庐州府等	
6	扬州府至南顿路	寿州、正阳镇、颍上、颍州府、太和	
7	正阳至芜湖县路	正阳镇、安丰塘、庐州府等	
8	巢县由汴城至临清州路	庐州府、正阳镇、颍上、颍州府等	黄汴：《一统路程图记》
9	瓜州至武当山路	定远、寿州、正阳镇、颍上、颍州府	
10	扬州府至山西平阳府路	灵璧、宿州、百善镇等	
11	四川成都府至南京路	霍邱、正阳镇、寿州、定远等	
12	正阳至湖广汉口路	正阳镇、霍邱等	
13	正阳至襄阳路	正阳镇、颍上、颍州府等	
14	徐州至正阳路	符离镇、宿州、蒙城、寿州、正阳镇	
15	颍州至陈州路	颍州府、王义官集、太和、旧县镇	
16	扬州府至陕西西安府路	泗州、宿州、百善镇等	

———————

① 黄汴：《一统路程图记》，杨正泰：《明代驿站考》（附录 2），上海古籍出版社 2006 年版，第 256 页。

续表

序号	路线名称	经过皖北地区主要城镇	资料出处
17	徽州府由徐州至北京陆路程	凤阳府、固镇、宿州、符离镇等	
18	南京由汝宁府至武当山路	定远、寿州、正阳镇、颍上、颍州府	
19	扬州府由泗州至河南陆路	灵璧、宿州、百善镇等	
20	扬州由六合县至庐州府路	店埠镇、庐州府	
21	扬州府至山西平阳府陆路	灵璧、宿州、百善镇等	
22	瓜州由凤阳府至颍州陆路	凤阳府、寿州、正阳镇、颍上	
23	淮安府由荆山至亳州陆路	临淮县、凤阳府、蒙城、雉河集等	程春宇：《士商类要》
24	正阳由固始县至光山县	正阳镇、霍邱等	
25	正阳由颍州至北舞渡陆路	正阳镇、颍上、颍州府、太和、旧县镇	
26	颍州由归德府至临清陆路	颍州府、太和、旧县镇、亳州等	
27	徐州由蒙城县至颍州陆路	符离镇、蒙城、插花镇、颍州府	
28	徐州由永城至亳州陆路	萧县、亳州	
29	汴梁由正阳至芜湖县陆路	太和、颍州府、颍上、正阳镇、庐州府、店埠镇等	
30	北京由庐州府至江西陆路	宿州、固镇、定远、庐州府等	

资料来源：黄汴《一统路程图记》，程春宇《士商类要》，杨正泰《明代驿站考》附录2、3，上海古籍出版社2006年版。

从表1-2看出，明清时期皖北地区陆路交通线主要经过府、州、县城和重要的商业城镇。前者如凤阳府、颍州府、亳州、宿州、寿州等，后者如正阳关、固镇、符离集等。结合上述记载，可以勾画出皖北地区联系内外的陆路交通线路：淮安府—凤阳府—亳州、颍州—汝宁府—陈州府、扬州府—泗州、庐州府—六安州—光州—信阳州、凤阳府—开封府等。[①] 这些陆路交通线与全国的商业

① 周德春：《清代淮河流域交通路线布局与变迁》，硕士学位论文，复旦大学，2011年，第62—74页。

路线相连，成为全国商业路线的一部分。

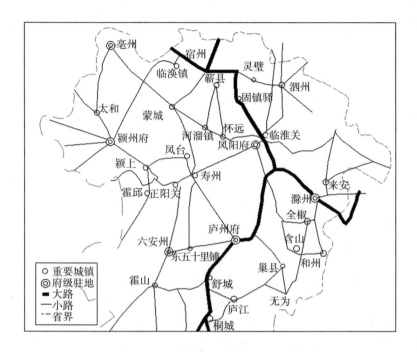

图1-1　明清时期皖北地区陆路交通

　　总之，官路和民路共同组成了当时商品流通的运道，为商品流通的发展提供了广阔的基础条件。大量商品正是沿着这一网络经纬，从任何一地流到另外一地，农村、市镇、城市之间经济上的联系由此而密切起来①。

　　（二）水路交通概况

　　皖北地区的水路交通是以淮河水系为依托的。淮河发源于河南桐柏山，东经桐柏县、信阳州至息县，再经乌龙集（今淮滨县城）、三河尖进入皖北地区。正阳关以下，淮河东北流经硖石口、荆山口，再东经蚌埠、长淮卫、临淮关至五河县，过浮山峡，入

---

　　①　邓亦兵：《清代前期商品流通研究》，天津古籍出版社2009年版，第52页。

洪泽湖。淮河支流众多。其北支流有颍河、西淝河、涡河、北淝河、浍河、沱河、濉河等。它们大致由西北至东南平行入淮。淮南支流有史河、淠河、东淝河、池河等。《皖政辑要》记载淮河航路如下：

> 淮水则自河南之睢宁、沈丘东南流以入皖境，其濒淮诸水输各属之货以入淮者，亦分南北二岸。北岸水较多，最著者曰二，曰沙河，曰涡河。沙河起河南之朱仙镇，东南流至界首集入皖境，中经阜阳、颍上等县，至正阳关对岸之八里垛入淮。涡河起亳州，中经涡阳、蒙城、怀远，至凤阳之临淮关而入于淮。淮北之货于是汇焉。南岸水较少，最著者曰淠河，起六安之两河口，至正阳关而入于淮。淮南之货于是汇焉。诸水入淮，而后南过凤阳至盱眙，北过五河至泗州，道洪泽湖，出清河口以达于江苏。此沿淮航路之大略也[①]。

由此看出，淮河的水路交通，除了干流外，水路交通较为发达的主要是颍河、涡河、淠河等。朱仙镇—周家口—颍州府—正阳关、六安州—正阳关、亳州—怀远—临淮关等为明清时期淮河支流重要航线。

淮河干流水路。淮河干流自三河尖进入皖北地区。三河尖以上的淮河干流可分为四段，即淮源至桐柏县段、桐柏县至长台关段、长台关至息县段以及息县至三河尖段。前三段因水量小，只能通行竹筏和小舟。长台关是淮河上游水路交通枢纽。该镇为"南北交通孔道，舟车辐辏，商业繁盛。经商多晋人，淮盐行销亦最广。……土产以米麦为大宗，豆棉次之，花生又次之"[②]。第四段息县至三河尖段，河道渐宽，水量增加，航运条件较好，竹筏渐少，舟楫畅通，运量增加。乌龙集是清代商品流通的中转站。该镇人物阜盛，

---

① （清）冯煦主修：《皖政辑要》卷91《农工商科附·全省商路》，黄山书社2005年版，第850页。

② 武同举：《淮系年表》，《自桐柏县城至长台关·堤防·左岸》，民国十七年刊本。

经商者多为鄂人。当时的淮盐运至乌龙集，或由水路上运，或由陆路转运至光州等地，水陆交通十分便捷。

三河尖至正阳关段，由于有史河、淠河注入，航运条件大为改善，是豫南、六安大别山区茶叶、竹木的运输通道。三河尖地处皖豫交界，是史河的入淮处，为淮河上游水路交通重要枢纽，商贾云集。当时，"三河尖为淮水所经，上通颍亳，下达江湖，稻米菽麦，贩枭皆出于此"①。由此向下，经南照集、润河集到正阳关。正阳关位于颍河、淠河入淮交汇处，有"七十二水归正阳"之说。清代的正阳关水路西通三河尖、信阳州，北联朱仙镇、周家口，南接霍山、六安州，下达临淮关、淮安府，为沿淮中游水路交通的总枢纽②。

经正阳关、怀远、蚌埠至五河县的淮河干流水路约四百里。正阳关东北行六十里至寿州河口，此处是东淝河经寿州的入淮口，寿州一带的土特产品输出多经东淝河水道运出。由此中间经硖山口至凤台县，西淝河自西北而来入淮，再东行经洛河镇、上窑镇，过荆山、涂山至怀远。怀远东行三十里至蚌埠集，明清时期，蚌埠集只是凤阳西北边境的一个小集镇，因濒临淮河，水路交通便捷，成为一个以鱼盐为主的集市。再经长淮卫、临淮关至五河县。五河县东行一百四十里至盱眙，然后入洪泽湖。

颍河水路。颍河源出河南登封少室山，为淮河第一大支流。颍河在周家口以上分为三支，颍河居中，南为沙河，北有贾鲁河，三水合流，统称颍河。沙河源出鲁山县尧山，东南流经北舞渡、漯河、常社店而至周家口。北舞渡是明清时期的商业重镇，为沙河沿岸各大商业市镇的水陆码头。后因京汉铁路通行，其地位被漯河取代。贾鲁河连接周家口和朱仙镇。明清时期朱仙镇商贾云集，贸易繁盛，与汉口、佛山、景德镇被称为明清"四大名镇"。后因黄河泛滥，贾鲁河河道淤塞，水路交通不畅，朱仙镇渐趋衰落。

---

① 同治《霍邱县志》卷2《营建志·市镇》。
② 周德春：《清代淮河流域交通路线的布局与变迁》，硕士学位论文，复旦大学，2011年，第39页。

周家口为颍河、贾鲁河、沙河汇流之处，交通便利，地理区位优越。史志记载：该镇"人烟丛杂，街道纵横，延及淮宁境，接连永宁集，周围十余里，三面夹河，舟车辐辏，烟火万家，樯桅树密，水陆交会之乡，百货堆积之薮。南接楚越，北通燕赵，西连秦晋，东达淮扬，豫省一大都会也"①。周家口是清末朱仙镇衰落后，商业集散地下移至颍河而兴起的城市②。

自周家口至颍州的水路有两条。一是由泉河③至颍州，沿途经过南顿、沈丘镇等。具体路线为："本州三里湾，分路，水，四十里至田家集，三十里龙湾塘，三十里杨桥，二十里沈丘，三十里新县，六十里直沟，四十里丁村集，三十里南顿，三十里尹七埠口，出后河，三十里至周家口。"④ 二是由沙河至颍州，途径槐方集、界首、旧县镇等。具体路线为："颍州，十里白庙，十五里泗河铺，六十里太和旧县，四十里税子铺，十五里界沟，二十里纸店，二十里至王霸溜，二十里槐方集，（陆路。一百一十里至赵老人埠口）二十里至牛埠口，十里王昌集，十里新站，十里富坝口，二十里牛家埠，三十里周家口。"⑤

颍州至正阳关水路约二百四十里，东南经洄流集，再东行经江口集至颍上。又东南行六十里在八里垛入淮。这段水路是明清时期连接河南的重要通道。据载："正阳关，五里八里垛，六十里颍上县，六十里江口，四十里钓鱼台，十里张家溜，廿里大溜，五里颍州……"⑥ 由此沿水路可达明清时期河南重要商业重镇——南顿。

---

① 民国《商水县志》卷5《地理志·集镇》。

② 邹逸麟：《黄淮海平原历史地理》，安徽教育出版社1997年版，第347—348页。

③ 泉河在《一统路程图记》称前河，又称洄河，民国《项城县志》称澺河，与周口流出的沙河汇于颍州三里湾。

④ 黄汴：《一统路程图记》卷5《江北水路颍州由前河至汴城水路》，杨正泰：《明代驿站考》，上海古籍出版社2006年版，附录2。

⑤ 程春宇：《士商类要》卷1《清江浦由南河至汴梁水路》，杨正泰：《明代驿站考》，上海古籍出版社2006年版，附录3。

⑥ 黄汴：《一统路程图记》卷5《正阳关至南顿水路》，杨正泰：《明代驿站考》，上海古籍出版社2006年版，附录2。

涡河水路。涡河是淮河的第二大支流。它发源于河南省尉氏县，东南流经开封、通许、扶沟、太康、鹿邑，进入安徽后，再东南流经亳州，经蒙城，在怀远东涡河口入淮。从亳州至怀远水路有三百余里。亳州得涡河航运之利，明清时期亳州曾是涡河上最大的港口之一，城北关涡河两岸的二口桥、新桥口、玉帝庙、姜桥口四处均设有水旱码头。码头上舳舻相撞，帆樯林立，水运兴盛至民国时期。[①] 亳州全境皆系平原，无荒山废地，故农产品每年除自给外，尚可输出。其最著者为小麦、高粱、芝麻、黄豆。小麦产量全县每年四十万石，高粱每年约二十万石，芝麻每年五万石，黄豆每年八万石。此外，尚有菊花、白芍、金针、瓜子、棉花、落花生等，也为每年输出大宗[②]。清末安徽、山东、河南等所产之牛羊、山猫、狐狸等皮，以及鸡鸭毛、菜籽油等件出口，皆在亳州捆载装运，顺涡河入淮，再由陆路转运至浦口。[③]

亳州东南行七十里至义门集，明清时期在此设巡司。该集镇为涡河沿岸重要的码头，商业较为繁盛。义门集东南行六十里是雉河集（今涡阳县城）。该镇为清末捻军起义的会盟地，居于亳、颍、蒙、宿之间，地域广阔，难以控制，加之该处为怀远经蒙城到亳州的交通要道。因此，在镇压捻军起义后的 1864 年，清廷在此设立涡阳县。雉河集东南行 80 余里为蒙城县城，再东南约 60 里为龙亢集，该镇为怀远西北重镇，商业较为发达，以草编工艺品为著。"涡肥之间诸聚落，龙亢为大，其民亦多业编草"[④]。过龙亢集东南70 里是怀远县城。该处为亳、涡、蒙一带农产品、药材等汇集之地，商业发达。可以说，整个涡河水路，是豫东、皖北重要的商品运道，在传统交通模式下发挥过重要的作用。

---

① 政协安徽省亳州委员会文史委员会编辑：《亳州文史资料》（第 8 辑）（工交篇）1997 年版，第 129 页。

② 刘治堂：《亳县志略》，江苏古籍出版社 1998 年版，第 564 页。

③ 周德春：《清代淮河流域交通路线的布局与变迁》，硕士学位论文，复旦大学，2011 年，第 14 页。

④ （清）贺长龄、魏源编：《清经世文编》卷 116《工政·各省水利·怀远水利志（李兆洛）》，中华书局影印本 1992 年，第 1 版。

淠河水路。淠河为淮河以南最大的支流，发源于霍山南部大别山区，经霍山、六安州至正阳关入淮。此水路为六、霍一带茶麻、竹木外运的便捷通道。"淠河水终年不竭，冬春水深三尺以上，底多淤土，水色澄清，航行可上通至二百四十里之两河口"①。淠河上游通航能力较差，苏家埠以下通航较为通畅，"载重三万公斤，吃水七八公寸的帆船可以通航"②。上游河段较大的集镇有麻埠、独山镇、苏家埠等，它们是六安茶、麻的主要产区，商业较为繁盛。苏家埠下行五六十里便是六安州城。州城位于淠河东岸，水陆交通发达，是当地的政治与经济中心。六安州至正阳关水路二百余里，中间经过新安集、顺河集、单家集、马头集、隐贤集、迎河集等。"从淠河下运的货物有麻、纸、竹、木、香榆、茯苓、栗炭、竹扫帚等，上行货物，大半是窑货和引盐"③。

清末至民国时期，淠河水路一直是大别山区的运输主渠道，因为这一时期大别山区并无铁路，公路也不甚发达。据调查，每天由山区进口的山杂货，有排运 10 对（300 吨）、小船（5—8 吨）30条；每天由商城、固始、霍邱、叶集、三河尖及农村集镇肩挑到正阳关中转的大麻、牛皮、皮油（蜡烛原料）等约计 500 担（25吨），两项共计 505 吨；每天从蚌埠运来的食盐 300 吨、百货 200吨，合计 500 吨，其中绝大部分又需要上述工具通过淠河转运山区。新中国成立后，由于佛子岭、磨子潭两大水库建成，以及大潜山总干渠的开挖通航，淠河上游所有水源均被拦断，引入总干渠，淠河断流，该水路最终断航。④

① 武同举：《淮系年表》，《三河尖至正阳关·堤防·右岸》，民国十七年刊本。
② 胡嘉：《淠淮水乡》，《旅行杂志》1946 年第 5 期。
③ 同上。
④ 戴戒华：《寿县正阳关码头的兴衰》，《安徽文史资料全书·六安卷》，安徽人民出版社 2005 年版，第 489—490 页。

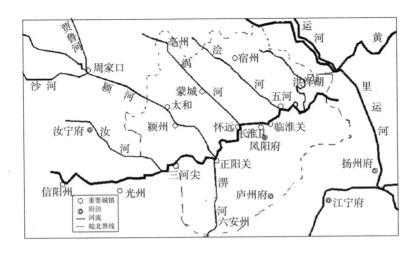

图 1-2　皖北地区水路交通

第二节　皖北地区传统城镇体系

城镇体系是指在一定地域空间内不同等级规模和职能分工、联系紧密、分布有序的城镇群体。它是在自然、经济、社会、交通等因素共同作用下历史形成并处在发展中的动态系统。明朝设布政使司，清代置省，在各省之下设府、州、县。这种在中央集权制度下，以保障政令统一为宗旨，以政治中心为主导的城镇体系已基本形成，即首都—省城—府（州）城—县城—镇 5 级行政中心城镇体系。每一级的行政中心所在地在城镇体系中的位置和重要性，也大致与它们在行政体系中的位置和功能相对称，即省会城市一般是每个省的最大城市，府、州治所在地一般是每个府、州的最大城市，县城一般是每个县的最大城镇。① 它们居于传统城镇体系的主导地

---

① 关于城镇行政级别与城镇规模之间的关系，不同学者对此有不同的看法。陈正祥认为地方行政的等级，显然左右城的规模。国都之城较省城为大，省城概较府、州城为大，而府、州之城又较县、厅城为大。同时因地区间经济、文化条件不同，东部地区的县城，不少反比边区的府、州城为大。（陈正祥：《中国文化地理》，三联书店 1983 年版，第 73 页）；马正林认为汉代以后，中国城市的规模和分级已趋于定型，即首都为最大，省、府、州、县依次减小，下一级城市超越上一级城市规模的状况几乎没有，除

位。府、州、县城镇往往兼具经济功能，其商业地位也不容忽视。这些城镇往往位于水陆交通的要道，自然成为商旅往来的驻足点，逐渐演变为商品集散地。

一　府、州、县城镇的功能

美国学者施坚雅的区域体系理论，将中国的市场体系分成 8 个等级，自上而下依次是：中央首府、地域首府、地域城市，大城市、地方城市、中心城镇、中间市镇、标准市镇。一个区域的中心地区在资源、交通、市场等方面都比边缘地区拥有优势，而且在市场规模和商业服务水平上，中心地区也大于和高于边缘地区。[①]中国有学者将此理论结合中国城镇的实际，将清代的城市分成 8 个层次，即京都、省治（地域首府）、道治（地域城市）、府治（大城市）、县治（地方城市）、中心市镇、原始市镇。[②]在皖北地区的城镇体系中只包含了后 6 个层次，因为本区域内没有前两个层次的城市。

（一）明清时期的皖北城镇体系

在本书研究所界定的皖北地区，明朝时设有凤阳府、庐州府，下辖 23 个州县。清初沿袭明制，皖北地区仍设凤阳府、庐州府。安徽建省后，皖北远离省会，加上人口的快速增长，原先的行政系统难以进行有效地管辖。鉴于此，适当调整皖北地区的地方行政区划，加强对地方的控制，提高行政效能是十分必要的。颍州升府即出于此种考虑。雍正十三年（1735），安徽巡抚王纮上疏朝廷：

非城市地位升格，城市规模才会随之升格。（马正林：《中国城市历史地理》，山东教育出版社 1998 年版，第 154 页）；成一农认为城市行政级别与城市规模有一定的关联性。但清代既不存在城市行政级别制约城市规模的制度，也不存在城市行政级别决定城市规模的现象；城市规模与城市行政级别之间的关联性并不强，用城市行政级别作为划分城市规模的标准并不合适。（成一农：《古代城市形态研究方法新探》，社会科学文献出版社 2009 年版，第 138—139 页）。其实，皖北地区总体上府、州、县城镇的规模较一般城镇为大，但居于淮河支流入淮之处正阳关、临淮关，其城镇规模和商业地位均远超过当时的凤阳府和寿州城。关于这一方面，笔者将在第三章论述。

① ［美］施坚雅主编：《中华帝国晚期的城市》，叶光庭等译、陈桥驿校，中华书局 2000 年版，第 333—343 页。
② 樊树志：《市镇与乡村的城市化》，《学术月刊》1987 年第 1 期。

"上江之直隶颍州，界接豫省，地方辽阔。钱谷而外，刑名事件数倍他属。即本州地方之事，犹虞竭蹶不遑，何能再顾属邑。似应将颍州升为府治，设立知府一员，附郭添设知县一员，即以颍州原治地方为新县管辖。"[1] 颍州升府、附郭设阜阳县很快得到清廷批准。皖北就形成了 2 府 1 直隶州的格局，凤阳府、泗州直隶州所辖州县不变，颍州升府，所辖州县为 5 县 1 州，即阜阳、霍邱、颍上、太和、蒙城、亳州（散州）等 6 州县。

除了颍州升府外，清政府还对皖北的州县进行了裁并与析置。其一，裁撤临淮县。临淮县城地势较低，因迭经大水，城垣多处坍塌，虽多次修葺，仍难奏效。易地建城，又需巨资，政府一时无此财力。乾隆十九年（1754），两江总督鄂容安上疏朝廷，请撤临淮县，归凤阳县管辖。"自前明迄今，频遭水患，城垣冲坍，衙署倒塌，居民迁移过半。凤邑本系临淮划分，核之两邑四至，远近幅员不广，钱粮未足四万，民数仅二十八万有奇。民间纳钱粮、申诉词讼，一切城乡往来，均无不便。前明以凤郡为兴王之地，故多置一县……于附近二十里内分置两县，实属冗设，应请将现无城署之临淮裁汰，归并凤阳县管辖"[2]。同年 11 月，此议得到清廷批准，临淮裁撤，归凤阳县管辖。

其二，裁撤虹县，迁泗州于虹城。明清时期，在水利方面推行"蓄清、刷黄、济运"的方针，高家堰不断加筑，洪泽湖水面扩大，这直接威胁滨淮的泗州城。康熙十九年（1680）夏，"淮大水，城内水数丈"[3]。泗州地方官坚持在城门楼上理政长达 11 年，直至康熙三十五年（1696）全城彻底被泥沙埋没。[4] 经安徽巡抚尹继善上疏请求，将泗州临时安于盱眙办公。由于"远隔河湖，声息难通"，乾隆四十二年（1777），经过实地调查，安徽巡抚闵鹗元上《裁虹并泗奏疏》，建议将虹县裁撤，归泗州管理。他分析裁撤

---

① 道光《阜阳县志》卷 1《舆地一·沿革》

② 光绪《凤阳县志》卷 1《舆地志》。

③ 乾隆《泗州志》卷 2《建置志》。

④ 马俊亚：《被牺牲的"局部"：淮北社会生态演变研究（1680—1949）》，北京大学出版社 2011 年版，第 35 页。

之后，"其地方之广裹、田赋之多寡，较之安属六安、凤阳、合肥等各州县，亦属相等，并无鞭长莫及之虑。如此一转移，间则该州管辖地方并无河湖阻隔，一切公事均得气脉相通，官民两得其便"①。此议得到清廷批准，"一切版图民赋，应准其归并泗州管理。其虹县之城，准其作为泗州直隶州之城"②。

其三，析寿州，设凤台。寿州幅员广阔，面积逾两万方里，在皖北仅次于颍州，且当地民风剽悍，尚武好斗，加之地当要冲，事务繁多。经安徽巡抚尹继善奏请，雍正十一年（1733），清廷批准析寿州，设凤台县。新置凤台县与寿州同城办公。凤台县设立，并没有收到预期效果。匪患严重，赋税难以征收，且与寿州同城，对于本县境治理可谓鞭长莫及，同时存在互相掣肘甚至倾轧的现象，有损于行政效率和政府控制力。③此后，先后有人提议移城下蔡、顾桥、阚疃等地，但都未得到批准。直至1863年，清军从太平天国军队手中收复寿州，安徽巡抚唐训方再提移城下蔡。后经巡抚乔松年会同两江总督曾国藩再次奏请移城下蔡："凤台本从寿州分出，原为地方辽阔，分设一县，而仍与寿州同城，殊为无益。查寿州城北三十里之下蔡镇，为沿淮极要之区，地隶凤台。拟请将凤台县治即移于下蔡镇，其向管城内之六坊地段民人，即令拨归寿州，以一事权而清界限。"④ 1864年6月，此议得到清廷批准。

其四，新置涡阳县。咸同年间，皖北捻军起义，清廷派兵进剿。雉河集一带地处颍、亳、蒙等州县交界，为捻军会盟之地。1864年，曾国藩会同乔松年奏请于雉河集设置新县："皖北地势辽阔，其初因地瘠民贫，不能多设官吏。然幅员既广，无以控制，宵小易生。今幸得就荡平，急须规划。查亳州所属之雉河集，西距亳州，东距蒙城，皆百里而遥，蒙、亳既不能兼顾，而其地滨涡河，势处极要，久为通逃渊薮……臣等拟请于雉河集添设县治，分蒙

---

① 乾隆《泗州志》卷2《建置志》。
② 同上。
③ 陈业新：《清代皖北地区行政区划及其变迁》，《清史研究》2010年第2期。
④ 光绪《安徽通志》卷17《舆地志》。

城、亳州、阜阳、怀远四邑相连之地以隶之，选廉能之吏，妥为抚驭，以制要害。"① 同年6月，清廷批准设立涡阳县。新置涡阳县由蒙城西15保、亳州东13保、阜阳北4保、宿州西南19保组成，东西85里，南北140里，成为皖北要县。

另外，清代州县佐贰官——县丞、主簿（州同、州判）多不与知县同城、同署办公，其官署往往设在远离县城的关津要冲之地或五方杂处、寇盗混迹的繁华市镇，以加强对地方的控制②（具体见表1-3）。这些城镇或为交通枢纽和商业集镇，或地处县界，易生

表1-3　　　　　　　皖北地区佐贰官移驻外派情况

行政级别	府、州、县别	官职	时间	地点	备注
府、直隶州佐贰官的移驻外派	凤阳府	凤颍同知	嘉庆十三年（1808）	南平集	由南平集抚民同知改设
		凤颍同知	同治四年（1865）	徐溪（濉溪）口	
		府督粮通判		正阳关	
		照磨		南平集	
		凤庐分防同知	道光十四年（1834）	下塘集	由凤阳府同知改设
	颍州府	府督捕同知	嘉庆七年（1802）	阜阳驿虎桥	
		抚民总捕同知	道光三年（1823）	艾亭集	驿虎桥捕盗同知改设
		颍州府通判		霍邱叶家集	
		州同知		双沟、施家岗	
	泗州直隶州	州判	乾隆四十二年（1777）	半城镇	

① 光绪《安徽通志》卷17《舆地志》。
② 张研：《清代社会经济史研究》，北京师范大学出版社2010年版，第223页。

续表

行政级别	府、州、县别	官职	时间	地点	备注
县、散州佐贰官的移驻外派	凤阳	县丞	乾隆三十年（1765）	溪河集	临淮裁撤，凤邑政务殷繁
		主簿	乾隆五十四年（1789）	蚌埠集	
	怀远	主簿	乾隆二十一年（1756）	龙亢集	该地距县城甚远，社会混乱
	定远	主簿	嘉庆年间	北炉桥	
	灵璧	主簿	乾隆二十三年（1758）	双沟集	主管黄河河工
	宿州	州同	雍正十年（1732）	徐溪（濉溪）口	主管稽查、弹压、河工，同治三年裁撤
		州判	乾隆二十三年（1758）	临涣镇	
	阜阳	县丞	雍正十三年（1735）	方家集	由颍州州同改设
	霍邱	典史	清末	开顺镇	
	太和	典史	不详	洪山镇	
	亳州	州同	同治九年（1870）	丁固寺集	

资料来源：根据陈业新的《清代皖北地区行政区划及其变迁》，《清史研究》2010年第2期整理而成。

事端，亟待设治管理。前者如正阳关，地处淮河中游，为明清时期皖北交通与商业中心，"皖省之北，庐、凤、颍、亳为江南屏蔽，而正阳关尤为庐、凤必争之地，又系寿州财赋之乡，居淮河之中，为全淮咽喉"[①]。曾设置督粮通判等佐贰官加强管理。后者如在寿州下塘（120里）、泗州半城（110里）、灵璧双沟（120里）、阜

———————

① 《清文宗实录》卷83，咸丰三年正月下。

阳方家集（120 里）、霍邱开顺（160 里）和叶家集（150 里）等镇派驻的府县佐贰官，即为加强对地方控制的需要。①

　　明清时期，全国行政中心网络更趋于扩展和完善，从而形成了高度中央集权和政令统一的全国行政中心城市网，这种政治中心城镇居于城镇体系的主导地位，对区域政治管理、财政税收等方面产生深远影响。皖北地区以府、州、县城镇大多位于重要地理位置，其交通优势明显，必然居于城镇体系的中心位置。以凤阳为例。"凤阳界江淮之间，控制南北，水陆辐辏，形势险要，为自古必争之地"②。优越的地理条件，加上凤阳在明代是"帝乡"，其政治地位在皖北无城可比。政治地位决定了其交通地位，明清时期的凤阳交通十分发达。据史书记载，除了联系京城的驿道外，其他商路还有 9 条（具体见后文表 5 -6）。同时，凤阳还是清代全国 6 条主干商路之一的"包头—开封—凤阳—浦口"商路的重要节点，这足见凤阳在当时全国商品流通网络中的重要位置。③ 但是，由于中央政府治水事务中的地区冲突与政策偏向，淮北地区成为被牺牲的"局部"，社会生态环境遭到破坏，水患频繁，经济发展迟缓④。这种状况也很大程度上制约了皖北地区城镇的发展。在明清时期，皖北地区没有形成大城市和中等城市，凤阳、庐州、颍州等府城也只是人口 5 万以下的小城市。⑤ 这对于整个皖北地区城镇体系的发展有着明显的制约作用。

　　（二）府、州、县城镇的经济功能

　　皖北地区府、州、县城镇的经济功能也十分突出。凤阳府在明

---

　　① 陈业新：《清代皖北地区行政区划及其变迁》，《清史研究》2010 年第 2 期。

　　② 光绪《凤阳府志》序 2。

　　③ 牛贯杰：《17—19 世纪中国的市场与经济发展》，黄山书社 2008 年版，第 175—176 页。

　　④ 马俊亚：《被牺牲的"局部"——淮北社会生态环境变迁研究（1680—1949）》，北京大学出版社 2011 年版。

　　⑤ 顾朝林对于明清时期全国城镇等级规模进行界定，人口 100 万以上为特大城市，如南京、北京、苏州等；人口 50—100 万为大城市，如杭州、广州、汉口等；人口 20—50 万为中等城市，如松江、镇江、芜湖等；人口 20 万以下为小城市，包括府州县城及重要商业城镇。（顾朝林：《中国城镇体系——历史·现状·展望》，商务印书馆 1992 年版，第 115 页）

代的特殊政治地位，使之经济开始繁荣起来，一跃而成为皖北的政治、经济中心和淮河流域的首府。当时凤阳"东西近千里，上枕徐豫，下达吴越，扼襟喉其间"①，加上濒临淮河，水运优势明。淮河及其支流颍河、涡河、淝河等沟通豫、皖、苏三省，淮河下游经过洪泽湖联络大运河，又把东部诸省和长江、淮河、黄河及海河四大水系相连接，将淮河沿岸的工商业城市有机地连在一起，形成以凤阳为中心的商品流通渠道。城里街区不断拓宽，店铺林立，旅馆、茶楼、酒肆随处可见，各地商人云集，转运贸易迅速发展。徽商在此经营粮食、烟叶、木材等业，江西商人经营瓷器、竹木、纸张等货；江浙商人则主要贩运丝绸、布匹；闽广商人销售南货、洋货；而两湖商人主要经营粮食，凤阳凭借淮河水运之便，使南北东西物资往来流通都很兴盛。明成化年间，政府开始在凤阳设关，最初官署在凤阳府城隍庙东，康熙三十四年（1695）移驻正阳关。至乾隆时，凤阳关设 11 处税口，正阳关为大关，临淮、怀远、盱眙、亳州 4 处为大口，新城、洞溪、长淮、蚌埠、符离、濉河 6 处为小口。这既可以控制来往的商人和行人，维持社会稳定，又可以征收过往商船货物的关税，增加国家财政收入②。

颍河上游的周家口是河南东南部的商业重镇，其商业覆盖陈州府、开封府的部分、汝宁府的北部以及河南中部的部分州县，共计20 余州县。③ 位于颍河入淮口正阳关，是凤阳大关所在地，周口和颍州本地输往江南的粮食均在此报关纳税。据光绪《凤阳县志》记载"向来河南货物由颍河、涡河舟运至此上岸，陆路至浦口发往苏杭；亦有苏杭绸缎、杂货由浦口起旱，至长淮雇船运赴颍、亳、河南等处"④。这其中有一个不争的事实，即不管是河南输出的粮食，还是从苏杭输入的绸缎等商品，必然由颍河，经过颍州运输。明清时期，

---

① 光绪《凤阳府志》卷 12《食货志》。
② 廖声丰：《清代前期凤阳榷关的征税制度与商品流通》，《淮南师范学院学报》2005 年第 1 期。
③ 许檀：《清代河南的商业重镇周口》，《中国史研究》2003 年第 1 期。
④ 光绪《凤阳县志》卷 3《舆地志·市集》。

颍河——淮河水路是皖北地区商运的主干线，是连接中原与淮扬地区的黄金水道。颍州因居于这条水道上，优越的地理区位，成为粮食、盐、棉布、绸缎、木材、茶叶等商品长途贩运商品的重要集散地。

庐州城是有着两千多年历史的古城，曾是江淮之间物资转运的集散地。《史记·货殖列传》记载"合肥受南北潮。皮革、鲍、木输会也"。但更多的时间，合肥是地方府、县治所，发挥军事、政治功能。明清以来，合肥的商业有很大发展，成为区域性的商业中心。"轮毂舟楫，往来送迎。下江之海鲜，上游之竹木，茶叶药材装不尽，东西交换频仍；兽与革，丝与帛，漕粮陶皿卖不完，南北贸易丰盈。"[①] 这反映出合肥传统商业的状况。

皖北的一些州、县城因居于本行政区域的中心地位，商业十分发达。亳州商业在州、县城镇中最为典型，其商业发达程度甚至超过上述三个府城。亳州为"中州门户，南北交途，东南控淮，西北接豫，涡河为域中之襟带，上承沙汴，下达山桑。百货辇来于雍梁，千樯转输于淮泗。其水陆之广袤，固淮西一都会也"[②]。亳州的巷道很多，可谓"三十六条街，七十二条巷"，由于工商业的繁荣，市区不断扩大，据不同时期的《亳州志》记载，亳州街巷，乾隆二十九年（1764）亳州共有街巷116条，道光五年（1825）有街巷182条，光绪二十二年（1896）有街巷142条。[③] 主要街巷有专门经营药材的里仁街、加工和销售布鞋的小牛市、打造和经销铜器的打铜巷、经营各种干货的铁果巷以及加工销售竹编用具的竹货街等。正如光绪《亳州志》记载："北关以外列肆而居，每一街为一物，真有货列队分气象。"[④] 大街上商店鳞次栉比，客商摩肩接踵，码头帆樯如林，货车成帮，一派繁荣景象。

---

① 周富如：《序1》，《安徽文史资料全书·合肥卷上》，安徽人民出版社2007年版，第3页。

② 光绪《亳州志》卷1《舆地·形胜》。

③ 梅开运：《略谈亳州老街道》，政协安徽省亳州委员会文史委员会编辑《亳州文史资料》第5辑1992年版，第160页。

④ 光绪《亳州志》卷2《舆地志·风俗》。

怀远县城在淮河与涡河交汇处附近，水路交通发达。"淮邑地势平衍，居民错集，素称藩盛。"① 该县城外地商人较多，主要从事粮食贩卖、江南手工业品转运以及食盐的运销等。他们在此经营，主要是因为该地便利的交通条件。正如史志记载："嗣因涡淮交通，商贾辐辏，五方逐末者居其地。"② 至清末，怀远有盐行八九家，粮行三四十家。"凡亳州、涡阳、蒙城等县之杂粮及淮河所经各地之谷类，多运至怀远售卖，六安之茶虽不以怀远为市场，然亦经多由该地转运。涡河所经各县之食盐亦集于该处，而西坝盐运往正阳关者，每年水小之时，每因怀远以上难行，亦多在怀远售卖。故在前怀远一地，实较蚌埠为繁盛。"③ 有淮河、浍河、漴河、沱河、潼河流经的五河县，"五河交会，皆通舟楫，为南北要隘之地"。该县城"地居水陆要冲，夹岸皆有市井，人烟辐辏，来往喧腾，五方杂处"④，商业十分繁盛。

六安州城位于渒河沿岸，水陆交通较为发达，其州城四门均与交通要道相连接，商业繁盛。"东门外关厢约二里许，省郡交会，行旅往来，货物流通；南门外关厢约二里许，英霍二县通衢；西门外关厢约二里许，通西山诸乡镇大路；北门外关厢约二里许，陆通濠梁，上达京师山陕各省，水通正阳关入淮。凡豫省客货、两淮盐引，皆由水路溯渒而至龙津渡，即于北关登陆，豫章东粤客由陆而至北关，即于龙津渡过载，顺流以往正阳关，故北关尤为要途。"⑤

二 县级以下商业城镇的发展

皖北县级以下商业城镇首推正阳关、临淮关。二者为淮河沿岸税关所在，也是皖北地区传统的交通与商业中心。鉴于第三章对二者进行较为深入的研究，在此不再赘述。明清时期，特别是社会经

---

① 雍正《怀远县志》卷1《舆地志·乡坊》。
② 雍正《怀远县志》卷1《舆地志·风俗》。
③ 《安徽蚌埠及怀远县近年市况》，《中外经济周刊》1926年第186期。
④ 光绪《五河县志》卷2《疆域志三·山川》。
⑤ 同治《六安州志》卷5《城池》。

济经过较长时间的恢复发展，皖北地区的商业城镇发展很快（具体见表1-4），除了数量的增加，商业规模也明显扩大，便利了商品的流通，也刺激了农村商品经济的发展。

表1-4　　　　　　　明清时期皖北地区部分州县集镇数量

州、县名称	朝代	具体时间	市集镇数量（个）	备注
颍州府（阜阳县）	明代	弘治年间	14	雍正十三年（1735）颍州升府，附郭阜阳县
		嘉靖年间	16	
	清代	乾隆年间	67	
		道光年间	78	
亳州	明代	弘治年间	1	
		嘉靖年间	17	
	清代	乾隆年间	27	
太和	明代	万历年间	27	
	清代	乾隆年间	25	
蒙城	明代	弘治年间	2	
		嘉靖年间	18	
	清代	乾隆年间	27	
霍邱	明代	弘治年间	2	
		嘉靖年间	16	
		万历年间	48	
	清代	乾隆年间	37	
寿州	明代	弘治年间	2	
		嘉靖年间	14	
	清代	光绪年间	25	
怀远	明代	弘治年间	1	
		嘉靖年间	8	
		万历年间	28	
	清代	雍正年间	43	
		嘉庆年间	49	

州、县名称	朝代	具体时间	市集镇数量	备注
宿州	明代	嘉靖年间	67	
		万历年间	66	
	清代	道光年间	211	
泗州	明代	弘治年间	3	乾隆四十二年（1777），裁撤虹县，迁泗州于虹城。
		嘉靖年间	22	
	清代	乾隆年间	21	
灵璧	明代	弘治年间	2	
		嘉靖年间	14	
	清代	乾隆年间	19	
霍山	明代	嘉靖年间	3	
		万历年间	5	
	清代	乾隆十六年	13	
		乾隆四十一年	27	
定远	明代	弘治年间	4	
		嘉靖年间	9	
	清代	道光年间	41	
凤阳县	明代	嘉靖年间	5	乾隆十九年（1754），裁撤临淮县，并入凤阳县。
	清代	光绪年间	29	
六安州	清代	乾隆年间	54	
凤台	清代	嘉靖年间	47	雍正十一年（1733）析寿州，置凤台县，初与寿州同城办公，1864年迁下蔡镇。
合肥	清代	嘉庆年间	19	

资料来源：根据王鑫义的《淮河流域经济开发史》，黄山书社2001年版第673—675、729—731页的表格数据以及嘉庆《合肥县志》卷3《市镇》、光绪《寿州志》卷1《舆地·坊保》等整理而成。

清代阜阳县集镇商业发达，"颍州为膏腴之地，城郭集镇皆当河冲，人民村落夹河而居者极为繁庶"①。这就说明阜阳的商业集镇基本位于交通发达河冲，以水路交通带动陆路贸易，形成农村集贸网络。如中村集，"在南乡七十里，前邻谷河，商贾辐辏，市日无虚，主客户杂处"；艾亭集，"在南乡一百七十里，近汝河，商贾盛集，主客户并"②。太和县的旧县集，在县北八里，位于颍河岸边，该镇"生理繁华，南北商贾，舟车辐集，……徽州、山陕之人多，太和第一镇市也"③。寿州的瓦埠镇位于州城东南60里，是寿州仅次于正阳关的商业集镇。该镇"淝水环绕，北流入淮，舟楫商贩，往来不绝，亦州之大镇也"④。霍邱县商业发达的集镇较多，"邑中舟车之集，商贾所辏，以叶家集为最，三刘集、河口集次之。三河尖为淮所经，上通颍亳，下达江湖，稻米麦贩籴皆处于此"⑤。清代凤台县的阚疃集"北贸睢亳，南贾潜霍，多牛马驴骡，硝盐私贩辄取道于此。其民杂处，又界蒙城、阜阳，俗益剽急而事末矣"⑥。怀远县商业城镇较多，以境内五大市镇为代表，商业发达。"其走集之地，辏商贾蕃，廛里者曰涡河镇、曰洛河镇、曰上窑镇、曰考城镇、曰龙亢镇为最，其负贩所会逢期赶墟者，每五六里内辄有之，茆家集、何溜集、何家集、马头集其大者也。"⑦ 在这些集镇上，农民既能销售粮食和手工业品，也可购买到日常用品；客商既可以销售贩来的外地商品，又可收购到农产品，外运他处。它们既是高一级市场的终端销售点，又是本地外流货物的收购点，在一定程度上起到聚散各地农副产品，沟通城乡经济联系，促进商品流通的重要作用。⑧

① 道光《阜阳县志》卷2《舆地志二·水》。
② 正德《颍州志》卷2《乡井》。
③ 万历《太和县志》卷1《舆胜志·镇市》。
④ 嘉靖《寿州志》卷1《舆地志·集镇》。
⑤ 同治《霍邱县志》卷2《营建志·市镇》。
⑥ 嘉庆《凤台县志》卷2《食货志》。
⑦ 嘉庆《怀远县志》卷1《地域志》。
⑧ 吴春梅等：《近代淮河流域经济开发史》，科学出版社2010年版，第200页。

　　明清时期，皖北地区的商业城镇在数量和规模上有很大的发展，但这并不是建立在自身手工业发达的基础上，而是依靠商品流通推动的。这一时期的江南地区，随着农业发展，出现了农产品专业化区域，如棉区、桑蚕区等。这不仅进一步促进了手工业的分工和以加工为主的手工业的发展，而且在此基础上形成了有明确分工的工商业城镇。① 这些工商业城镇建立在发达的手工业基础之上，无论是人口规模还是城镇经济职能均超过政治中心的州、县城城镇，甚至超过府城。而在皖北地区，并没有普遍形成这样的城镇，只是在淮河干支流交汇处，交通十分便捷的地方形成了皖北的商业与交通中心城镇，即正阳关、临淮关。但它们自身的手工业不发达，主要发挥出来的是其商品集散的功能。至于其他的商业城镇，更多的是交换场所。这其中的原因主要有三个方面。一是皖北是农耕区，经济较为贫弱，农民对土地的依赖性强。二是本地人民缺乏经商传统，即使本地区较为发达的商业城镇，商人也多是外地之人。清代的颍州府，"城乡阛阓中，恒多晋人"②，而当地百姓则"率性真直，贱商务农"③。三是手工业落后，工匠"技巧不聚于肆，凡所造，朴素无华，犹存古意"④。落后的手工业难以支撑市场向更大规模发展。

　　总之，皖北地区的商业城镇虽商业较为发达，当地所能提供的商品仅是粮食及土特产品，其所需布料、绸缎、精细的手工业品均需从江南输入。这致使皖北商业城镇的商业依赖于商品流通，而非生产领域，具有明显的脆弱性。

---

　　① 顾朝林：《中国城镇体系——历史·现状·展望》，商务印书馆1992年版，第103—105页。

　　② 道光《阜阳县志》卷5《舆地·习俗》。

　　③ 乾隆《颍州府志》卷1《舆地志·风俗》。

　　④ 光绪《寿州志》卷3《舆地志·风俗》。

第二章 新式交通兴起与皖北地区商路的变迁

清末民初，以轮船、铁路、公路运输为代表的新式交通兴起，冲击了皖北传统交通格局。虽然新式交通尚处于起步阶段，但其对于皖北地区经济社会的作用和影响已显现无遗。"货物运输，因交通机关发达之结果，以同一费用，昔日仅能搬运至十里或数十里者，今则可由铁路、轮船运至十百倍之远；在昔有多数货物，因运输所需费用过贵，不能达于远方，而致就地放弃者，今则因费用低廉之故，可以运达远方消费之地且能获利；至若蔬菜水果鱼肉等易腐物品，在交通发达之区，亦能由生产之地送达远方消费之地"①。新式交通的兴起，改变了皖北地区传统商品流通路线，逐步形成以新式交通为主导的交通运输格局。本章在对皖北地区新式交通轮船、铁路、公路运输兴起过程进行分析的基础上，探究本区域商路的变迁和新式交通格局的形成。

第一节 新式交通的兴起

鸦片战争后，国门被迫打开，以机器为动力的新式交通兴起，交通运输业进入一个新的历史阶段。皖北地区的交通运输方式也经历了由传统向近代的嬗变，尤其是铁路的修筑，打破了皖北地区相对封闭的状态，与沿海地区的联系空前密切，新的交通运输格局渐趋形成。

---

① 曾世荣：《交通与社会经济》，《学艺》1930 年第 5 期。

一　水路运输的新旧并存

（一）轮船运输的兴起

皖北地区河流纵横，水运资源丰富，形成一个以淮河干支流为主、沟通整个地区的水运网络。四通八达的河渠网络、丰富的水运资源，为近代本区域航运业的发展创造了得天独厚的自然条件[①]。

皖北地区的轮船运输是从地方士绅创办轮船公司开始的。1907年，正阳关商务总会成立。该会董事李德琪联合永昌钱庄老板王锦芳等人，在蚌埠成立"利淮河工小轮有公司"，这是皖北新式交通出现的标志。正如公司招股章程写道："淮河南北原本物产丰饶，但无从事航运之业者，于货物运输上殊感不便，此百货徒然停滞、商业未大振兴之所以也。"[②] 该公司从疏浚淮河浅滩入手，从上海购买了"大联珠""小联珠"等三艘挖泥船，疏浚正阳关至马头集（清江浦附近）途中的数十处浅滩，"已大动工程，正从事疏浚，必当筹集大资本，期其大成"[③]。同时，购买"利淮""皖北""正阳"三艘小轮，航行于正阳关经蚌埠至清江浦一线，航程467.5公里，客货生意兴隆。在经营淮河干流营运业务的基础上，准备进一步扩展业务，疏浚淮河上游、颍河、涡河等，"另购小火轮三只，一从正阳上溯淮河三河尖，一从八里埠子溯颍河至颍州府，一从怀远溯涡河至蒙城"[④]。

1915年，蚌埠兴淮轮船公司经理刘心斋与倪道烺交涉，租借倪家"颍州号"小轮，开辟蚌埠至阜阳的航线，载客运货，生意兴隆[⑤]。1920年，阜阳人薛申五购买"津浦""福波"等轮船，创立"福淮轮船公司"，在蚌埠至阜阳航线上从事客货运输。1929年，原"利淮河工小轮有公司"创始人王锦芳等人购买轮船两艘，成立

---

①　吴春梅等：《近代淮河流域经济开发史》，科学出版社2010年版，第321页。

②　李少军：《武昌起义前后在华日本人见闻集》，武汉大学出版社2011年版，第179页。

③　同上。

④　同上书，第180页。

⑤　刘幼斋：《解放前阜阳的轮船运输概况》，政协阜阳文史委编：《阜阳史话》（第7辑），1987年印刷，第111页。

"通淮轮船公司",航行于蚌埠与阜阳之间。不久,怀远商会会长杨跃南成立"便商轮船公司",经营蚌埠至怀远的短途客运。1930年,淮南倪荣先创设"利达轮船公司",经营蚌埠至田家庵、田家庵至阜阳、田家庵至正阳关等航线的客货业务。至1933年,皖北淮河上已有轮船公司10余家(具体见表2-1)。

表 2-1 　　　　　　　　　1933 年淮河轮船公司情况

区域	公司名称	船名	船身质料	机器种类	制造时间(年)	航线	吨位(吨)
蚌埠区域	裕淮	裕华	柚木壳	蒸汽机	1929	蚌埠—正颍	5.40
		裕淮源	柚木壳	蒸汽机	1925	蚌埠—正颍	4.50
		新裕淮	柚木壳	蒸汽机	1914	蚌埠—正颍	11.91
		新裕安	柚木壳	蒸汽机	—	蚌埠—正颍	12.09
		同森	柚木壳	蒸汽机	1918	蚌埠—正颍	28.08
	兴淮	通江	柚木壳	蒸汽机	1928	蚌埠—正颍	8.40
		同济	柚木壳	蒸汽机	1928	蚌埠—正颍	7.50
		仁昌	柚木壳	蒸汽机	1928	蚌埠—正颍	4.10
	振淮	兴昌	柚木壳	蒸汽机	1928	蚌埠—正颍	5.20
		三新	柚木壳	蒸汽机	1921	蚌埠—正颍	12.00
		豫大	柚木壳	蒸汽机	1928	蚌埠—正颍	6.50
	通达	天益	柚木壳	蒸汽机	1929	蚌埠—正颍	4.50
		飞龙	柚木壳	蒸汽机	1929	蚌埠—正颍	4.00
		宝平	柚木壳	蒸汽机	—	蚌埠—正颍	—
	利淮	泰来	柚木壳	蒸汽机	1921	蚌埠—正颍	6.00
		裕顺	柚木壳	蒸汽机	1922	蚌埠—正颍	11.50
	便商	江宁	柚木壳	蒸汽机	1917	蚌埠—正颍	19.80
临淮关区域	裕五	福泰	木壳	蒸汽机	1923	蚌埠—正颍	—
		华顺	木壳	蒸汽机	—	蚌埠—正颍	—
		都梁	木壳	蒸汽机	—	蚌埠—正颍	—

资料来源:安徽省政秘书处的《安徽省概况统计》,1933年,第235、236页。

由表 2-1 看出，这些轮船公司一般拥有轮船两三艘，最多也只有五艘，规模较小。这些公司均航行于蚌埠—正阳关—颍州一线，继兴淮公司开辟阜阳航运后，利淮、通达、裕淮等公司先后在阜阳设立代办处，但都没有专设机构和专职人员，而是委托城里和三里湾的旅馆代售船票，给旅馆百分之十的手续费。这里轮船公司为了多做生意，招揽客货，到处派人揽客，互相拆台，竞争相当激烈。各公司权衡利害，经过多次协商，成立长淮轮业运输公司合组公票处，通过选举产生董事会和同业工会。加入合组公票处的有利淮、兴淮、裕淮、振淮四家公司。为了保障轮运安全，公票处雇用护船队 24 人，分四班，随船警备，这些人的开支由公票处负担。由于轮船客货有了安全保障，因而业务猛增。又有六家轮船公司加入合组公票处，共有轮船 31 艘，拖船 13 艘。在合组公票处统一调度下，淮、颍、泉、涡、淝等河轮运业务开展顺利。上下千余里的航运事业有了新的发展，客商往来频繁，轮船川流不息。[①]

皖北地区轮船运输是以蚌埠、正阳关、阜阳等主要城市为中心而形成的轮船运输网络。淮河干流的传统航线从正阳关到马头集，共计 935 里，"来往需三日，一日宿临淮关，二日宿盱眙，三日抵马头"[②]。航线具体情况见表 2-2。新辟的航线大多是以蚌埠为中心的，主要有蚌埠—正阳关、蚌埠—阜阳、蚌埠—亳州、蚌埠—三河尖、蚌埠—田家庵、蚌埠—临淮关、蚌埠—怀远等。其中，蚌埠—阜阳的航线较为典型。阜阳是长淮轮船公司自颍河开往蚌埠的起点，也是轮船由淮河入颍河的终点，客货运输业务繁忙。轮船沿途停靠的码头自阜阳向上游有茨河铺、行流集、太和县、旧县集、税镇，至界首进入河南省，经沈丘、槐店集、新集子、项城，至周口。向下游经洄溜集、新集、颍上县、阳湖镇，至沫河口入淮河。自阜阳向西由颍河入泉河经杨桥集至临泉县城。自阜阳外运的货物多系土特产品和粮食，由蚌埠运入的商品多系"五洋"、京广杂货

---

① 刘幼斋：《解放前阜阳的轮船运输概况》，政协阜阳文史委编：《阜阳史话》（第7辑），1987 年印刷，第 112—114 页。

② 龚光朗、曹觉生：《安徽交通之一瞥》，《安徽建设》1931 年第 2 期。

之类，也有从大别山经正阳关运来的竹、木、茶、麻。每到春季，各行各业大量进货，客商众多，纷至沓来，货物云集，运输繁忙。春、夏、秋三季，颍河水位高，轮船畅通，是航运业的黄金季节，收入较多，大多有盈余。入冬以后，河水渐枯，轮船运输时有阻滞，航运线路缩短，是轮船公司经营困难的季节，有的收不抵支，甚至举债维持。[①]

表 2 - 2　　　　　　　　　淮河干流航线里程　　　　　　（单位：里）

正阳关	寿州	凤台	洛河	怀远	蚌埠	临淮关	五河	双沟	盱眙	子龙山	高良涧	陈家集	马头
—	30	90	180	270	335	425	485	545	725	785	845	905	935

资料来源：龚光朗、曹觉生的《安徽交通之一瞥》，《安徽建设》1931 年第 2 期。

皖北地区的轮船运输的出现，打破了本区域长期以来以木帆船为主要运输工具的传统运输格局，为淮河流域航运业及经济发展注入了一股新鲜活力[②]。同时，轮船运输也对木帆船运输产生冲击。但由于皖北地区河道长期遭受黄河夺淮入海的影响，有些河道淤塞严重，轮船不能通行，为木帆船运输提供了存在的空间，从而形成皖北地区水路运输的新旧运输方式并存的局面。

（二）传统木帆船业的坚守

在轮船未出现之前，木帆船一直是淮河流域主要的水上运输工具。随着新式轮船运输的兴起，木帆船为代表的传统航运业受到挑战，一度趋于衰落。但随着城乡商品流通的加强，货源增多，加上木帆船自身小巧灵活，运输价格低，在淮河干支流运输中仍发挥着重要的作用。皖北地区的木帆船种类较多，常分客、货两种，"橹部高船舱高，一望而知其为客船，货船概不载客，常揭红旗以示区

---

① 刘幼斋：《解放前阜阳的轮船运输概况》，政协阜阳文史委编：《阜阳史话》（第7 辑），1987 年印刷，第 115—116 页。

② 吴春梅等：《近代淮河流域经济开发史》，科学出版社 2010 年版，第 323 页。

别，一般客船叫做太平船，有公事之客船叫做差船，装盐的叫做盐船"①。具体如下。

驳划子，水上警察用于保护商旅的，速力甚大，与长江者同；江斗子，厘金局用于防偷漏的，有蓬桅；粮划子，船幅广而体短，有桅二根或三根，由镇江运洋货及其他杂货来的，载重约八万斤；沙船，吃水颇浅，在上流运输客货，载重约百石内外；艋子船，吃水三尺乃至五尺，长三丈乃至五丈，宽八尺乃至十尺，往来运河、洪泽湖；小划子，为卖小生意所乘，或为渡船之用，长二丈余，宽四五尺，呈长方形；渔船，各地均有，船舱贮水养鱼，左右有橹两个；南湾子，比镇江南湾子较大，吃水甚深；对连划子②，载重约三百石；鸭梢船，与艋子船相仿；刨杰子船，航行于颍水者。③

皖北地区的食盐大多由木帆船运输的。食盐主要由盐场用帆船从板浦顺盐河运至淮阴西坝再行转运，主要有两条路线：一是由洪泽湖，沿淮河、颍河、涡河分运至皖北各处销售；二是由陆路运至小蚌埠集，再转运至各县。据载，1922—1929年，淮北盐场运往十二圩的食盐为3404.5万担，占淮北食盐销售总额的58%，年均运量高达425.56万担，多由木帆船承运。经常停泊在十二圩的木帆船约2000艘以上④。其中很大一部分经前述的第一条路线运至皖北、豫东销售。皖北地区还是粮食主要产地和输出地。粮食大多由木帆船经颍河、涡河等运至蚌埠，再通过铁路、轮船转运出去。六安一带所产的茶麻等土产品，大多通过木帆船运至正阳关，再由正阳关经颍河用木帆船北运至周口，或者运至蚌埠再由津浦路南下北上。

五河县的粮食运输大多依靠木帆船。五河县境内有淮、浍、漴、潼、沱五条河流，除淮河可通行轮船，其他河流只能行驶木帆船。

---

① 龚光朗、曹觉生：《安徽交通之一瞥》，《安徽建设》1931年第2期。
② 对连划子，是航行于皖北一带的木帆船，由首尾两节结构基本相同的船体连接而成，又称两头节。对连划子船型较小，船体细长，阻力小，航行快，载货量大，可根据需要随时拆拼，适合在水浅、滩多、航道狭窄的淮河各支流航行。
③ 龚光朗、曹觉生：《安徽交通之一瞥》，《安徽建设》1931年第2期。
④ 郭孝义：《轮船兴起后的江苏木帆船》，《西北第二民族学院学报》（哲学社会科学版）1990年第2期。

粮食为当地商品交易的大宗，五河自然成为沟通南北、互通有无的粮食集散地。其粮食主要由水路运来，分北河粮源和南河粮源。北河粮源包括浍河上游的祁县地区、沱河上游的宿县和灵璧的南部地区，潼河上游的泗县等地。因其河道狭窄，只能使用木帆船运输，一般风雨天气仍可运输，运粮总量略多于南河粮源，占上市总量的35％；南河粮源主要通过淮河运输，主要包括五河下游的双沟、盱眙、峰山、花园嘴等地。因河宽，宜行大船，一般为30吨左右的大船，来时成批成帮，遇到风雨等恶劣天气，船便无法行驶，故运粮总量不及北河粮源，占上市总量的30％。南自广州、上海、苏州、杭州、无锡、常州、南京，北至徐州、济南、青岛、烟台、西安、天津、北京等地的粮食商人经常来往不断，络绎不绝，每年六、七、八三个月，可运粮销售一亿市斤左右。来粮高峰季节，河下每天有几千条船只停靠，上起部台子，下至五里坟，十余里长的水面上船桅林立，真有千帆竞发、百舸争流的气势。夜晚，登高处极目河下，桅灯闪烁，一片灯火辉煌，恰似一座海上不夜都市，又犹如十里长龙，蔚为壮观。其粮食贸易自晚清至建国前的近百年中，虽经战争创伤，仍能久盛不衰①。这其中木帆船发挥的作用是不容忽视的，透视出皖北地区水运新旧并存不废，甚至互为补充的特点。

　　皖北地区水运之所以存在新式轮船和木帆船新旧并存的局面，是因为有以下几点原因。一是皖北轮船运输发展不充分，不能满足本地区客货运输的需求，这为木帆船提供了充足的货源；二是皖北地区的河道长期受黄河夺淮入海的影响，导致河道淤塞，河水较浅，轮船航行受限，特别是冬季的枯水期，轮运基本难以进行，木帆船则可继续运输，其存在的必要性显而易见；三是木帆船主要依靠人力和风力，运输成本低，对于运量大、不求运输速度的商品，如食盐、粮食、煤铁、木材、茶麻等，选择木帆船运输实在是便捷、实惠之举。

---

① 杨怀远、戴耀光：《解放前五河的粮行业》，蚌埠工商业联合会、蚌埠市政协文史办公室：《蚌埠工商史料》，安徽人民出版社1987年版，第282—283页。

二　公路交通的初步发展

（一）近代皖北地区公路发展的概况

近代安徽省的公路交通是由皖北地区发展起来的。"皖北一带，骡车载人，牛车运稼，小车、驴、马，并事贸迁，则旷野皆有宽广之道路，足容车辙马迹之互相往来，虽实高下不平，而莫觉其恶陋。"① 原有的官道和大路较为发达，为新式的公路运输的发展打下基础。1920 年，商办淮北长途汽车公司成立，自筹资金修筑泗县至五河的汽车路。1922 年，华阳义赈会为救济灾民，以工代赈，"筑成蚌埠怀远一路，又修成宿灵泗五、怀蒙涡亳、蒙城阜阳、蒙城移村、亳州太和等数路。后此用以行车，且有汽车公司营业其间，实为安徽修筑道路之滥觞"②。这些公路大多在原有官道和大路的基础上因陋就简修筑而成的，"可以行驶汽车者，为数颇多，要皆因年久失修，倒塌不堪，崎岖不平"③，稍遇雨雪，车辆无法通行。据当时全国道路协会调查，安徽已经通行的汽车路有 1165 里（具体见表 2 - 3）。其中，皖北地区通行的汽车路占全省 90% 以上。这主要是因为皖北地区地势平坦，无大山阻隔，只要对原有官道和大路进行简单的修治，即可通车。

表 2 - 3　　　　　　1922—1927 年安徽汽车路里程

道路名称	归亳路	怀集路	正颍路	青九路	蚌怀路	刘府镇	固泗路	五泗路	长淮街	蚌颍路	宣湾路	蚌亳路
里程（里）	190	20	180	20	25	40	150	90	20	180	70	180

资料来源：田耕园的《皖省建筑道路之刍议》，《安徽建设》1929 年第 3、4 期合刊。

---

① 金慰农：《安徽道路之过去现在及将来》，《安徽建设》1929 年第 3、4 期合刊。
② 同上。
③ 张明：《整理皖北旧有公路之意见》，《安徽建设》1929 年第 3、4 期合刊。

　　1927 年南京国民政府成立。国民政府十分重视公路建设，认为交通是促成社会产业发达的动力，公路为便利陆上交通的骨干，是军事运输的重要交通工具，也是增强国防能力的重要途径①。安徽省于 1927 年成立建设厅，具体负责公路行政及建设事宜，1932 年，成立省公路局，隶属于建设厅，掌管全省公路修建、保护和管理工作。"最近三载以来，皖省建设当局鉴于交通不便，有碍于地方之开发，故首注意及此，而以全力赴之"②。加上，1929 年"蒋主席检阅皖北军队，鉴于各县交通困难已极，特电令皖省政府赶急修路"③，安徽建设厅将全省道路计划，呈由蒋主席圈定。第一期工作计为安合、寿六、京芜、安潜太、宣休五大干线，长二千余里。安徽建设厅又结合本省实际情况，将规划路线有所扩大，增修了蚌寿、合蚌等公路（具体见表 2–4）。

　　1932 年 5 月，国民政府决定修筑苏浙皖三省联络公路，并组织三省道路委员会，统一筹划。是年 11 月，国民政府在武汉召开苏浙皖赣鄂豫湘七省公路会议。刘贻燕、姚世濂代表安徽出席。会议议定了七省公路干支线计划，规定了工程标准、工程概算、预算标准以及督修办法等。安徽建设厅结合安徽交通特点和实际需要，增加省内联络路线，制订了以一年为一期、自民国二十二年（1933）起至民国二十五年（1936）底完成的四年实施计划。④ 以此为契机，安徽公路修筑进入一个较快的阶段。

　　在修路过程中，安徽南北在修路的难度、筑路的原料都存在不同。"盖皖南多山，施工较为困难，惟石子到处皆是，材料不感缺乏，每公里建筑费只需一千余元；皖北为平原地，山少而石不多，建筑材料不无感觉困难，每公里建筑费非三千元不可，惟路基宽

---

　　① 沈世培：《文明的撞击与困惑——近代江淮地区经济与社会变迁研究》，安徽人民出版社 2005 年版，第 279 页。
　　② 治平：《安徽省公路建设之回顾与前瞻》，《安徽政务月刊》1935 年第 11、12 期。
　　③ 龚光朗：《新安徽之初步建设》，《安徽建设》1929 年第 1 期。
　　④ 周昌柏：《安徽公路史》（第 1 册），安徽人民出版社 1989 年版，第 89 页。

表2-4　　　　　　　　安徽省修筑省道情况

路名	京芜	合巢	安潜太	六寿	蚌寿	安合	合蚌
起讫地点	自芜湖至南京	自合肥至巢湖	自安庆经潜山至太湖	自六安至寿州	自蚌埠至寿州	自安庆至合肥	自合肥至蚌埠
里程（里）	108	145	241	197	198	300	384
备注	此路自1929年7月开工，自芜湖至当涂已筑成通车，自当涂至南京之江苏界尚未兴筑，有车40辆	此路自1929年1月开工，现已通车	此路自1928年12月开工，安庆至潜山已筑成通车，自潜山至太湖，尚有小部分桥梁涵洞未完成，有车18辆	此路自1928年12月开工，大部分已筑成，尚有一小部分土方桥梁涵管未完成，故未通车	此路1929年2月开工，尚有一部分土方桥梁涵管未完成，故未通车	此路自1928年12月开工，现土方已完全成功，其余桥梁涵洞正在建筑，本年6、7月可通车	此路自1929年4月开工，将旧路加以修理，现完工，今暂由商人汽车营运

資料来源：龚光朗、曹觉生的《安徽交通之一瞥》，《安徽建设》1931年第2期。

大，交通殊为便利。"[1] 鉴于此，修路工作是以皖南为中心展开的，皖北地区仅就干线加以整理改善，支线则派工程人员指导各县征工修筑路基，搭建临时桥涵，维持土路通车。随着皖南各路次第完工，皖北各路也加紧修筑。"凡路线之应联络互通者，分别测量施工，原有土路之不合工程标准者，取直培宽，并重建桥涵，使敷载重，铺筑路面，以利行车。"[2] 阜阳当时是多条公路的交会点，公路交通得到初步发展，在皖北地区较为典型，从表2-5可以看出皖北公路交通之一斑。

---

① 《皖北筑路情况》，《时事汇报》1934年12月，第16页。
② 姚世濂：《四年来之安徽公路建设》，《经济建设半月刊》1937年第8期。

表 2－5　　　　　　　　民国时期阜阳公路交通情况

道路名称	里程（里）	沿途重要城镇	阜阳段市镇	道路状况	修筑年月	备注
归信公路	720	归德、亳县、太和、阜阳、三河尖、固始、潢川、罗山、信阳	郑渡口、行流集、阜阳城、三十里铺、四十里铺、六十里铺、陈桥	宽两丈四尺、砖路面	1935 年 10 月至 1936 年 5 月	阜阳段北至郑渡口 97 里，南至陈桥 78 里
归祁公路	960	归德、亳县、太和、阜阳、颍上、正阳关、霍邱、六安、舒城、桐城、怀宁、祁门	由郑渡口至六十里铺，同归信公路	同上	1936 年 5 月至 8 月	阜阳段自郑渡口至六十里铺 127 里
阜蚌公路	360	阜阳、蒙城、怀远、蚌埠	插花庙、延陵集	宽两丈四尺、土路面	1928 年	阜阳段至延陵集 70 里
阜临公路	120	阜阳、临泉	大田集、龙王堂	同上	1928 年	阜阳段至龙王堂 60 里
阜涡公路	180	阜阳、涡阳	周棚、伍明集、王老人集、王市集	同上	1928 年	阜阳段至王市集 90 里
阜正公路	180	阜阳、颍上、正阳关	由郑渡口至六十里铺，同归信公路	与归祁路同	与归祁路同	阜阳段至六十里铺 60 里
阜蒙公路	180	阜阳、蒙城	与阜蚌路同	与阜蚌路同	与阜蚌路同	即阜蚌路之阜蒙段，阜境 70 里

道路名称	里程（里）	沿途重要城镇	阜阳段市镇	道路状况	修筑年月	备注
阜太公路	70	阜阳、太和	与归信路同	与归信路同	与归信路同	即归信路之阜太段，计70里
阜三公路	90	阜阳、三河尖	南李集、黄岗寺、刘店子	宽两丈四尺、土路面	1928年	由归信公路通至三河尖
阜板公路	70		阜阳城、正午集、枣庄集、板桥集	同上	同上	
阜地公路	120		阜阳城、苗家集、王化集、地里城	同上	同上	
界立公路	450	界首、临泉、固始、叶集、立煌	会龙集、公立桥、地里城	同上	1943年	
阜中公路	80		阜阳城、王店子、焦坡集、张集、中村集	同上	1928年	
阜方公路	120		阜阳城、胡家庙、柴家集、方家集	同上	同上	

资料来源：民国《阜阳县志续编》卷1《舆地6·交通》之《阜阳重要道路一览表》。

到抗日战争前夕，皖北地区公路有了较大发展，逐渐形成以蚌埠、阜阳、合肥等城市为中心的公路网络。具体通车里程见表2－6，公路路线图见图2－1。

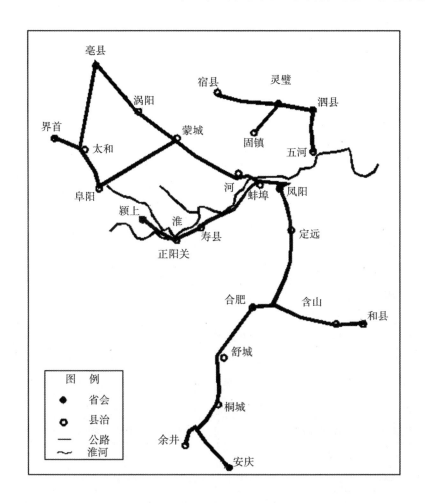

图 2 - 1　民国时期皖北地区公路

表 2 - 6　　　　　　　　**抗战前夕皖北地区公路通车里程**

路名	起讫地点	里程 （公里）	路名	起讫地点	里程 （公里）
安合路	安庆—合肥	190	蒙永路	蒙城—郭步口	62
乌叶路	乌江—叶家集	323	涡永路	涡阳—永城	40
归祁路	宋彦集—祁门	489	青独路	青山—独山	32
蚌鹿路	蚌埠—薛庙	221	六石路	六安—石婆店	33

续表

路名	起讫地点	里程（公里）	路名	起讫地点	里程（公里）
宿永路	宿县—铁佛寺	54	山毛路	山王河—毛坦厂	20
阜固路	阜阳—三河尖	45	六霍路	六安—霍山	50
店睢路	店埠—许大庄	247	舒霍路	舒城—霍山	77
宿砀路	宿县—张家集	40	霍叶路	霍邱—叶家集	96
正固路	正阳关—固始	78	桃三路	桃溪—三河	30
宿涡路	宿县—涡阳	65	涡新路	涡阳—新兴集	25
阜方路	阜阳—方家集	75	阜周路	阜阳—刘兴集	75
阜油路	阜阳—油店集	65	阜铜路	阜阳—铜阳城	100
临滩路	临涣集—滩溪口	20	信太路	信阳—太和	40
大流路	大固店—流波疃	47	临周路	临泉—刘兴集	28
阜地路	阜阳—地里城	60	定浦路	定远—西葛（浦口）	88
临方路	临泉—方家集	72	临马路	临淮关—马坝	145
泗固路	泗县—固镇	74	霍诸路	霍山—诸佛庵	20
宿阜路	宿县—阜阳	163	蒙太路	蒙城—太和	80
立诸路	立煌—诸佛庵	68	怀凤路	怀远—凤台	75
灵宿路	灵璧—宿县	65	阜凤路	阜阳—凤台	110
阜涡路	阜阳—涡阳	75	涡凤路	涡阳—凤台	100

资料来源：周昌柏的《安徽公路史》（第 1 册），安徽人民出版社 1989 年版，第 119—120 页。

（二）皖北地区公路运输的初步发展

1920 年，泗县绅商创办汽车公司，通行于泗县至五河之间，并对旧路进行整修，两侧植树，两地交通状况大为改善。烈山煤矿经理倪腾辉购买 4 辆小汽车，经营蚌埠至阜阳一线。1922 年，皖北镇守使李传业之子购买一辆道奇汽车在蚌埠和阜阳之间进行客货运输。同年，南洋烟草公司修建了蚌埠至凤阳刘府的 20 公里简易公路，主要运输当地的烟叶。1923 年，阜阳三里湾河东私商集股开设三民汽车公司，也行驶于蚌埠与阜阳之间。同年，商办淮北公司购买 5 辆汽车，正式营运于蚌埠至亳州、蚌埠至颖上两线。1925年，定远警备排长兼富商何玉吾等集资购买 1 辆道奇车，改装成小客车，成立鹏飞汽车运输公司。1933 年 3 月，六安商民李公案集资筹组合六商办汽车公司，后因经营不善，于 1934 年 6 月改组成立振兴商办长途汽车公司，有大客车 1 辆，货车 4 辆，在合肥至六安、六安至舒城等线运营。当时的蚌埠、合肥、阜阳、六安、亳州等均有客货汽车通行，这些城市也是皖北汽车运输的中心。其中，以蚌埠的汽车公司最多。1927 年以后，受苏、浙、豫、津、沪汽车运输的影响，天津、河南、寿县等地客商相继来蚌，开办了飞龙、弓飞、鹏飞、新民、慎泰、华通、凤阳、惠民、日升等汽车公司（具体见表 2－7）。这些公司多为一户一车或一户两车不等，最多不超过 10 辆，并由韩子恒、郑希之出面在中山街开办民营合众汽车公司，统一安排客货运输。各家运输商要到合众汽车公司挂牌，接受派运，并交纳 3% 的业务费，方可营运。①

表 2－7　　　　　　蚌埠长途私营汽车公司营运情况

公司名称	开办时间	已立案否	资本（元）	汽车数量（辆）
利皖	1924 年 3 月	已	独资 5000	3
惠民	1928 年 9 月	已	合资 40000	9
慎泰	1928 年 6 月	未	独资 6000	4
飞轮	1928 年 3 月	已	合资 3000	2
启民	1928 年 8 月	未	合资 10000	5
飞龙	1928 年 5 月	未	合资 2800	2
龙飞	1928 年 7 月	未	合资 8000	3
华通	1928 年 4 月	未	合资 14000	9
云飞	1928 年 8 月	未	独资 2000	3

① 沈世培：《文明的撞击与困惑——近代江淮地区经济与社会变迁研究》，安徽人民出版社 2005 年版，第 284—285 页。

续表

公司名称	开办时间	已立案否	资本（元）	汽车数量（辆）
万通	1926 年 8 月	未	独资 4000	3
三民	1928 年 9 月	已	合资 20000	4
同和	1928 年 4 月	未	合资 12000	8
亨利	1926 年	未	独资 7000	4
中南	1928 年 10 月	未	合资 3000	2
万通记东	1928 年 6 月	已	合资 6000	3
中山	1928 年 8 月	已	合资 4000	2

资料来源：《蚌埠长途汽车公司调查表》，《安徽建设》1929 年，第 3、4 号合刊。

在商办汽车公司发展基础上，安徽省政府也开始筹划官办汽车运输。1929 年 7 月，安徽建设厅成立安徽全省公路管理处，厅长李范一亲自担任处长。这是安徽官办公路运输的开始。1930 年 10 月，安徽全省公路管理处撤销。1932 年 6 月，安徽公路局成立，由建设厅长程振钧兼任局长，下设总务、车务、工务三处。车务处主要掌管汽车站设立、票价制定、车辆和材料的购置、驾驶员考试和训练等。为了便于行车管理，有利于汽车营运，省公路局先后成立安合、省屯、芜屯、亳六、合巢、合蚌六个车务管理处，经营和管理各线的客货运输①。同时，制定相关规章制度，如《安徽全省公路管理处长途汽车货运暂行章程》《安徽全省公路管理处长途汽车货物分等表暨价率暂行规则》，这在一定程度上规范了客货的运输。同时加强调查研究。1929 年，安徽全省公路管理处对蒙城、太和、霍山、霍邱、定远、颍上、天长等地的交通及物产流通状况进行了详细的调研，包括与邻县的距离、至邻县大路经过的山岭名称、山路长度、山岭与平路的相对高度、大路往来车马种类、每日往来车马数目、本县运出货物种类，货物运往地点及必经重要埠

———————————

① 安徽省地方志编纂委员会：《安徽省志·交通志》，方志出版社 1998 年版，第 157 页。

镇、邻县运来货物种类及运输路线等①。这种充分而翔实的调查，对于合理地设置行车路线、配备车辆以及布局车站等方面具有重要的参考价值，有利于官办汽车运输的进一步发展。

总之，民国时期皖北地区公路修建和公路运输处于刚刚起步的阶段，客货运输的能力有限，其推动社会经济发展的作用还很有限。当然，制约公路建设和运输发展的主客观因素还是存在的。一是路况较差，影响通行。皖北地区的公路主要是对原有的官道和大路进行一定的改造，工程的标准很低。"新筑之路，可即就原有之土路，增宽其路幅，改正其曲线，填掘其坡度，设备排水沟渠，建筑桥梁涵洞，使其成为近代道路之粗形"②。已通车的公路，"大半未铺石子，致雨雪连绵之时，则不能行车，即久值晴空，亦诸感不便，虚土埋轮，黄尘涨天，行旅仍感痛苦"③。当时，由于路况和车况很差，从蚌埠到阜阳最快也需要两天，路上经常抛锚，真是"一去二三里，停车四五回，抛锚六七次，八九十人推"。二是管理松散，竞争无序。安徽建设厅虽曾在蚌埠设立民营汽车管理处，主要负责登记和检验车辆，但是随着通车路线增多，商办汽车公司存在的问题也增加。"查本省本部土路，多系早年完成，民营汽车充斥，窳旧者居多，且散漫无组织，行旅深感困苦"④。同时各商办汽车公司之间还存在无序的竞争。"现在皖北商办各汽车公司，其于公路之不知爱惜，与夫票价之任意需索，行车毫无定时"⑤。对于此种现象，时任建设厅长的李范一也认识到这个问题，认为皖北一带商办汽车公司"只知彼此竞争一时之利，不加修理，从不知养路为何事"⑥。在豫皖两省物资交流要道——归亳线上，一度出

①　朱世明：《安徽省公路管理处工作报告》，1929年7月至1930年2月，第17页。转引自吴春梅等《近代淮河流域经济开发史》，科学出版社2010年版，第364页。
②　田耕园：《皖省建设道路之刍议》，《安徽建设》1929年第3、4期合刊。
③　同上。
④　姚世濂：《四年来之安徽公路建设》，《经济建设半月刊》1937年第8期。
⑤　公路管理处：《十八年度安徽全省公路管理方案》，《安徽建设》1929年第9期。
⑥　李范一演讲、贺荫棠记：《政府经营公路汽车之意义》，《安徽建设》1929年第9期。

现过多家汽车公司争夺客源、货源的现象，竞相降价，互相拆台，一时乱象丛生。为保护行业共同利益，1924 年 12 月，十几家公司经过协商，联合组成归亳汽车公司，采用统一票价、统一分配标准、编号排队等办法，专营商丘至亳县一线，恶性竞争才告一段落。三是规模较小，运量有限。以亳州为例。1923 年以来，亳州先后成立淮北长途汽车公司、大同汽车公司（后改名为民生汽车公司）。其中以大同汽车公司发展较快。由最初的 3 辆破旧汽车发展到 1936 年的 13 辆。从运营来看，该公司主要从事客运，货运量很少，运输难成运输规模。陆路货运主要靠马车、人力车。①

三　铁路筹划与修筑

晚清民国时期皖北修成三条铁路，即津浦铁路安徽段、陇海铁路安徽段、淮南铁路。这极大地冲击了皖北地区的传统交通运输模式，逐渐形成了新的交通格局，将皖北地区与全国紧密联系起来，对本区域经济社会发展产生深远影响。同时，皖北地区的商会组织积极行动，筹建铁路，因种种原因归于失败。这反映出皖北商民改善交通、发展经济的强烈愿望，为以后的铁路规划与建设打下基础。

（一）皖北地区建成通车的铁路

津浦铁路。津浦铁路是我国南北铁路交通的大动脉，也是皖北地区修成的第一条铁路。津浦铁路全长 1009.5 公里，北起天津，南至浦口，经直隶、山东、江苏、安徽四省，此路安徽段是津浦铁路南段的主体部分，在皖北地区自北向南经过宿县、灵璧、蚌埠、临淮关、明光、滁县等地而达终点浦口，是安徽境内最早建成并投入运营的铁路，对皖北地区经济、社会产生重大影响，也导致本区域城镇体系发生变动。

津浦铁路最初发起人为江苏候补道容闳。1898 年，他向清政

---

① 焦彤：《解放前的亳州交通》，《安徽文史资料全书·亳州卷》，安徽人民出版社 2007 年版，第 294 页。

府提出借用美款修筑津镇铁路，得到清政府的认可。但是，此计划遭到正在筹建芦汉铁路的盛宣怀的反对，因为他担心津镇铁路的修筑，会影响芦汉铁路的客货源，容闳的计划就此搁置。当时列强掀起瓜分中国的狂潮，英国攫取了包括津镇铁路在内的五条铁路的修筑权。[①] 但津镇铁路的修建必然要经过山东，而山东是德国的"势力范围"，因此德国反对英国修筑此路。经过英德双方的讨价还价，最终达成妥协。1899 年 5 月，中、德、英三方签订《津镇铁路借款草合同》，将津镇铁路分为南北两段，北段自天津经德州、济南至峄县，南段自峄县至镇江，德、英分别负责修筑北段和南段。由于义和团运动兴起，该筑路计划被迫中止。

　　1906 年，清政府外务部左侍郎梁敦彦与英、德代表就津镇铁路的正约进行协商。在协商中，充分考虑到直、鲁、苏、皖四省商民的请求，将津镇铁路改线为由天津经安徽至浦口，称为津浦铁路。南段工程由英国人德纪负责，线路自山东峄县韩庄至浦口，全长 383 公里，其中安徽境内线路长度为 295 公里，占全部南段线路总长度的 80%。1910 年 9 月，津浦铁路的蚌埠淮河大桥正式开工建设。全桥分 9 孔，跨度为 62.8 米，长 586.28 米。建桥共耗费钢材 250 吨，花石 352 立方米，混凝土 8806 立方米，全部用款不到 100 万元，1911 年 5 月建成。1911 年 10 月，津浦铁路南段竣工，12 月南段全线通车，1912 年 11 月，南北两段工程在山东韩庄接轨，全线投入正式运营。

　　津浦铁路南段共设站 36 处，安徽境内设站 26 处（具体见表 2 - 8）。津浦铁路的修通，加强了安徽与山东、江苏的联系，便利了农产品外运和商品的输入，传统商路改变，致使皖北城镇亦随之发生变迁。

---

　　① 即"（一）由天津至镇江；（二）由河南、山西两省至长江；（三）由九龙至广州；（四）由浦口至信阳；（五）由苏州至杭州，或展至宁波"。（《交通史路政编》第 6 册，第 3543—3544 页）

表 2 - 8　　　　　　　　　津浦铁路安徽段设站情况

站名	当时属县	站名	当时属县
乌衣	滁县	门台子	凤阳
担子街	滁县	长淮卫	凤阳
滁州	滁县	蚌埠	凤阳
沙河集	滁县	曹老集	灵璧
张八岭	滁县	新桥	灵璧
三界	滁县	固镇	灵璧
管店	盱眙	任桥	宿县
小卞庄	盱眙	西寺坡	宿县
明光	盱眙	南宿州	宿县
石门山	凤阳	符离集	宿县
小溪河	凤阳	李家庄	宿县
板桥	凤阳	夹沟	宿县
临淮关	凤阳	曹村	萧县

资料来源：根据章建的《铁路与近代安徽经济社会变迁研究（1912—1937）》（苏州大学 2013 年博士学位论文），第 33 页表格制成。

淮南铁路。此路是为解决淮南煤矿煤炭外运而筹建的铁路，起自淮河南岸的田家庵，止于芜湖长江对岸的裕溪口，全长 214 公里。在张静江的组织领导下，淮南铁路建设速度之快，工程造价之低，运营成效之好均堪称国内一流，是当时中国铁路建设成功范例之一。淮南铁路的建成通车，对促进安徽近代经济的发展也起了一定的作用①。

1912 年秋，怀远富商林文瑞、杨辉南等发股集资，成立大通煤矿合记公司，开办大通煤矿。随着产量的增加，煤炭需要外运。大通煤矿铺设一条由大通煤矿通往淮河岸边的铁轨，用马拉煤车将

---

① 马陵合等：《张静江与淮南铁路——兼论淮南铁路的经济意义》，《安徽师范大学学报》（人文社会科学版）2005 年第 1 期。

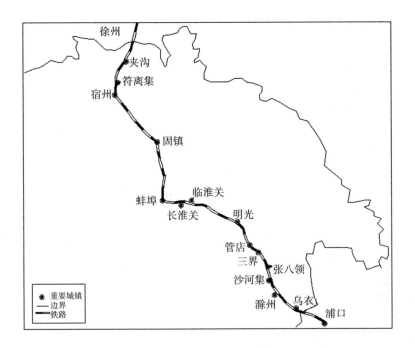

图 2-2 津浦铁路安徽段路线

煤运至淮河岸边的田家庵，并在那里搭建十余间草屋，作为煤炭的堆栈，然后将煤装上船，经淮河运至蚌埠码头，再行销售①。1928年，张静江出任南京国民政府建设委员会主席。鉴于煤炭开发对于国民经济发展关系重大，1930 年，他派张仁农到淮南开办煤矿，筹建淮南煤矿局，购买机器设备，在九龙岗打井开矿。1931 年春，淮南煤矿开始出煤，日产煤五六百吨，后增加至 2000 吨。所产煤炭由小火车运往洛河镇，装船运至蚌埠，再由津浦路转运至浦口，再分销于长江下游各埠。几经周转，浪费很多，费时费力，成本增高，且运输权操于他人，降低了淮南煤炭的市场竞争力。况且，"吾国南方燃料，向仰于北方各矿，自中央政府奠都南京，长江流域工商业愈臻繁盛，人口集中，煤焦销量，日益增多。惟华北各矿类皆外资

① 郝世宗：《淮南铁路的历史、现状和前景》，《淮南方志》1988 年第 3 期。

经营，权不在我，一旦非常时期莅临，长江一带将有断炊之虞，感于淮南煤矿于国计民生责任重大，益觉淮南铁路有亟求实现之必要"[1]。因此，淮南铁路的修建既体现了国家的利益，顺应中央政府意志，又是建委会发展实业的职责所在，是二者的有机结合。[2]

1929年7月，淮南铁路开始勘测路线，1931年5月勘测工作结束，初定路线为勘测的路线，即自矿山经合肥、巢县而达芜湖对江之二坝。后来该路终点改为裕溪口。因为二坝水浅，大轮无法停泊，须投资建码头，费用大。而裕溪口水深，江水最浅时亦达8米，可停泊大轮。从路程上看，二坝至芜湖10华里，裕溪口至芜湖20华里，所增路程有限，但建设费用可省60万元。1934年2月，淮南铁路开始兴筑，分为矿合、合巢、巢江三段，采取一面测量，一面施工办法，施工完成路段先期通车营业。1935年2月，从矿山至合肥段修筑完毕，先行通车；5月，合肥至巢县段修成通车；1935年12月，巢县至裕溪口段工程完成并试行通车。1936年5月，全线正式通车。淮南铁路自北向南依次经过大通煤矿、淮南煤矿、水家湖、朱巷、下塘集、罗集、双墩集、合肥、撮镇、桥头集、炯炀河、中垾、柘皋、巢县、淋头、东关、铜城闸、沈家巷、裕溪口等21站（具体见图2—3）。

淮南铁路全线运营，极大地改善了淮南煤矿的生产和销售状况。所产煤炭通过此路源源不断地运抵裕溪口，再经长江水路上可运销至汉口等地，下可销售到浦口、南京、上海等地，"产煤得运输上之便利，成本减轻，数量益增，经营有道，规模已具"[3]。但是，好景不长，1937年7月，日本全面侵华，1938年6月淮南沦陷，日本三井矿山会社和三菱矿业会社成立淮南煤矿股份有限公司，统辖九龙岗、大通煤矿，并接收了淮南铁路。1940年，日本

---

① 张善玮：《淮南铁路沿线生产交通情形及其业务发展之计划》，《铁路杂志》1935年第2卷第8期。

② 马陵合等：《张静江与淮南铁路——兼论淮南铁路的经济意义》，《安徽师范大学学报》（人文社会科学版）2005年第1期。

③ 《淮南煤矿概况》，《经济建设半月刊》1937年第9期。

铁路株式会社修复九龙岗至裕溪口铁路，1944 年，日本侵华战争
受挫，日本华东株式会社将水家湖至裕溪口的一段铁路扒掉，用拆
下来的铁轨、枕木等修筑了水家湖至蚌埠的 77 公里铁路。1945 年
8 月，日本投降后，淮南煤矿和淮南铁路仍由宋子文财团的淮南路
矿公司管理，1946 年 7 月，修复被战争破坏的水家湖至蚌埠一段
铁路，还修复了水家湖至合肥的铁路，及时开办了蚌埠至合肥、淮
南至蚌埠、淮南至合肥的客货运输。1949 年 1 月，淮南解放，淮
南路矿收归人民手中。

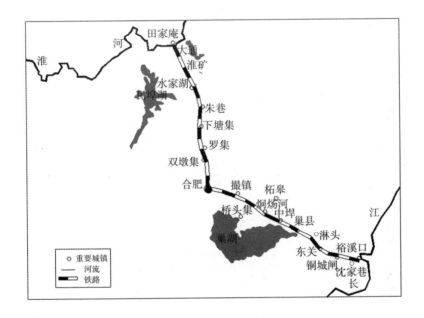

图 2 - 3　淮南铁路路线

陇海铁路。此路仅通过安徽最北的两个县砀山、萧县。这两个
县在民国时期都不属于安徽省。此路的修筑一定程度上对当时的安
徽影响不大，此处不再赘述。

（二）皖北地区筹而未建的铁路

清末民初，政府和民间力量在皖北地区筹划修筑多条铁路（具
体见表 2 - 9）。这些铁路计划或因列强侵略势力扩展的需要而要求

修筑的，或因当时皖籍官员、乡绅以及商会组织等出于家乡观念提出，他们奔走相告，筹款筑路，但受多种因素的掣肘，这些铁路尺寸未成。这一方面反映出政府筑路的关注点不在安徽，甚至本省铁路公司筑路也多集中于皖南地区；另一方面，也不难看出皖北经济贫弱，限制了筑路的能力。因此，这一时期，皖北地区的铁路也只能"筹而未建"。

表2-9　　　　　　规划或筹建有关皖北地区铁路路线情况

路名	起点	终点	沿途路线
泽浦铁路	泽州	浦口	怀庆、正阳关
怀浦铁路	怀庆	浦口	正阳关
浦信铁路	浦口	信阳	合肥、六安
合亳铁路	合肥	亳州	
蚌亳铁路	蚌埠	亳州	怀远、蒙城
安正铁路	安庆	正阳关	桐城、舒城、六安
安颍铁路	安庆	颍州	桐城、舒城、六安、正阳关、颍上等
蚌正铁路	蚌埠	正阳关	洛河镇等
蚌信铁路	蚌埠	信阳	正阳关、霍邱、固始、潢川
合正铁路	合肥	正阳关	
皖西铁路	正阳关	正阳关	自正阳关经霍邱、固始、六安仍回正阳关
汴正铁路	开封	正阳关	颍州
合叶铁路	合肥	叶家集	
临庐铁路	临淮关	合肥	凤阳、定远
宿淮铁路	宿州	淮阴	灵璧、泗县、泗阳
滁高铁路	滁州	高邮	来安、天长

资料来源：薛毅《英国福公司在中国》，武汉大学出版社1992年版；宓汝成：《中华民国铁路史资料（1912—1949）》，社会科学文献出版社2002年版，第70—72页；《建设委员会公报》1932年第25期；《铁道公报》1932年第381期；王金绂：《中国经济地理》（上），文化学社印行1929年版，第522页；《铁道半月刊》第5期，1936年7月；蒯光典：《复同乡京官论安徽全省铁路书》，《金粟斋遗集》（卷5），文海出版社1969年版；林传甲：《大中华安徽省地理志》，中华印书局1919年版，第189—190页。

　　清末，列强在华竞相修筑铁路，以扩大利益范围。1899 年，英国福公司为了沟通山西、河南和长江中下游地区，勘测一条由山西泽州经河南怀庆与卢汉铁路相接，渡黄河折入安徽正阳关，以达江苏浦口的铁路线，即泽浦铁路。后因泽州四面环山，修路工程艰难，故把起点改为怀庆，称怀浦铁路。此路因盛宣怀等人的反对而未能修筑[①]。1898 年英国取得了包括浦信铁路在内的五条铁路的修筑权，并于同年 12 月与清政府签订了《浦信铁路借款草合同》，拟修筑从浦口以北乌衣至河南信阳的铁路。经过勘测，浦信铁路全长436 公里，依次经过乌衣、界首、全椒、白酒岗、小集、大树街、兰关集、闻集、石桥塘、店埠、合肥、官亭、金桥、六安、洪集等地。安徽境内分为三段，即乌衣至庐州段（119 公里）、庐州至六安（74 公里）、六安至固始（90 公里），三段长度占全路程的65%。由于清末时局动荡，此路的修筑暂被搁置。1913 年 11 月，北洋政府派财政总长熊希龄、交通总长周自齐与英国华中铁路公司签订了浦信铁路的正式合同。合同签订后，华中铁路公司随即拨款开工兴筑，购买土地一百多亩，建筑土方四五十里，敷设电线三百余里，并建办公及厂房多处。然而，欧战爆发，该公司债票在欧洲未能发行，不得不于 1916 年 4 月停工。1916 年 12 月，国会议员李振钧等在提交政府的关于浦信铁路的质问书中指出："所过地方，出产丰富，于军事行动，尤多便利；就狭义言之，乃皖北第一重要，就广义言之，直为苏、鲁、皖、豫、鄂一大关键也。计自测勘路线，至开工停工后，约共耗去资本二百余万元，加之每年息金又需十余万元，不特此也，即如已收用百余里之土地，已筑成四五十里之土方，已安设三百里之电线，已建造各处办公之房屋，与夫购有华洋材料，均将旷废颓败！长此迁延，坐使地方大利未兴，国家转增无穷之负担"[②]。对于这种质问，段祺瑞政府表示："政府原以该路甚关紧要，亟思继续进行，奈此际金融奇紧，实无余款可以筹

---

　　① 薛毅：《英国福公司在中国》，武汉大学出版社 1992 年版，第 42—44 页。

　　② 宓汝成：《中华民国铁路史资料（1912—1949）》，社会科学文献出版社 2002 年版，第 124 页。

垫，如欲归还垫款，以求取消合同，无论借款还款，徒耗折扣，且合同为条文所束缚，难以取消。"[1] 该路只能暂时中止，余下事项，交由津浦铁路兼办。直到1936年，国民政府重新考虑修筑此路，但将浦信铁路改为蚌信铁路。1936年，国民政府将蚌信铁路列入铁路"五年建设近期计划"中。[2] 同年，铁道部鉴于皖北、豫东之间物产丰富，"为打开两省闭塞之交通，发展货物运输起见，乃拟修筑蚌信铁路"[3]。蚌信铁路由蚌埠起，经正阳关、霍邱、豫省固始、潢川，直达信阳，全长379公里，分蚌正、正固、固信三段，需款1000万元，安徽、河南各出450万元，余款由铁道部承担。此次蚌信铁路筹建，是政府牵头举办，筹备较充分，应该有建成的希望。但是，不久抗战爆发，筑路计划再被搁置。

在晚清"收回利权"运动的刺激下，安徽商办铁路公司于1905年成立，并对安徽铁路路线进行大致规划。"江北路线，由芜湖对江之裕溪口起，经合、含、庐、凤、蒙、亳，以期与卢汉铁路相接，计程五百余里。江南路线，有芜湖经宣城、旌德、徽州至江西景德镇为止，以期与将来赣路相接，计程七百里。又由广德州至毗连浙界之泗安为止，以期与将来浙路相接，计程三百余里。……现拟先由芜湖筑至江宁，名曰芜宁铁路，计程不过八十里。"[4] 这四条铁路的规划是以长江为枢纽，拟与邻省已成或未成铁路相连，以期达到贯通皖省南北，上通武汉，下达沪宁的目的。从中也看出，这种规划明显的偏重于皖南，对皖北的关注度明显不够。先行修筑的芜广铁路建设迟缓，遭到多方质疑。于是有人主张先修筑皖北铁路。公司内部关于南路、北路之争也比较激烈。时任安徽铁路公司总理的蒯光典认为："总以集款勘线为主，芜广动工本为不合

① 宓汝成：《中华民国铁路史资料（1912—1949）》，社会科学文献出版社2002年版，第125页。
② 宓汝成：《帝国主义与中国铁路（1847—1949）》，上海人民出版社1980年版，第286页。
③ 《蚌信铁路测量工作完竣》，《经济建设半月刊》1936年第3期。
④ 宓汝成：《近代中国铁路史资料》（第3册），中华书局1963年版，第1010页。

法则之举动，亟宜早为收束，断不可愈累愈深，并累及他段皆不能进行"①。他指责芜广铁路轻率动工，主张南北兼顾。对于皖北修铁路，他实际比较支持。他早年在合肥开银钱杂货店，对皖北商情比较熟悉，并与同样在皖北有商业利益的程文炳有共识。在他担任正阳关督销期间，曾写信给程文炳，提出修经过正阳关的合亳铁路，认为这条铁路地处平原，施工较易。他之所以没有把这种规划付诸实施，因为怕别人认为他存有私心。对于北线，皖北人认为，其"路长货多，西接芦汉铁路，又可以夺回津浦利权，比芜广一线不晓得要利市场几十倍"②。对此，接任总理的周学铭要求本省同乡，共同出力，修筑铁路。他在一份演说词中，承认南路修路比较艰难，但是皖北路线长，且要经过淮河，应先修南路，然后再修北路。希望大家不要有省界府界的。③ 这表明皖路的建设明显受当时流行的以省意识为中心的地方主义的影响，④ 甚至皖省南北在修路先后、路线规划都存在分歧，难于达成共识，这才导致皖省民间力量修筑铁路计划只能化为泡影。

表2-9中筹建的铁路，如安正铁路、安颍铁路、蚌正铁路、蚌信铁路、合正铁路等，因与正阳关关系密切，将在第三章中详述，在此不再赘述。

四　新式交通之间的竞争与互补

新式交通方式之间既有竞争又有互补关系。一方面它们之间的竞争主要表现为铁路对轮船、公路运输的排挤，轮船、公路运输的发展又制约铁路的修筑；另一方面各种交通方式不可能单独存在，

---

① 蒯光典：《复同乡京官论安徽全省铁路书》，《金粟斋遗集》（卷5），文海出版社1969年版。

② 公隐：《奉劝皖南皖北不要存意见》，《安徽白话报》（第4册），光绪三十四年十月一日。

③ 《对安徽人买宣屯铁路股票》，《安徽白话报》（第6册），光绪三十四年十一月初一日。

④ 马陵合：《清末民初安徽铁路发展历程考察》，上海中山学社《近代中国》（第16辑），上海社会科学院出版社2006年版。

它们之间必然互相联系，取长补短，共同发挥作用。

（一）新式交通之间的竞争

铁路运输以其自身的优势，必然对淮河水运以及公路运输产生竞争，而且在竞争中居于优势。淮河作为安徽与江苏扬州之间货运通道，随着铁路通行，货运大部分舍河运而改由铁路运输，淮河水运成为铁路运输的辅助运输方式。"津浦、陇海联络已成，淮河航利已为所夺"[①]。同时，铁路与水运的竞争还体现在铁路的筹建上。1932年，淮南大通煤矿发起修筑蚌正铁路，得到建设委员会的支持，认为正阳关"以言军事，则为京蚌之屏蔽；以言交通，则关系数省之孔道；以言商务，则为皖西、皖北、豫东、豫南数十州县出进货物之地点，……今使运输迅速之火车一旦接轨至正，使上游出进货物，无停筏换船之劳，蚌间之路线，不再受匪人出没、夏溢冬干随处淤浅之淮河之阻碍……则正阳一转瞬间兴复扩张，必将成为皖北最大之商场"[②]。这对于皖北、豫东南一带经济社会发展意义重大。但铁道部认为，蚌正支线"若与平行线河流竞争运输，则结果必受不良之影响……此项支线尚非必要之图，如为发达皖北、豫东之货运起见，似不如利用淮河组织大规模水运，俾与铁路联络输送必能事半而功倍"[③]。蚌正铁路最终没有动工修筑。铁道部虽有担心蚌正铁路将来运营会影响津浦铁路的运量，但此支线与淮河干流平行，必然会与水运产生竞争，而导致运量不足而亏本。这也是蚌正支线难以修筑的主要原因。

安徽公路运输虽起点低，规模运输能力有限，但"公路局成立后，积极整顿，锐意改善，依工程之进展，谋业务之推广，增添车辆，减低运率，以利运输而便行旅"[④]，安合、合蚌等公路相继全线通车。合蚌一段客货运量充足，运营良好。但淮南铁路通车后，导致合蚌、合巢段营业陷入困境，被迫撤销管理处。"本省原有合

---

① 盛叙功：《交通地理》，商务印书馆1931年版，第140页。
② 《印日关王召棠呈清将蚌正支线筑至正阳关文》，《铁道公报》1934年第900期。
③ 《铁道部公函》，《铁道公报》1932年第381期。
④ 姚世濂：《四年来之安徽公路之建设》，《经济建设半月刊》1937年第8期。

蚌路车务管理处之组设，管辖合蚌及合巢路运输事业。当时营业颇佳，嗣淮南铁路通车，合蚌及合巢间汽车客货骤减，该处即行撤销，并一度归并安合路车务管理处，终因赔累过甚，即行停顿"[1]。这一方面是因为公路运输处于起步阶段，自身发展不够，竞争力有限；另一方面铁路以其优势，将公路运输的客货源吸引过来，造成公路运输某些路段陷入困境。

（二）新式交通之间的互补

新式交通方式之间虽然存在着一定的竞争，但它们之间也有明显的互补关系。"无河路无以招货物之来源，无铁路无以倡运输之广巨，车船二者缺一不可"[2]。1912 年，津浦铁路通车，该铁路与淮河呈"十字"交会，将整个淮河两岸变为铁路运输的"腹地"，充足的货源和广阔的市场，使得津浦铁路安徽段的运输自运营开通伊始便一直异常繁忙[3]。可以说，津浦铁路南段之所以货源充足，营运利润高，是因为在蚌埠实现了铁路与淮河水运的联运。淮河干支流成为替铁路输送与分销货物的渠道。蚌埠码头开挖的新旧船塘以及岸上多条铁路支线将水运与铁路紧密结合起来，这是铁路与水运互补的典型例证。

在皖北地区，新式交通虽已起步，但它们各自并未形成完善的运营网络，人们出行必然要采用不同的交通方式，才能到达目的地。1931 年，上海人伯时到安徽合肥旅游，通过他的陆路行进路线，可以看出新式交通方式之间的互补关系。他指出，从上海到庐州的陆路是"自上海北站乘京沪（即沪宁铁路）通车，经昆山、苏州、无锡、常州、丹阳、镇江，至南京渡江。在浦口换车北上。经乌衣、明光、临淮各站，而达蚌埠下车，或在临淮下车，较为近便。下车后，乘当日汽车，路过定远，在汽车中计八个钟点就可安

---

① 姚世濂：《四年来之安徽公路之建设》，《经济建设半月刊》1937 年第 8 期。

② 熊亚平：《铁路与华北乡村社会变迁（1880—1937）》，人民出版社 2011 年版，第 82 页。

③ 章建：《铁路与近代安徽经济社会变迁研究（1912—1937）》，博士学位论文，苏州大学，2013 年，第 43 页。

抵合肥"①。在当时，上海与合肥之间并未有铁路或直达的公路，要实现上海到合肥的旅游，必然要将铁路、轮船和公路运输结合起来，发挥它们的互补作用。

第二节　新式交通与皖北地区商路变迁

在传统交通模式下，皖北商品流通主要是以水路运输为主，陆路运输为辅。商品运输路线以淮河干、支流为主要渠道，传统的商品集散地主要有正阳关、临淮关、阜阳、亳州等。随着新式交通的兴起，特别是铁路的通行，对传统交通运输方式产生极大的冲击，导致皖北地区商路变迁。正如专家所言："交通之发达，非但足使货物集散地发生影响，有时因新设交通机关之发展，有一部分或者全部分之货物将变更其输送之路径，其结果足使昔日繁盛之区，渐形清淡，而昔在商业上不占重要之地或反日见向荣。"②皖北地区的商路由传统的、以淮河干支流为载体的商品运输路线，逐渐向以津浦铁路、淮南铁路为主导的商品运输路线转变，淮河干支流水路运输成为铁路集聚货源的补充方式。皖北地区是粮油、茶叶等商品的主要输出地，也是食盐和江南手工业品的重要输入地。为了便于深入分析皖北商路变迁的过程，本节将皖北地区商路分为商品输出路线和输入路线来考察。

一　商品输出路线的变迁

明清时期，皖北地区是重要的商品粮产区。有学者认为这些粮食的主产区，农民主要靠出售粮食换取其他必需品，许多农民为追求更多的经济收益，种粗粮自食，种细粮出售。这种"粜精留粗"的选择，充分说明商品粮生产的高收益率，从侧面亦反映出清代商

---

① 伯时：《庐州导游》（上），《旅行杂志》1931年第2号。
② 曾世荣：《交通与社会经济》（续），《学艺》1930年第7期。

品粮运销体系的发达与成熟。① 皖北地区农产品输出主要依靠水运，沿淮河干支流运出。随着新式交通的兴起，皖北地区农产品输出由水路运至蚌埠，舍舟登陆，由津浦铁路南下或北上，或者水运至田家庵，由淮南铁路运出。

（一）传统交通模式下的商品输出路线

传统交通模式下的大宗商品运输是由水运来实现的，皖北地区亦是如此。淮河干支流是沟通苏、皖、豫等省的商品运道。皖北、豫东一带输出以粮食为主。河南北舞渡、周家口两个粮食集散地的豆麦杂粮、开封和归德府的豆麦、安徽北部的粮食以及河南永城和宿州等地粮食沿淮河运往江南。② 豫南一带的商品用竹筏、木帆船外运，"息县以下，舟楫颇盛，直达正阳关。贩盐木商，夏秋间，结对往返。其支流史河，以固始东门外为船舶聚集之埠，下达三河尖，与淮河会"③。当时"三河尖跨淮河现道之两岸，人烟稠密，商业繁盛。淮西岸地属固始，淮东岸地属霍邱。固始之米麦、颍阜之麦豆、淮北之盐皆囤积于此，以待运输。帆樯林立，竹筏如梭，为皖豫界重镇"④。淮河上游的米、麦、芝麻、竹、木等，运至三河尖，再行下运。豫东的周口在清康熙年间商业兴起，乾隆年间达到最盛，其商业规模应该属于中等商业城镇。⑤ 当时，"凡豫省粮食、杂货，自光州、固始及周家口等处从正阳、新城、怀远、蚌埠、长淮、临淮、盱眙出口，渡洪泽湖走清河境入运河南下者，俱

---

① 牛贯杰：《17—19世纪中国的市场与经济发展》，黄山书社2008年版，第87—88页。

② 邓亦兵：《清代前期商品流通研究》，天津古籍出版社2009年版，第65—66页。

③ 王幼侨：《河南方舆人文志略》，西北书局1932年版，第25页。

④ 《自息县城至三河尖·堤防·左岸》，武同举：《淮系年表》，转引自周德春《清代淮河流域交通路线布局与变迁》，硕士学位论文，复旦大学，2011年，第29页。

⑤ 所谓中等商业城镇，这里主要指作为地区性商业中心在商品流通中发挥着承上启下作用的城镇，其贸易范围至少应能覆盖一两个府、十来个县，或者更大些。（许檀：《明清时期城乡市场网络体系的形成及其意义》，《中国社会科学》2000年第3期）

由于淮"①。周口及其腹地的麦豆等沿着颍河经正阳关源源不断地运往江南等地。

至清中叶，随着精耕细作的推广，皖北地区粮食产量普遍提高，为粮食商品化提供了条件。以阜阳为例，"南方之洪河、谷河皆大湾，沃壤广轮，数百十里，二年之收可备数年之食"②。粮食输出量很大，粮市十分活跃。"水次枭豆麦时，始有淮、扬、豫远贩至，然亦恒有土著习其业"③。当时本地商贩在民间收购农民粮食，运至城东三里湾码头，交售外地客商，然后在这里集中装船、转运；也有本地资金雄厚的商人，自行贩运至江南。颍河水运最繁盛的是在秋季，从运河外运的本地产品主要有麦、豆、芝麻、高粱、西瓜及西瓜子，从河南周口经颍河运往淮河下游的货物有铁、烟草、药材、杂货等。在颍河流域有"十里五十船"之说，可见颍河水运比较发达。④

凤阳钞关是豫东、皖北地区与江南商品流通必经的税关。该关设于明朝成化元年（1465），包括正阳、临淮二关，正阳关设在正阳镇。清康熙三十四年（1695）凤阳钞关官署移驻正阳镇，对过往的商船征收船料。当时档案记载："凤关税钞米豆居十之七八，杂货止十之二三，全赖上游豫省陈州、汝州、光固等处出产米豆以及凤、颍、泗州各属所产粮食。年岁丰稔，客商运往江苏货卖，而下江杂货亦藉回空船只顺便贩运，往来纳税，上下流通，钱粮始能丰旺"⑤。凤阳关税在乾隆十年（1745）以前，每年大约 11 万—18 万两白银，平均每年为 14.5 万两。关于淮河粮食的运量，据邓亦

① 中国第一历史档案馆档案：乾隆十四年十二月初十日兼管凤阳关监督凤阳府知府尤拔世折，转引自许檀的《清代河南的商业重镇周口》，《中国史研究》2003 年第 1 期。

② 道光《阜阳县志》卷首《周天爵序》。

③ 道光《阜阳县志》卷 5《风俗·习尚》。

④ 马茂棠：《安徽航运史》，安徽人民出版社 1991 年版，第 223—224 页。

⑤ 乾隆四十八年六月二十四日管理凤阳关税务庐凤道王懿德折《宫中档乾隆朝奏折》第 56 辑，第 565 页。转引自许檀的《清代河南的商业重镇周口》，《中国史研究》2003 年第 1 期。

兵推算，乾隆时期淮河水系粮食运输量平均每年在 1100 万石左右，在此之后，有下降的趋势。① 但输出总量仍比较大，在全国粮食市场中占有重要地位。

涡河航运能力虽不及颍河，但仍不失为亳州、涡阳、蒙城等地商品外运的通道。亳州的大量农副产品正是依靠涡河外运，以粮食为大宗。粮食的输出大多由粮坊承担。全城有一百多家粮坊，以涡河沿岸为多。粮坊的经营方式也不同，有的专营土产粮，有的代远客收粮，有的自行收购，进行长途贩运。当时还有专门从事粮食中介的人，被当地人称为"接船的"。他们迎接粮船，在粮坊和客商之间牵线、说合。② 收购的粮食在码头装船，经涡河入淮，运至江南的镇江、苏州上海等地。民国《亳州志略》对此有三处记载，即"涡河可通舟楫，往来于淮、泗之间，商货赖以转输""亳县水路交通，端赖涡河航运，帆船往来，络绎不绝""在陇海路未通车前，皖北、豫东以及鲁西各县，运输货物，胥惟涡河是赖"③。沿涡河水路的涡阳货物输出也依赖涡河"货物运输，多由北部雇民船装载"④。蒙城的货物运输"为帆船及牛车，其中水路较便"⑤。怀远在淮河与涡河的汇流的三角洲上，距蚌埠二十五里。"在津浦铁路未筑，蚌埠未盛时代，安徽北部农产均集此间，下运至清江浦，转输至天津、扬州等处，是以商业极为繁盛"⑥。这充分说明涡河水运对于亳州乃至周边各县商品输出的重要性。

涉河流域的六安以出产茶、麻为大宗，"九公山麻"和"齐头山茶"都是闻名全国的特产⑦。有学者称涉河水路为"茶麻古

---

① 邓亦兵：《清代前期商品流通研究》，天津古籍出版社 2009 年版，第 66—67 页。
② 亳州市政协文史资料研究会编：《亳州文史资料》（第四辑），1990 年印刷，第 43 页。
③ 民国《亳县志略·交通》。
④ 龚光朗、曹觉生：《安徽各县工商概况》，《安徽建设月刊》1931 年第 3 卷第 3 号。
⑤ 同上。
⑥ 同上。
⑦ 胡嘉：《涉淮水乡》，《旅行杂志》1946 年第 12 卷第 5 期。

道"①。明清时期，"皖北六安霍山一带盛产麻茶，约二千余万斤，除当地及附近各县行销外，要以山东、河北等省各商采办为大宗，计输出之数约百余万篓，计千余万斤"，在传统交通模式下，这些货物分水、陆路运出。"凡运山东者，向分水陆两途，水运则用竹排从山河、淠河达正阳，换民船，经沙河（即颍河）抵河南之周家口，转小黄河南泥口，复转入大黄河，抵距济南之洛口起卸，陆路者，用小车装载，取道亳州，经河南之归德，直赴山东之济宁起卸，然后分运四处。"②水路或可由淮河东运，经运河北上或南下。

传统交通模式下的皖北商品输出路线是以淮河干支流为主线，陆路运输为辅助的。这条商品输出路线上的重要节点有干流上的三河尖、正阳关、怀远、临淮关、五河等，支流上的节点有颍州、亳州、六安等，这些城镇或位于支流入河口，或为重要的税关，或为支流上的重要城镇，成为商品输出路线上重要的商品集散地（具体见图2-4）。

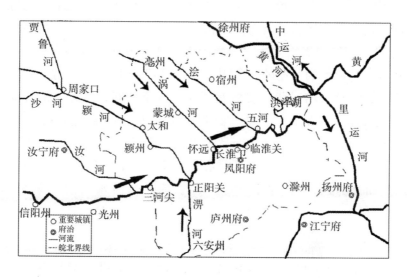

图2-4 传统交通方式下皖北地区商品输出路线

---

① 马育良：《淠河"茶麻古道"初探》，《皖西学院学报》2012年第6期。

② 孙企骞、孙元甫：《津浦路局亟宜招徕皖北六安茶商恢复车运以增铁路收入案》，《铁道公报》1931年第164期。

（二）新式交通与商品输出路线的变迁

随着新式交通的兴起，特别是铁路的通行，极大地改变了皖北地区交通格局，冲击了传统交通运输模式，水路运输逐渐变成为铁路集中货源的方式，这致使本区域商品输出路线变迁。"货运大半舍河道而改由铁路。淮河在运输上的价值减少到只是对铁路起些辅助作用而已"①。津浦、淮南等铁路在皖北地区的兴建，为大量农产品的输出提供了交通运输的便利，带动了皖北农村商品经济的发展，尤其在铁路沿线地区，农业生产受市场影响明显增强，农产品的商品化程度明显提高。

1. 津浦铁路与商品输出路线的变迁

蚌埠因津浦铁路通车迅速崛起，不仅成为皖北的商业中心，而且成为整个津浦铁路南段最重要的货物集散市场。蚌埠原是凤阳县的一个冷落小镇，因处在津浦路于淮河交叉点上，商业迅速发展。本来淮河支流颍河、涡河的货物入淮河经洪泽湖南下或者进入运河北上。自津浦铁路通车后，"凡淮水上流，颍水、涡水一带所产豆麦、杂粮均舟运到蚌埠，装包待车出口，南赴上海、无锡，北赴天津、济南等处，平时河下停泊不下一二千艘，帆樯林立，一望数里"②。当时火车托运货物不仅省时和减少危险，而且可以免征厘金税，故皖北乃至河南的商货大半由蚌埠装运浦口。蚌埠输往浦口的货物，每日达五六百吨，车站待运之货物常有五千吨。由蚌埠输出的货物主要是大麦、小麦、芝麻、高粱、药材、牛皮、鸡鸭、酒等，合计每月有三四万吨，皆由淮河上游之怀远、涡阳、亳州、颍上、六安、正阳关以及河南等地运来，在蚌埠换火车南下装运浦口③。津浦铁路沿线的物产丰富，输出量相当可观。这些货物均向

---

① 宓汝成：《帝国主义与中国铁路（1847—1949）》，经济管理出版社2007年版，第469页。

② 张其昀：《本国地理》（上）第10版，商务印书馆1932年版，第105页。

③ 安徽省政协文史资料研究会编：《工商史迹》（安徽文史集萃丛书之七），安徽人民出版社1987年版，第169页。

铁路沿线城镇集中，舍舟登陆，由铁路运出，皖北地区传统商品输出路线发生变更。具体输出物产见表2-10。

表2-10　　　　　　　津浦铁路安徽段沿路出产物品情况

站名	输出货物
滁州	稻米、小米、玉米、药材、杂粮
三界	米、麦、豆、稻
张八岭	小米、小麦、芝麻
管店	花生仁、芝麻、豆
明光	米、麦、豆
门台子	烟叶、黄绿豆、芝麻
小溪河	猪、大米、小麦、绿豆、稻子
临淮关	大米、小麦、杂粮
石门山	麦、面、豆、猪
长淮卫	黄豆
蚌埠	黄豆、小麦、杂货、茶叶
新桥	高粱、小麦、豆、芝麻
固镇	鸡蛋
符离集	烈山煤、杂粮、石榴
南宿州	粮食、杂货

资料来源：《津浦铁路公报》1929年第17期。

大量货物聚集蚌埠，催生了蚌埠的运输业，运输公司应运而生。据载，"蚌埠一地，为皖北诸县及河南近皖各县输出货物之总道。凡欲由铁路转运上海、南京、汉口及各大埠者，皆须先用民船载至蚌埠，由各转运公司代运。每月输出之货甚多，故自津浦铁路通车，蚌埠即渐有运输公司之成立"[①]。1920—1921年，蚌埠共有运输公司四五十家，各公司资本都不是太多，由于缺乏经验，有的

①　《安徽蚌埠运输公司之近况》，《中外经济周刊》1926年第189期。

公司经营不善而倒闭。至 1926 年尚存 26 家（具体见表 2 - 11）。由此可见当时蚌埠转运业的繁盛。

表 2 - 11　　　　　　　　　　蚌埠运输公司情况

公司名称	地址	公司名称	地址
悦来	河边	汇通	老大街
兴成	老大街	天一	华昌街
汇利	华昌街	公兴	华昌街
源通	华昌街	复兴	老船塘
捷运	河边	立兴昌	中兴街
盛康	老大街	牲元	华昌街
锦源	华昌街	亨达	华昌街
永安信记	老船塘	利兴	二马路
元成	河边	中国	中兴街
荣兴	老大街	兴源	华昌街
华盛义	华昌街	通远	华昌街
瑞泰恒	老船塘	德成公	二马路
信孚	兴平街	恒泰协记	新船塘

资料来源：《安徽蚌埠运输公司之近况》，《中外经济周刊》1926 年第 189 期。

津浦铁路通车，蚌埠商业中心地位形成，开始对其经济腹地产生辐射，吸引物产向蚌埠集中。怀远"当蚌埠为通车以前，凡亳州、涡阳、蒙城等县之杂粮及淮河所经各地之谷类多运至怀远售卖。六安之茶虽不以怀远为市场，然亦经多由该地转运"[1]。当时怀远商业比蚌埠繁荣。"其后蚌埠突然发达，大交易既移至蚌埠，一切牙行商店以及民船均不麋集此间，一切繁荣因随之而俱去了"[2]。地处皖东北一隅的宿州，州城面积不大，东西二里，南北

---

[1]　《安徽蚌埠及怀远县近年市况》，《中外经济周刊》1926 年第 186 期。
[2]　龚光朗、曹觉生：《安徽各县工商概况》，《安徽建设月刊》1931 年第 3 卷第 3 号。

一里半，街市有东西大街和南北大街，火车站与州城之间有新建街市，以转运业、旅馆业为主。"近时津浦路成，转运业者之数顿增，运本地出产之高粱、豆、麦、煤炭（西北七十里之烈山产煤）、皮革等至浦口、镇江、天津"①。民国时期属于皖北的盱眙也受到来自蚌埠的影响。"当津浦路未筑时代，四时民船辐辏，货物集散甚多，路成之后，货客大半为蚌埠所得，市况渐次衰微了"②。地处皖西北一隅的亳州，与河南接壤，其受陇海路的影响更为明显。亳州在陇海铁路未通车前，豫东、鲁西各县麇集贩运，杂货营业，极为发达，大小不下百余家。陇海路通车以后，以上各县货物，均由铁路直接运输。营业方面，大有一落千丈之势。现在只能批销本县各集镇，较之往昔，有霄壤之殊矣。③

津浦铁路的通车，皖北主要农产品的输出路线随之改变，凸显出新式交通对于传统商路的冲击。皖北地区农民多养牛羊，牛羊皮产量很大，颍州、亳州出产的山羊皮最为畅销，蒙城、颍上、寿州出产的黄牛皮质量上乘。皖北牛羊皮输出主要集中在两地，即正阳关和蚌埠。每年秋冬季，各地客商云集正阳关收购皮货。他们通过当地的皮行进行收购。"正阳关领有行帖之老牛羊皮油行仅有二家，一名杨同兴设行于东门街，一名复兴设行于后街，全镇未经领帖之行约五六家，亦在后街一带，但每年所做生意以二领帖行为最多，每年冬季牛羊驴皮一项，每家每日可经手收售七八十担至一百数十担"④。以此推算，每年收购时间为三个月，每月按 30 天计算，每天收售数量取中间值，即 90 担，那么每年正阳关输出的牛羊驴皮在 8100 担，每担按 50 公斤计算，即为 40.5 万公斤。这些皮货由船运至蚌埠，再行转运。有的皮商到出产各县直接设庄收买，因运输不便，兑款困难，1930 年以后，开始集中到蚌埠收购，这使蚌

---

① 龚光朗、曹觉生：《安徽各县工商概况》，《安徽建设月刊》1931 年第 3 卷第 3 号。

② 同上。

③ 民国《亳县志略·经济·商业》。

④ 《正阳关牛羊驴皮之输出近况》，《中外经济周刊》1926 年第 190 期。

埠的牛羊皮行很快发展起来，"现在牛羊皮行已有十一家，专代客商买卖，每百元抽四元行佣。上海皮商在蚌埠设庄收买者，计义立生、集义生、蔡世兴、精益、萧受记、仁记六家，平均每年（废历八月后至十二月底止），牛皮由蚌出口约一百多票，每票一万斤，每一百斤值洋四十元左右，共计约四十万元，羊皮由蚌出口四五十票，每票担八九十元，共计约四五十万元"①。加上别的皮张销售，皖北牛羊皮每年销售总额可达上百万元。这些皮货由津浦路运至浦口，再转运至上海等地。

皖北的六安盛产茶叶，明代时就南销两广，北销晋、陕、冀、鲁、豫等省。省内外的大茶商来往南北各地，他们在安徽茶区赴官输纳引税以后，便可成批买进茶叶，每引百斤纳税 1000 文，不及一引的，每由 60 斤纳税 600 文。茶叶随引由运出，售到各地。茶叶卖完，茶商便要把引由交到发卖地区的地方官员。清代六安茶叶以东北各省为最大销售市场，此外尚有江苏庄，采办至苏州，更加薰花精制，由海道运销关东辽、沈、吉、黑等地；又有周口茶商，来皖设庄购茶，由涡、颍两河运至周口，再由该地分销华北各地及内外蒙古等处。② 入民国，津浦铁路通车，"经蚌埠转运公司十余年之招揽，该茶商等纷纷由正阳运茶至蚌埠，改由火车运输"③。但近年以来，运价渐增，又加上军事影响，铁路梗阻，车辆缺乏，加之津浦路局对茶叶运输收费不合理，导致 1930 年由蚌埠站运出茶叶仅 20 余万篓，不及往年的 1/5，津浦路局少收入 16 万多元，经过铁道部长孙科批示，同意"改成专价减轻运费，取消轻质物之例，以实在分量照整车以三折二之例优待茶商，如此办理，庶几茶商相率归来，复由津浦车运，不特茶商称便，而

---

① 《安徽省农村与合作情报》，《农友月刊》1936 年第 11 期。
② 许正：《安徽茶叶史略》，《安徽史学》1960 年第 3 期。
③ 孙企骞、孙元甫：《津浦路局亟宜招徕皖北六安麻商恢复车运以增收入案》，《铁道公报》1931 年第 164 期。

路局尤增收入"①。

　　每逢六安茶叶上市，各地茶商云集，"皖北茶商当地人甚少，向有'京行''广行'之别。京行者系山东籍茶商，每届茶季，各挟巨资入山采办，待茶制成后，用小篓装载，由淠河运至正阳关、蚌埠等地处，再由津浦路而达山东济南及其他各地。广行者系湖北、河南籍茶商组成，每届茶季，络绎于途，遍地皆是，其够办茶叶，制成后即打成茶末，装入洋瓶，雇工挑运，渠道英山、罗田边境各县等处"②。"九一八"事变后，日本占领东三省，六安茶叶销售的主要市场丧失，"从前之销行于东省者，现为日茶独占，皖西之茶，片叶难以出关"③。但国内其他市场需求较盛，茶商纷纷下乡收购，"废历端午节后，即有大批篓茶，源源运输抵蚌，然后再车运转往鲁冀发市销售"④。

　　除茶叶外，六安还盛产麻。六安的麻主要销往烟台和镇江。麻埠街和苏家埠分别是两地麻商的主要采购市场。麻埠街的茶行兼营麻行，又称茶麻行。每年六月至翌年正月，各地收购麻的客商在麻埠街设庄收麻，然后由竹筏运至正阳关换船。正阳关也设有三家麻行，即时泰来、裕盛公、公兴永。他们除了在麻埠街设庄收购外，还收购来自霍邱各集镇和迎河、隐贤等地的麻。所有收购的麻，由正阳关装船，运至蚌埠，经津浦路北上，再转运至烟台。镇江的麻号往往在苏家埠设庄收购，每年收购50余万担，其原来的运输路线是"由系在苏家埠用小车载至距离一百四十里之舒城桃溪镇装船，直运镇江，计有年后为凤阳关所悉，以每年麻税收入甚丰，岂可放弃，乃更订招商税则，使该麻商由淮河水道直运，于是麻商乃改淮运"⑤。津浦铁路通车，改由在蚌埠装

---

　　① 孙企骞、孙元甫：《津浦路局亟宜招徕皖北六安麻商恢复车运以增收入案》，《铁道公报》1931年第164期。
　　② 《安徽茶叶研究》（三），《申报》1936年4月11日。
　　③ 《皖北茶市渐趋繁荣》，《农友杂志》1936年第8期。
　　④ 同上。
　　⑤ 孙企骞、孙元甫：《津浦路局亟宜招徕皖北六安麻商恢复车运以增收入案》，《铁道公报》1931年第164期。

车，麻商尤称便利。1927年后，津浦路因军事原因，车辆缺乏，运力下降，麻商不得不走旧道运输。政局稳定后，蚌埠运输同业公会代表孙元甫等提交铁道部议案，认为"惟有减轻运费，改良吨位，更照济南洛口装运乌枣及济南泰安大汶口运南生仁之例，改成专价，则麻商等感怀德意，图谋利便，自必舍弃小车、帆船，而仍由津浦车运，则路局、商民胥受其利"①。此案很快得到部长孙科的批准。

皖北是鸡蛋的重要产区，当地农村各家皆养鸡，鸡蛋出产量大，其中出产较多的县为寿县、凤台、六安、阜阳、颍上、涡阳、蒙城、亳州、怀远等县，其次为定远、嘉山、五河等县。鸡蛋产量有季节性，春季出产多，秋季较少。"每年春季由蚌埠运往上海者约十五万件（每件装八百只），秋冬仅数万件，如阜阳之福昌、亳州之福兴、福义及怀远之丰和等土蛋场，与明光、临淮、五河等小蛋场，每年收数共约在十万件左右，统计皖北各地除本地食用外，每年运销沪上者约在三十万件之谱，至价格涨落则以缺否为转移，近三年来之蛋价多在每件十六七元，最低每件十二三元，总共约值五百万元左右"②。

皖北鸡蛋收购多集中于正阳关和蚌埠两地。正阳关是寿县、霍邱、颍上、六安等县输出鸡蛋的集散地。该地有收购鸡蛋的公司五家，即和记公司、海宁公司、茂昌公司、丰裕公司、普记公司，这些公司实际上是上海等地蛋商在正阳关代理人所设的办事处。起初，各公司都雇人下乡收蛋，为了多收鸡蛋，互相竞争，致使纷争不断。"惟经营方法，向少联络，致市价高低不一，盈亏靡常。本年各蛋厂为谋营业上统制划一，合组正阳关蛋业联合办事处，实行运销合作。"③经协商，各公司由采办行代为收购，寿县四乡由协同丰蛋行一家代收，霍邱、颍上、六安各县及其主要集镇由当地商

---

① 孙元甫：《津浦路局亟宜招徕皖北六安麻商恢复车运以增收入案》，《铁道公报》1931年第164期。

② 《皖北鸡蛋业概说》，《畜牧兽医季刊》1937年第1期，第141页。

③ 《正阳关蛋厂合作运销》，《国际贸易情报》1937年第2卷第11期。

家采办，共设收购点八九处。"各采办行每日送货之数之比较，闻南以迎河集、隐贤集、马头集为最多，西北以润河集为最多"[1]。正阳关蛋商收购的鸡蛋，由兴淮等小轮公司运至蚌埠，再装火车外运。

蚌埠本地虽不出产鸡蛋，但涡河流域和淮河上游正阳关、三河尖的鸡蛋均运至蚌埠，故蚌埠也成为皖北鸡蛋集中地。蚌埠的蛋行主要有茂昌、松茂、协和、元和等。他们收蛋的方式跟正阳关的情况不同。茂昌和泰昌签订合同，大致划分收购区域，"就是泰昌不能在淮河方面收蛋，而茂昌不能入涡河收买，松茂公司收买鸡蛋，亦有招人代办，亦有自行派人出庄，协和在龙亢托王永和油号，庙集托邓德隆，涡阳朱万兴收买"[2]，元和公司则由协和公司将收买的鸡蛋转让一部分。但是，"同行是冤家"，他们之间的竞争是难免的。"在蚌埠的蛋商，同业都不能合作团结，本来去年鸡蛋在这样的旺产中，同业大可联络起来，互相提携，共趋繁荣。……但是同业各自为政，非但价不能跌，且乘势闹价，这样对于蛋业同业自身的利益，反而蒙受种种的损失"[3]。

对于皖北鸡蛋的输出，当时的国民政府相关部门曾给予政策上的支持。财政部应上海市蛋业同业公会的请求，电令皖省政府撤销蛋业特种营业税。皖省随即取消该税，但是，怀远、蚌埠一带的税务局依然对蛋业征税。怀远商会致电财政部请求制止。财政部电令皖省财政厅查明此事，并告知怀远商会。[4] 铁道部对于鸡蛋运输也十分重视，上海市蛋业同业公会致电铁道部，称铁道部"对于鲜蛋运输，向极关切，蒙一再令行各路局保护有案。自实行负责联运以来，蛋商固已得到不少便利。惟各路局对于鲜蛋装车及调车，偶有疏虞，蛋壳震碎，蛋质变化，或外表似属完好，内部确已损伤，如

---

① 《正阳关之鸡蛋公司》，《中外经济周刊》1926 年第 183 期。
② 黄绍宗：《蛋商在蚌埠收购鸡蛋的情况》，《鸡与蛋》1936 年第 1 卷第 4 期。
③ 同上。
④ 《致行政院秘书处函》（赋字第 1992 号），《财政部财政公报》1932 年第 54 期。

此，不特蛋商之损失重大，且于对外贸易，将发生不良影响"①。请求铁道部电令各站在装运鲜蛋时，尽量做到以下三点：一是改善装车环节，装车小工，搬运鲜蛋上车，应轻放，勿使碰撞；二是调车要注意，在车厢表明"蛋车"字样，让司机在调车时将撞力减到最低；三是蛋车不要延搁，蛋车应尽先拖运，不然鲜蛋容易变坏。铁道部长顾孟余批示："查鲜蛋运输，贵在迅速，而装车调车，尤当审慎注意，仰即于可能范围内，尽量改善，以期便利商运为要，此令。"② 不管是蛋业特种营业税的取消，还是铁路当局的政策支持，无疑对于皖省蛋业的输出大有益处，一定程度上促进了蛋业的发展。

皖北因鸡蛋出产丰富，加上鸡蛋运输较为困难，容易破损或变质，许多沿海商人选择到皖北鸡蛋产区办鸡蛋加工厂，将鸡蛋加工后再外运销售。当时皖北地区许多城镇如阜阳、亳州、宿州、正阳关、蚌埠等都办有蛋厂。阜阳有蛋厂两个：一个在阜城北关，创办于1916年；另一个在阜城西关，创办于1918年，都是外商投资创办的。北关蛋厂聘请芜湖人王新吾为经理，其他如财务、业务、收发等都聘用当地人任职，雇用男工开机器、烧炕房、装卸货，女工从事打蛋工作，将蛋清和蛋黄分开。后因业务发展快，又创办了西关蛋厂。两个工厂每天可加工鸡蛋一万多斤。1979年冬季，阜阳县在泉河修筑水利工程时，在地下一丈多深处挖出大量鸡蛋壳，层层蛋壳绵延几十米长，这就是当年北关蛋厂生产留下的痕迹，由此可见其生产数量之大。当时阜阳对外交通靠水上运输，鸡蛋加工后的产品用船沿颍河、淮河运出。颍河边的码头经常停泊着十几艘五十吨以上的大船。这些产品运往蚌埠再转运至上海等地。③

总之，新式交通的兴起，导致皖北地区商品输出路线变迁，这

---

① 《铁道公报》1935年第1210期。
② 同上。
③ 周世忠：《阜阳最早的一家外资工厂——打蛋厂》，阜阳市政协文史资料工作委员会编：《阜阳史话》1986年印刷。

种变迁是新式交通主导的，更利于皖北商品输出，其输出量也明显增加，具体输出商品的数量难于统计，但通过表 2 - 12、表 2 - 13可以透视出皖北地区商品输出种类、数量之一斑。这其中的路线变更正如宓汝成先生所分析："安徽北部和涡河、颖水、淮河上游各流域物产，向来循淮河经临淮关，出清江浦（今淮阴），顺运河而下。津浦的通车，使这一带商货的流向顿形改变。这些货物循旧道淮河一至临淮关，即在蚌埠改由火车运至浦口，然后南往无锡、上海，北趋济南、天津，分散各处。"[1]

表 2 - 12　　　　　　　1930 年凤阳关出口商品统计[2]

类别	分项及具体数字		备注
出口贸易总值	关平银 18970059 两		每两合银洋一元五角
船舶往来统计及登记数	13206 只		
船舶分类数	轮船	24 只	载重 251.2 吨
	拖船	12 只	
	民船	13170 只	
出口货物贸易分类	杂粮	865697 担	
	鲜果	27877 担	
	油	90123 担	
	子仁	315410 担	
	子饼	13770 担	
	煤	18675 吨	
	燃料	11204 担	
	陶器	137680 担	
	皮货	5555 担	

　　资料来源：根据龚光朗、曹觉生的《安徽各县工商概况》，《安徽建设月刊》1931年第 3 卷第 3 号的记载整理制成。

---

　　[1]　宓汝成：《帝国主义以中国铁路（1847—1949）》，经济管理出版社 2007 年版，第 469 页。
　　[2]　本表统计时间是 1930 年 2 月 15 日至 12 月 31 日。

表 2-13　1930 年 10 月 10 日至 11 月 20 日蚌埠出口商品数目

出口商品	数量	出口商品	数量
黄豆	62856 包	大米	23876 包
豆油	43283 听	烟叶	1085 件
芝麻	4164 包	小麦	900 包
火麻（苎麻）	1435 件	杂皮	4 件
牛皮	15 件	鸡毛	4 件
姜黄	5 件	明矾	950 篓
厂布	80 件	洋灰泥	237 桶
小麦	330 吨	石膏	90 吨
烈山煤	480 吨	麻布	26 件
瓜子	1006 包	药材	999 件
猪	1284 只	核桃	190 包
牛油	210 听	鸡蛋	91 篓
洋松	20 吨		

　　资料来源：根据龚光朗、曹觉生的《安徽各大市镇之工商现状》，《安徽建设月刊》1931 年第 3 卷第 2 号的相关数据整理制成。

2. 淮南铁路与商品输出路线的变迁

　　淮南煤矿位于淮河南岸，怀远、凤台、寿县三县交界处，煤储量巨大。民国十八年（1929），建设委员会聘请德国顾问凯伯尔对淮南煤矿进行调查，他报告称，已有证验之煤量为 2.4 亿吨，此外确信其有煤藏为 7200 万吨，洞山区储煤量为 4370 万吨，两者共计 1.154 亿吨。[①] 充足的煤储量为淮南煤矿发展提供了巨大的空间。淮南煤矿投产以后，制订了增产计划，每日逐渐增加，在三年内每日增产 20 吨（具体计划见表 2-14）。但是，"兴筑矿业，须产、运、销三方面同时并进，其相互关系无待论述"[②]。在产量递增的

――――――――――

　　① 《建设委员会淮南煤矿及铁路事业报告》，《北洋理工季刊》1935 年第 3 卷第 4 期。

　　② 同上。

情况下，如何将堆积如山的煤运出去销售被提到了日程上。津浦铁路南段是全路最为繁忙路段，"沿线各煤矿，胥恃该路为唯一运输机关，即照现在情形，淮矿产尚微，而该路车辆支配，已感困难，如再增加产额至每日二千吨，津浦路方面运输，寝成问题。加以煤斤由矿运洛，由洛运蚌，再由蚌车运至浦，上下起卸，成本递加，影响尤巨，为解决淮煤运输困难，便利将来发展起见，实有积极建筑通江铁路之必要"①。淮南铁路的通车，使淮南煤矿有了独立的运煤通道，每日发运煤列车 11 列，直达裕溪口卸下，再用轮船等运输工具，在三五天内即上达安庆、九江、汉口，下至南京、镇江、南通、上海。这样，既节省了运输时间，又降低了运费。淮南铁路通车后的 1936 年与前一年比较，淮煤运至浦口、无锡和上海三处的费用分别降低了 20.4%、23% 和 31%。运输时间的节省和运费的降低，使淮煤的销售价格明显下降，淮煤上海的售价由1935 年的每吨 11 元降至 1936 年每吨 9 元，浦口的售价由 8.9 元降至 8 元。淮煤市场竞争力提高，对外销售量大增。1936 年的对外实际销售量为 66 万多吨，比 1935 年的 36 万吨增长近一倍。淮南铁路通车后，淮矿销煤量的快速增长带动了淮矿生产的发展。淮煤总产量由通车前 1935 年的 29 万吨增加到 1936 年的 58 万多吨，增长了一倍，占当时安徽煤产量的 1/4 以上。② 淮南铁路的通车，使淮南煤矿的产、运、销十分兴旺，基本实现三者并进，互动发展。

除了运煤外，淮南铁路还成为皖北地区商品输出的通道。当时，"怀远县之煤、麦、杂粮、油、烟叶，寿县之米、麦、高粱、豆、芝麻、猪、油、鸡、蛋、烟叶，合肥县之米、麦、花生、豆、棉花、菜籽、油、鸡、蛋、酒、鹅鸭毛，巢县之米、棉花、花生、豆、蛋、毛鱼、砖瓦、石灰，含山县之米、豆、菜籽、青麻、蛋鸭、桔梗，和县之米、麦、豆、棉花、菜籽、鱼、鸭等类，运销地

---

① 《建设委员会淮南煤矿及铁路事业报告》，《北洋理工季刊》1935 年第 3 卷第 4 期。
② 马陵合、廖德明：《张静江与淮南铁路——兼论淮南铁路的经济意义》，《安徽师范大学学报》（人文社会科学版）2005 年第 1 期。

点为长江各埠及皖中各县"①。1937 年 6 月，合肥一带小麦丰收，初上市，每石售价六元，"近以交通便利，京、锡、苏、沪各地面粉公司，纷纷派人前来，大量采购，并在淮南路沿线下塘集、朱家巷、罗集、撮镇、桥头集一带，分庄采办，每日均在数千石以上，故小麦市价，六月二日已涨至每石六元六七角，以供不应求，尚有续涨之势，较往年小麦行市，相悬甚巨"②。由此看出，淮南铁路对于农产品输出起到明显的拉动作用，也使农产品的价格略有上涨，农民从中得到一些实惠。

表 2 - 14　　　　　　淮南煤矿 1934—1936 年增产计划

时间	每日产额（吨）
1934 年 1 月至 6 月	700
1934 年 7 月至 12 月	1000
1935 年 1 月至 6 月	1200
1935 年 7 月至 12 月	1500
1936 年 1 月至 6 月	1700
1936 年 7 月至 12 月	2000

资料来源：《建设委员会淮南煤矿及铁路事业报告》，《北洋理工季刊》1935 年第 3 卷第 4 期。

淮南铁路还开办联运，进一步吸收皖北商品输出。津浦铁路南段运输繁忙，难以满足货运需求，"各站候车待运之货，堆积如山，粮食尤占大宗，此间粮市近日之无形停顿，杂粮运输减少，即系受此影响"③。淮南铁路趁机与淮河轮业合作社办理联运，将津浦铁路的一部分货物转移过来，运至长江，再行转运，较为便捷。"一般粮商以津浦路车辆困难，多将货交由淮河轮业合作社，运至田家庵，转由淮南、江南、京沪一带运往沪。近日运出之货多为黄豆、

---

① 《淮南铁路六月五日行通车礼（续）》，《申报》1936 年 6 月 4 日。
② 《合肥小麦丰收之市价》，《申报》1936 年 6 月 4 日。
③ 《蚌埠津浦南段货运忙》，《申报》1936 年 12 月 17 日。

芝麻等杂粮，联运事宜由淮南铁路淮河联运蚌埠办事处负责办理"[1]。这一点得到民国《凤阳县志略》记载的印证："惟因淮南铁路完成，（津浦）大受牵制，粮业状况，已非昔比。"[2] 淮河轮业合作社最初只有飞鹏、飞鹰两艘汽船，只开通蚌埠至田家庵的短途航线，因业务增加，又购置利商小轮一艘，并租惠通公司的惠兴柴油船一艘，加入航线。不久，长淮公司的淮甲、江淮、颍上、泰安四小轮也加入合作社，于是开通蚌正长线。联运开办以来，水路轮运颇称便利，业务蒸蒸日上。合作社码头附近货物堆积如山，不得不新设一所货站，以便堆放货物。淮南铁路为进一步推进联运，积极与京沪（即沪宁）、沪杭甬、江南铁路沟通，实现联运。"于米麦、黄豆等项货产联运外，并办理普通货物联运，所有货物名称及整车均不加限制，对淮南路亦开办起运，并将联运车站加以扩展，加入沪杭轮业合作社之沿淮各码头为联运站，业经会同将订三路货物联运暂行办法"[3]。

在开展联运业务方面，主要有以下三点。一是设立正阳关营业所。正阳关是皖北粮食集中之地，"阜阳、颍上、霍邱一带粮食咸汇集于此，以前均顺淮河而下，至蚌埠转津浦路运销京沪各地，淮南路如能在该处设一营业所，直接起票联运至京沪各地，则客商可免正阳关蚌埠水程，往来之烦自必乐就淮路也"[4]。二是开办柘皋河火车轮船联运并设立柘皋镇营业所。柘皋河车站位于天河与柘皋河之间，距离柘皋镇约20公里。"昔日柘皋镇一带，客货运均顺柘皋河而下，至天河出长江。淮南路柘皋河车站成立后，与小火轮开办联运，同时派员在柘皋镇设立营业所，就地指导客商，使路商间隔阂尽除，则柘皋一带客货运必能逐渐揽归路运无疑"[5]。三是开

① 《蚌埠津浦南段货运忙》，《申报》1936年12月17日。
② 民国《凤阳县志略·经济·商业》。
③ 《淮南铁路扩展联运》，《申报》1936年12月15日。
④ 张善玮：《淮南铁路沿线生产交通情形及其业务发展之计划》，《铁路杂志》1935年第2卷第8期。
⑤ 同上。

办炯炀河与三河之间小火轮。三河为皖北米粮集中之地，年外销数百万担，故有"买不尽的三河"之称。"以前均由巢湖出天河，以达长江，淮南铁路如能招商创办三河至炯炀河间之小火轮，则三河之米可改由炯炀河装车联运至京沪各地，于路于商均属有利"①。

淮南铁路也十分重视发展客运业务，要求站务人员对旅客接待和蔼，有问必答；列车员要保持车内卫生和设备整洁，对老弱病残旅客上下车予以优先照顾；规范收费，规定装卸工代旅客搬运行李收取费用，皆使用铁路印制的收据，以防止勒索、讹诈之弊；为方便旅客，可以购买来回车票，在规定的限期内使用。在1935年2月，淮南铁路矿区至合肥段建成营业，运客人数快速增加，具体数字为1935年2月6827人次、3月18174人次、4月23876人次、5月22005人次、6月21052人次，这5个月客运人数共达到了91934人次②。待该路全线通车后，"来往裕溪口及田家庵间班车，日有十四次，每两日且增加一班，故实际上每日行车有十五次之多，运输效能，不可谓不大"③。当时淮南铁路每天还开通客货混装列车两次，"除挂有三等客车二节外，四等贫民车竟有七八节之多，余均为装煤之敞车，其中除载竹丝扫帚等类少数货物外，尽为贫民车中过剩之搭客占满"④。淮南铁路建成通车，方便了合肥人出行。"合肥至矿山（九龙岗），火车除运煤外，兼售客票，现只售四等客票，价凡八角，每日来往各一次，约四小时可达，风雨水浅之月，肥人多取道于兹路，转道津浦路以至南京、芜湖、上海等处，无间阻滞留之苦矣"⑤。

总之，"自淮南铁路告成，江淮二大流域，得以贯通，其经济

①　张善玮：《淮南铁路沿线生产交通情形及其业务发展之计划》，《铁路杂志》1935年第2卷第8期。

②　宁树藩：《解放前的淮南铁路》，淮南市政协文史资料研究会：《淮南文史资料选辑》（第2辑），1983年版，第73页。

③　《淮南路营业发达》，《经济建设半月刊》1937年第9期。

④　《从淮南到巢县》，《申报》1936年5月7日。

⑤　李絜非：《合肥风土志》，《学风》1935年第5卷第7期。

上之价值，不仅限于淮南一矿也"①。淮南铁路的通车，为皖北地区又打开一条商品输出的通道。"该路因沟通江淮间之交通，而得捷径，加以皖北向称繁庶之区，长淮横贯，涡颍分流，巢湖潴于江淮，盘郁于皖西，出产既富，是以豫东之杂粮，皖西之茶麻，怀寿豆、麦、烟草，合巢米、花生、鹅鸭毛，含山青麻，和县菜籽，咸从此路运出以求厚利，复兴农村，繁荣城市，造福八皖，洵非浅鲜"②。这表明，淮南铁路的功能并不是单纯的淮煤外运，还有促进皖北地区乃至安徽省的经济发展的显著作用。

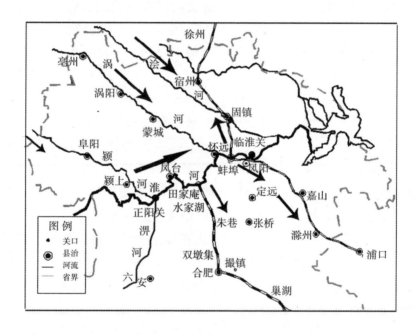

图 2-5　新式交通模式下的皖北地区商品输出路线

二　商品输入路线的变迁

皖北地区人口众多，消费市场刚性需求大，这就为外地商品输

---

① 余定义：《最近三年之交通建设》，《中行月刊》1936 年第 12 卷第 1、2 期合刊。

② 《淮南煤矿概况》，《经济建设半月刊》1937 年第 9 期。

入提供了广阔的市场。皖北地区输入商品一方面是来自江南地区的丝绸、棉布以及各种杂货；另一方面是来自沿海的食盐。在传统交通模式下，这些商品大多沿淮河干支流运销皖北地区。以铁路为代表的新式交通兴起，皖北地区的商品输入的种类和数量增加，商品输入路线由传统的淮河干支流运输路线变为以铁路运输路线为主导，水路运输为补充的输入路线。

（一）传统交通模式下的商品输入路线

明清时期，皖北地区蚕桑业不甚发达，经地方政府提倡，虽有所发展，但仍不能与江南地区生产水平相提并论。"妇女不事蚕织"[①] 和"民不种桑，不畜蚕"[②] 的现象在皖北许多州县普遍存在。本地所产丝制品质量较差，其市场空间被江南的蚕丝业挤压。而明中叶以来，江南蚕丝业生产的商品化程度大大提高，无论是从原料供应、纺织工艺，还是到市场销售网络，都形成了强劲的集合各种蚕丝资源的能力。[③] 皖北所需丝绸制品逐渐依赖江南输入。即使当时丝织业较发达的泗州，至明中后期也是"纱罗绽丝绸绢丝线则来自两浙"[④]。据光绪《凤阳县志》记载，"亦有苏杭绸缎、杂货由浦口起旱，至长淮雇船运赴颍、亳、河南等处"[⑤]。当地码头"向有过载行、喂养店各十余家"[⑥]，这些从事运输的骡马队是专门供商人雇佣，进行长途贩运的。为了防止政府低价雇用骡马，影响骡户揽客经营，凤阳知县于万培"增官价，每站纹银四钱，住程二钱，遇公事雇佣空骡，不许强拉客货之骡，于是骡夫等户均乐从事，行市复开"[⑦]，便利了商品的转运。

皖北是盐的纯销区，清代主销淮盐，凤阳、颍州、泗州、六安

---

① 嘉靖《宿州志》卷1《地理志·风俗》。
② 天启《凤阳新书》卷4《星土篇·天险》。
③ 张崇旺：《论明清时期安徽淮河流域蚕丝业的推广与变迁》，《中国发展》2010年第6期。
④ 万历《帝乡纪略》卷3《舆地志·土产》。
⑤ 光绪《凤阳县志》卷3《舆地志·市集》。
⑥ 同上。
⑦ 同上。

4府、州、县并涡阳县一部分销淮北纲盐，庐州等府销淮南纲盐，凤阳之宿州、颖州之涡阳一部分销山东引盐。清代皖北运盐大多用木帆船，沿淮河干支流运输，这是运盐的主要路线。陆路则靠畜力或人力运送。淮北之盐在西坝装船，经高良涧入洪泽湖，沿淮河干流至泗县、盱眙、五河、临淮关、怀远、凤台、正阳关，先后由各支流分运。由临淮关入浍河至灵璧；由正阳关入淠河至六安、霍山；由颍河至颍上、阜阳、太和、临泉；入蒙河口至霍邱，由怀远入涡河至涡阳（南部）、蒙城、亳州；定远则肩挑背负；合肥等地由乌沙河经瓜州出江，进裕溪口抵运漕镇分别转运。① 陆路运输：一是鲁盐销区的宿州、涡阳（北部），由山东王冈盐场起运，经羊角沟、寿光、新城、章邱、安居、济宁、鱼台、滕县、峄县、铜山入境，靠人力、畜力运输；二是由两淮盐场运出的私盐，除了大部分走水路外，尚有部分私盐经陆路运至小蚌埠，再行分运销售，小蚌埠成为皖北一带私盐集中地。

总之，在传统交通模式下，皖北地区的商品输入路线主要有两条：一是江南的丝绸和手工业品由运河入洪泽湖，再沿淮河干支流分运的路线；二是食盐由水路入淮河，再行分运，陆路运输数量较小（具体见图2－6）。

（二）新式交通与输入商品路线的变迁

随着新式交通兴起，皖北地区的商品输入往往会选择快捷、安全的新式交通工具，如铁路、轮船等，商品输入的品种和数量明显增加，给相对落后的皖北地区注入新的经济因素，提高了商品化程度，一定程度上改变了民众的生活。

1. 输入商品及路线的变迁

皖北地区的输入商品主要是棉、丝织品和所谓的"五洋"商

① 安徽省地方志编纂委员会：《安徽省志·商业志》，安徽人民出版社1995年版，第136页。

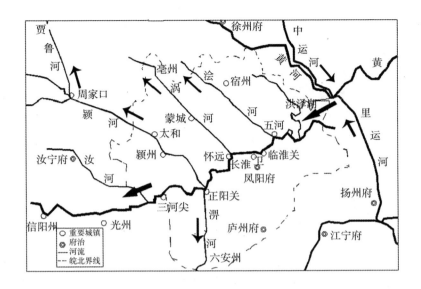

图 2 - 6　传统交通模式下皖北地区商品输入路线

品①。这些商品多由上海、苏杭等地的外商公司批发，由轮运或铁路至蚌埠等地，再销往皖北各地。所有货物"既不是在蚌埠本市中生产的，又不在蚌埠消费，它不过是个货物集散地罢了"②。棉布、丝绸在皖北销路很好。亳州本地的布庄就有近20家，主要有山东帮的协聚祥、三合成等八家，河南武安帮的和太公、和太恒等六家，山西帮有永太顺、晋丰等三家③。丝绸销售以和泰公绸缎庄规模最大，经理专门派人长住上海，在江浙一带购买大批高质量的布匹绸缎和床单、被面、枕头等，运回亳州后，放在精心设计的货架上，整齐美观，琳琅满目。顾客进店，目不暇接，争相购买。来庄

---

① 关于"五洋"商品，主要指与日常生活密切的洋货，如洋油、洋烟、洋火、洋布、洋糖等商品。

② 龚光朗、曹觉生：《安徽各大市镇之工商现状》，《安徽建设月刊》1931年第3卷第2号。

③ 张一航：《略谈恒丰益、恒丰祥两布店》，亳州政协文史资料研究会：《亳州文史资料》（第4辑），1990年印刷，第37—38页。

批发的布商遍布方圆几百里之内①。清末民初六安地区进口物品多为洋布、洋火、洋油、洋糖、洋烟等"五洋"商品，由上海入口芜湖、蚌埠输入，东部肥西三河镇、北部寿县正阳关为当时进出口商品主要集散地②。在阜阳，潘慎五创办的永兴公司经销美英石油、香烟，并在太和、界首集（今界首市）、沈丘集（今临泉县城）三地设立分公司。永兴公司经过竞争，挤垮了阜阳的大昌公司，经销美、英、德的煤油、香烟、洋靛、蜡烛、糖、纸等，垄断阜阳市场。③ 皖北地区商品输入量虽不能与本省的皖南地区相比，但其贸易额也是相当客观的，从表 2 - 15、表 2 - 16 均可以清晰地看出皖北地区当时输入商品的种类、数量等情况。

表 2 - 15　　　　　　凤阳关 1930 年进口货物贸易情况④

进口商品	数量	进口商品	数量
棉纱	15527 担	麻	5406 担
五金及矿物	3971 担	煤	27094 吨
鱼及海鲜	12209 担	纸	81429 担
糖	299183 担	磁漆	2109 担
汽油	10642 加仑	锡箔	17595 担
烛皂	10172 担	酒	2115 担
化学产品	9045 担	杂货	9428 担
鲜果	1332 担		

资料来源：根据龚光朗、曹觉生的《安徽各县工商概况》，《安徽建设月刊》1931年第 3 卷第 3 号相关数据整理制成。

① 周大观：《和泰公绸缎庄》，亳州政协文史资料研究会：《亳州文史资料》（第 4辑），1990 年印刷，第 34 页。
② 六安地区地方志编纂委员会：《六安地区志·商业》，黄山书社 1997 年版。
③ 宫尚文：《永兴公司与潘慎五》，阜阳市政协文史资料工作研究会：《阜阳史话》（第 6 辑），1986 年印刷，第 47—51 页。
④ 本表统计时间是 1930 年 2 月 15 日至 12 月 31 日。

表 2 - 16　1930 年 10 月 10 日至 11 月 20 日蚌埠进口商品数目

进口商品	数量	进口商品	数量
盐	13315 吨	煤油	19140 箱
糖	11058 包	纸	4219 担
麻布	19 件	土布	58 件
色布	121 匹	棉纱	600 包
蒲纱	422 包	颜料	198 箱
香烟	1742 箱	磁漆	46 箱
罐头食物	34 件	南货	80 担
茶叶	142 件	药材	2407 件
桐油	172 担	洋广杂货	87 箱
皮	37 件	火柴	80 箱
洋松	60 吨	海带	2048 件
笋干	26 件	白蜡	70 件
饼	14 件		

资料来源：根据龚光朗、曹觉生的《安徽各大市镇之工商现状》，《安徽建设月刊》1931 年第 3 卷第 2 号的相关数据整理制成。

皖北输入商品路线变更主要由原来的淮河干支流的商路逐渐被以铁路为主导的新式交通路线取代，体现出铁路与水运结合起来所发挥出来的优势。输入皖北的商品，大多由津浦路运至蚌埠、临淮关等地，通过小轮或木帆船沿淮河干流运至正阳关、三河尖等地再分销各处，或者经淮河支流涡河、颍河、淠河等运送至沿岸各县城分销。五河县运输商品主要是船运，"民船多以运麦、豆、高粱、瓜子、芝麻至临淮、盱眙，从临淮关运输洋货、杂货为营业"[①]。虽然船运仍是其交通工具，但其中铁路在发挥着主导作用。因为临淮关通行火车，商品运输便捷，五河等地船运就自然与铁路连接起来。太和县地处皖省西北一隅，虽距离铁路较远，但其可以通过颍

---

① 龚光朗、曹觉生：《安徽各县工商概况》，《安徽建设月刊》1931 年第 3 卷第 3 号。

河水路与铁路联络，商品输入较为通畅。"由西北之颍水运货往河南周家口甚便，再以颍水通往正阳关，更可与津浦路联络。惟此地输入品虽来自各方，而以汉口来者为最多。（即由汉口平汉铁路运至郾城，再由民船沿颍河而达太和）"①，具体输入商品见表 2－17。在与铁路无法建立联络的地方，水运优势得以发挥。合肥在淮南铁路没通车以前，商品主要靠小轮运输，"此地商业集附近一带农产物及菜籽油等输出至芜湖，而由芜湖输入杂货，转输至各乡或六安"②。

表 2－17 太和商会统计输入商品情况

输入商品	价值（万元）	输入商品	价值（万元）
棉丝	15	盐	40
土布	3	绸缎	7
火柴	0.8	棉布	8
茶叶	0.7	蜡烛	0.1
洋布	5	铁器	0.2
砂糖	23	纸烟	0.3
杂货	4	煤油	300 箱
烟叶	2	酒类	0.1
染料	2		

资料来源：根据龚光朗、曹觉生的《安徽各县工商概况》，《安徽建设月刊》第 3 卷第 3 号，1931 年 3 月相关数据整理制成。

2. 铁路与皖北地区的食盐运销

新式交通的兴起，铁路和轮船运输逐渐占据优势，皖北地区食盐传统运输路线被新的铁路运输路线取代，原来的"专商引岸制"被打破，食盐运销进入相对"自由"的时期。同时，也一定程度利

---

① 龚光朗、曹觉生：《安徽各县工商概况》，《安徽建设月刊》1931 年第 3 卷第 3 号。
② 同上。

于解决百姓食盐问题，"安徽之北，河南之南，民无淡食之虞者，赖有此也"①。

在传统交通模式下，皖北地区食盐运销重要靠木帆船沿淮河输入，但是民船运输"不惟稽延时日，每有脱档之虞，甚至捏报淹消，沿途洒卖，抑或掺杂泥沙及不洁之物，殊与国课民食，大有妨碍"②。传统的民船运输已不能满足盐运的需求，亟待改变。民国初年，安徽都督兼民政长倪嗣冲通过京汉铁路，将芦盐运至漯河，解决了颍州一带的"盐荒"。1914 年 3 月，倪嗣冲撤销宿州的官盐局，并请示财政部"宿县向食东盐，近因局委舞弊，盐价高抬，民怨沸腾，迭经电控在案。应请将宿县地方盐务并归皖北商运公司办理"③。当时，淮盐"运销由票商垄断把持，从未足额"④，加上私枭横行，以致盐价高昂，民生困苦，"民间疾视盐商，几有群起蠢动之势"⑤。倪嗣冲致电中央政府，要求变通安徽盐务。他结合自己早年在东北整顿盐务经验，借鉴邻省河南做法，决定不再从两淮盐场购盐，改从奉天、山东、长芦盐场择廉购运。河南采用的是官运官销，政府须筹集大量资本，而安徽财政困难，只能参照河南成例，略为变通，采用官督商运方式，招致殷实商号，组织同益、裕源公司，购盐赴皖北销售。当时，食盐"由板浦出海，遵津浦铁路运至蚌埠卸载，以减运费而轻成本"⑥。规定皖北 21 县、豫东 19 县的食盐，运至蚌埠后，到盐务局登记、纳税、折价，存入官盐仓库备售；盐务局根据地方需要，再批发给有资质的盐商到指定地点销售。

由于倪嗣冲将蚌埠作为皖盐销售的中转站，蚌埠由原私盐集散

---

①　竹坞：《津浦铁路情形记》，《国风报》1911 年第 20 号。

②　《财政部中华民国二十四年四月份工作报告》，《财政部 1931 年 1—6 月份工作报告》，中国第二档案馆馆藏档案，档案号 2（2），939，第 14 页，转引自张立杰《南京国民政府的盐政改革研究》，中国社会科学出版社 2011 年版，第 73 页。

③　《安徽都督兼民政长倪嗣冲呈文》，《安徽公报》1914 年 1 月 8 日第 71 期。

④　曾仰丰：《中国盐政史》，上海书店 1984 年影印版，第 36 页。

⑤　《安徽都督兼民政长倪嗣冲呈文》，《安徽公报》1914 年 1 月 8 日第 71 期。

⑥　南开大学经济研究所经济史研究室编：《中国近代盐务史资料选辑》第 1 册，南开大学出版社 1985 年版，第 235 页。

地迅速变为官盐集散地，淮盐、海州盐的行销大都汇集于此。是时，蚌埠盐仓数量之多，规模之大，为豫皖一带之首。同时食盐的贸易带动粮食贸易的发展。当时淮河上游的粮商，舟运粮食土产来蚌埠，售出后再购盐回返；淮河下游的盐商，则来时带盐，返回时带粮，盐粮一并交易。① 伴随着盐粮贸易的发展，皖北地区大宗货物的往来交易皆以蚌埠为转运点。所销之盐除小部分市销外，绝大部分由淮、颍、涡、淝、浍等河及相关陆路散销皖北、豫东等县，构成以蚌埠为中心的盐销网。②

为了便于盐运，民国初年，两淮盐运使张弧积极筹划铁道运盐。张弧认为："治鹾首在疏销，疏销必先利运。两淮盐引出场河道，挽运均形艰缓，而淮北较淮南尤甚，……近数十年来，水势变迁情形迥异，运河则水小底深，盐河则前淤后隘。"③ 水路运盐难度加大，致使运盐船只逐年减少，运到皖北一带的食盐仅为需求量的一半，才导致皖北在民国初年倪嗣冲借运芦盐以济急需。而船运的弊端也日益显现，"场运节节阻滞，时虞脱误，且船户积习日深，呈报淹消几同成例"④。鉴于此，张弧主张利用铁路运输，认为铁路运盐有三点益处。

若铁路既与转运迅捷，既可杜捏淹之弊，又得免积压之虞，此铁路承运有益于疏销者一；从前淮北运盐，大都在夏秋之间，一律赶运到坝，中途纵有私盐，但能于数月之中严密巡缉，尚可稍收效果，乃自河浅船少之后，船户夹带愈多，场境透私日甚，局卡兵役互相勾结，贿赂包庇，因缘为奸，况河道港汊纵横，查缉尤难周密。自不如改道铁路，俾散漫零星皆可

---

① 蚌埠市地方志编纂委员会：《蚌埠市志》，方志出版社1995年版，第3页。
② 沈世培：《文明的撞击与困惑——近代江淮地区经济和社会变迁研究》，安徽人民出版社2005年版，第136页。
③ 《两淮盐运使张弧筹划淮北铁道运盐文》，《铁道协会汇报拔萃》1914年第1—15期。
④ 同上。

整齐划一，稽查便易，透漏无从，此铁道承运有益于缉私者二；至盐河浅阻，每须拦河筑堰灌塘起驳，成本因而加重，往往抛耗盐斤，大为官商之累，如由铁路承运，可即将事举凡，无益之费均可悉予蠲除，此铁路有益于轻本者三。①

铁路运盐较水运方便快捷，势在必行。但当时国内不靖，铁路运输往往被军队控制，以运军人、军需为先，致使商运停止。1930年8月，蚌埠淮盐运商同业公会元代致电财政部称，"自军兴以来，运输停顿，商业凋敝，税收锐减，伏思商运为税收之源，税收乃军饷所系，处此军需孔亟之际，对于商运，似须特加维护。谨电痛陈，恳祈署长鉴核，俯念商艰"②。财政部长宋子文在致陆海空军总司令的公函中"请贵总司令部查照，迅予转电运输司令及津浦路局，尽先抽拨车辆，专供运盐之用，以裕饷源而维民食"③。这一请求得到了军方的同意，调拨两列火车供津浦路局运盐。但津浦路局并没有专门用于运盐，而是"以一列装运徐州杂货，以一列起徐州票装蚌埠杂货，时至今日，盐运依然停顿。窃查浦口存储盐斤达二万五千吨，杂货仅二三千吨，该路局遽置多运少，个中症结，未便揣测，……此军需孔亟之际，正宜力加互助，岂可再事留难，惟岸销将缺，淡食堪虞，误销误税，至为痛惜"④。铁道部也出面，电令津浦路局调拨车辆，专力运盐。这才最终将问题解决。

铁路之间如能实现联运，其运输效率更益发挥。经财政部居中协调，基本达成陇海路与津浦路联运，即海州盐斤经徐州转运蚌埠，可以"原车过轨，直达蚌埠"⑤，减少中间装卸环节，从而降低盐价。如何协调陇海、津浦铁路之间的合作，适当降低运盐费

---

① 《两淮盐运使张弧筹划淮北铁道运盐文》，《铁道协会汇报拔萃》1914年第1—15期。

② 《财政部公函》（盐字第11319号），《盐务公报》1930年第20期。

③ 同上。

④ 《铁道部训令》（第4979号），《铁道公报》1930年第105期。

⑤ 《财政部训令》（第18927号），《盐务公报》1930年第17期。

用，陇海路局就此提出方案，报铁道部审批。出于自身考虑，陇海路提出大浦至徐州以及徐州至蚌埠运盐15%的加价取消，同时恢复浦口至蚌埠运盐的加价。因为"津浦对于浦口蚌埠间盐运加价取消，实足以鼓励海运，而予本路营业以重大之打击"①。陇海路局就此提出三个补救办法：

> （一）将大浦徐州间及徐州蚌埠间之盐运加价百分之十五暂行豁免，同时恢复浦口蚌埠间之盐运加价，既足以畅两路之联运，又无损于津浦之路收；（二）如第一项办法施行有窒碍时，即仅将浦口蚌埠间之盐运加价恢复，以求平衡，庶盐商不致因浦蚌间多一重利益舍本路而趋海运；（三）如第二项办法施行仍有窒碍时，则请援浦口蚌埠间豁免加价例，将大浦、徐州、蚌埠间盐运加价百分之十五暂行豁免，俾本路东段盐运得以挽回，至列车组织，如一时有大批数量待运拟由津陇两路按公里数分配拨车，机车由两路在本路线内自行担任，以免津浦另付租车费用。②

对于陇海路局这三个补救办法，铁道部认为第一、二项办法有碍津浦路的收入，不予同意，第三项办法较能兼顾两路利益，决定施行。即大浦经徐州至蚌埠联运盐斤15%的加价暂行取消，加上先前浦口至蚌埠盐运15%的加价的取消，这在很大程度上解决了淮盐的运销和皖北、豫东一带百姓食盐的问题。

在铁路运盐过程中，也出现过一些弊端。比如，蚌埠淮盐运商公会代表丁伯雄在提交铁道部的提案中指出，津浦路以前装运盐斤，每10吨以105袋装运，但近来，有铁路员工借口车辆损坏，不堪重载，强令装100袋，"且闻有不肖路员以贿额之多寡定装运之标准。查盐袋分量经盐务官厅一再掣验，层层管辖，不容丝毫假

---

① 《铁道部训令》（第2896号），《铁道公报》1932年第403期。
② 同上。

借，且运照一经填就，断难临时卸装，其办法迥非杂货可比，至于车辆重载，亦有一定限制，不容任意藉口，强令少装"①。如此装卸，使盐商无形中蒙受损失。因此，他们递交提案，要求仍按每10吨以105袋装运，以杜流弊。铁道部召开全国商运会议，最终议定按吨位装足，电令津浦路局执行。

淮南铁路通车后，皖岸盐务稽核所与淮南铁路联络，决定皖岸合肥盐斤改由淮南铁路运输。之前，合肥盐斤由水路经巢湖运输。如遇水涸时期，盐船不能直达，中途必须起卸，每包装卸费三四角，"而船户复藉此盗卖，灌水掺沙，百弊丛生，久成习惯。近虽极力整顿，减少驳费，每包仍需三角之谱，加之淮南铁路于肥境建有铁桥，过驳益感困难，时势变迁，自非改良运输不可。现淮南铁路，业已全路通车，合肥之盐，宜趁此改由车运"②。经过协商，达成运输协议，具体如下。

一、食盐由盐商运交裕溪口车站后，须三日内运到合肥，设有天灾事变或其他非人力所能挽救之事，不在此例。

二、一年之中，以三月半至十月半为大水时期，十月半后为小水时期。大水时期每包运价拟定为一角一分，小水时期每包运价拟定为二角九分，但大水时期之运量不能超过小水时期之运量，全年运价平均计算，每包合洋二角。（因食盐小水时期为旺月，运量必较大水时期为多。）此项运费，应随时付现。

三、承运食盐时须用麻袋套装，以防损耗，该项麻袋由淮局置备，供给盐商装用，其包装归盐商自理，但在一年内麻袋如有损坏，应由盐商及淮局双方合作修补。

四、车运盐斤，暂以一年为试办期间，自二十六年一月一日起至同年十二月卅日止期满后，如三方同意得续订办理。

五、本件一式四份，三方各执一份，另一份由淮南煤矿局

① 《蚌埠淮盐运商公会代表丁伯雄提案》，《铁道公报》1930 年第 164 期。
② 《皖岸合肥盐斤改由淮南铁路车运》，《盐务公报》1937 年第 2 期。

呈送建设委员会备案。①

这份食盐运输协议的签订，"比较原来船运驳费，已减数分，其水大时所收运费每包一角一分，概由商人负担。如此改良办理，既可减轻盐价，又能提高盐质，一举数便"②。同时，还有效防止了食盐的损耗，为皖岸合肥地区的百姓生活带来方便。

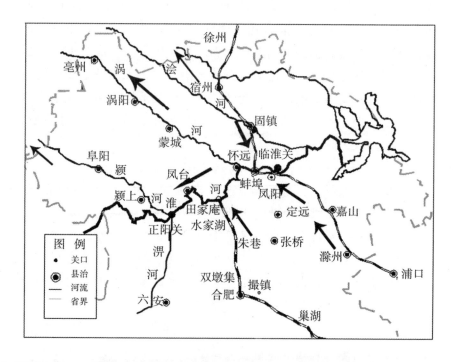

图2-7　新式交通模式下皖北地区商品输入路线

三　商路变迁的影响

如果说明清时期，皖北地区农民的"粜精留粗"的做法是为了获得必要的资金，维系小农经济再生产的话，那么对于新式交通模

---

①《蚌埠淮盐运商公会代表丁伯雄提案》，《皖岸合肥盐斤改由淮南铁路车运》，《盐务公报》1937年第2期。

②　同上。

式下外来商品的输入，农民将卖粮换取的钱用于购买洋布、洋油等商品，则是其生产、生活明显注入市场因素的表现，不得不成为世界资本主义商品的消费者。皖北地区成为外来商品的重要输入地之一。正如有学者说：我们的工业尚在萌芽之中，人家的新式商品却充满中国全境，工业未兴起，商业却极盛。[①] 对于皖北地区来说，外来商品的输入，加大了商品化程度在农民生活中的比重，推动商品经济的发展，为本区域发展注入新的经济因素，也促进本区域经济社会的外向型发展。

（一）加快商品流通，为皖北地区注入新的经济因素

以铁路为代表的新式交通兴起，促进了皖北地区商品流通。该地区的商品流通是以盐粮为大宗。皖北地区的食盐原来以木帆船运输为主，由盐河转运河，入洪泽湖，运至正阳关，再行分运。新式交通兴起，火车、轮船运输量日渐增加，加上倪嗣冲将正阳关的盐榷局迁至蚌埠，垄断了皖北、豫东数十县的食盐销售，蚌埠由私盐集散地，变成了官盐集散地。各地的商贩纷纷从皖北豫东运来各种土特产、粮食，运走食盐和各种日用百货。京、津、沪、宁等地的商贾把布匹、糖、纸张和日用工业品运到蚌埠推销，运走小麦、大豆、麻、皮毛、烟叶等农副产品。[②] 皖北地区形成了以蚌埠为中心的盐粮交易网络。

新式交通兴起，皖北地区洋货输入量明显增加，以洋烟、洋火、洋皂、洋油、洋糖为主的“五洋”商品充斥市场。以洋油为例。津浦铁路通车后，英美商人到蚌埠设立公司，销售洋油。在县城或重要集镇多委托当地代理商或者商号经销（具体情况见表2－18）。洋油由铁路运至蚌埠，再用船运至正阳关，分销阜阳、六安、亳州等地。当时皖北地区洋货的集散中心有两个，即新兴起的蚌埠和传统的交通与商业中心正阳关。阜阳、六安等受到正阳关的经济辐射，而亳州、怀远、滁州等则受蚌埠的影响明显。

---

① 周谷城：《中国近代经济史论》，复旦大学出版社1987年版，第40页。
② 阮仪三：《旧城新录》，同济大学出版社1988年版，第85页。

随着外来经济的渗透，皖北地区也出现了新的经济因素，即近代工业的兴起。1919 年，英美烟草公司门台子烤烟厂和光华电灯公司在蚌埠建成投产，均采用机器生产，雇工较多。之后，从事印刷、卷烟、制革、面粉加工、织布、染布等工厂相继开工，到1937 年，私人工厂有 40 余家。① 其中规模较大的有宝兴面粉厂、淮光布厂、裕民烟厂等。合肥出现电力、纺织、印染、碾米、卷烟、砖瓦、铁工等近代工业。中国银行、建设银行、上海银行也先后在合肥设行，开展业务。② 这一时期的亳州、阜阳、宿州出现了鸡蛋加工厂，以机器生产为主，将本地鸡蛋加工后运到上海、天津，甚至出口欧美等地。

表 2 - 18　　　　　　　　近代皖北地区石油销售情况

销售城镇	年份	设立销售处	经营者
蚌埠	1915 年	设立首家由美商经营的亚细亚煤油堆栈	美商
	1916 年	美孚在蚌埠东郊建立 10 多个煤油池，在二马路设立营业处	美商
	1919 年	美商德士古煤油公司在蚌埠设煤油池，并委托有代理商	中国人
	1936 年	仁裕、泰升、源通、裕记、亚洲、光华、浦蚌等华人代理公司出售煤油	中国人
合肥	光绪年间	10 余家商号经销、代销美孚、亚细亚、德士古煤油	中国人
	1937 年	合肥 40 余家商号经销、代销美孚、亚细亚、德士古煤油	中国人

---

① 蚌埠市志编纂委员会：《蚌埠市志》卷 4《工业》，方志出版社 1995 年版，第 232—233 页。

② 合肥市人民政府地方志编纂办公室编：《合肥概览》，安徽新华印刷厂 1987 年印刷，第 7 页。

销售城镇	年份	设立销售处	经营者
正阳关	1904 年	胡曙南"孚记"石油批发商号在正阳关开业	中国人
	民国初年	正阳关为皖豫十余县石油集散中心	
	1924 年	年间商人夏建卿在正阳关设立亚细亚商行	中国人
阜阳	民国初年	南京商人张亚东来阜阳销售煤油	中国人
	1923 年	阜阳潘慎五"潘永记"商号成立，经营煤油	中国人
亳州	1912 年	元生东煤油栈开业，亳州人陈鹏九任经理。当时的江苏的丰、沛、萧、砀等县商人到亳州运销煤油	中国人
六安	1928 年	舒城城关油商郭文运在县内设 3 家支店	中国人
	1930 年	霍邱"祥圣隆"开业，次年"瑞丰"开业	中国人

资料来源：蚌埠市地方志编纂委员会：《蚌埠市志》，方志出版社 1995 年版；合肥市地方志编纂委员会：《合肥市志》，安徽人民出版社 1999 年版；六安地区地方志编纂委员会：《六安地区志》，黄山书社 1997 年版；阜阳市地方志编纂委员会：《阜阳市志》，黄山书社 1993 年版；政协安徽省亳州委员会文史委员会编辑：《亳州文史资料》第 4 辑 1990 年。

（二）促进皖北经济社会的外向型发展

皖北地区地处华东腹地，在传统交通模式下，对外交通主要依靠淮河水路。新式交通兴起之前，皖北地区与外界的交往虽有进展，但交往的范围和密切程度还十分有限，很难打破相对封闭的状态。新式交通兴起后，皖北交通体系得以重构，铁路与淮河水运实现联运，皖北地区实现了通江达海，新的商品流通网络逐渐形成，再也不能自外于新式交通构建起来的相对统一的国内市场。

民国以前，皖北凤阳一带有种烟的传统，是著名的产烟区，晾晒烟的生产已形成一定的规模，其品质优良，享誉省内外。随着列强的侵略，西方卷烟工艺传入中国，吸嗜卷烟成为国人的社会习尚，"洋烟"或"纸烟"越来越多地用于社交场合，市场需求量大增。以英美烟草公司为代表的外来资本逐渐控制中国烟草的生产、制造与销售。凤阳一带烟草种植也发生了变化，由传统的晾晒烟种植与生产，转变为英美烟草公司操纵种植的烤烟。烤烟产品均装车运往上海，大部分制成卷烟行销全国，少量销往欧美。① 凤阳烤烟素以叶色金黄、色鲜油多、组织细嫩、烟劲适当等优良品质而驰名中外。② 凤阳成为英美烟草公司烟草原料的主供应地，其烟草生产与销售的外向色彩日渐鲜明。

新式交通的兴起给皖北地区带来了发展的机遇，使其逐渐融入全国市场，但也给皖北地区带来经济上的巨大冲击，一旦国内外市场发生变化，皖北地区也随之变动。1931年，国内水灾，加上日本侵略，皖北市场陷入低谷。以蚌埠为例。"洋广绸布等业各大商店，平常每日售货进款，多者不过百元，少者仅数元而已，故年终结账之后，均无盈余之可言。素称重要之盐粮转运两业，去岁因洪水为灾，五谷歉收，无粮周转，无货运输，以致业务清淡，经济窘迫。经营盐粮转运两业者，莫不叫苦连天，转运公司倒闭二十余家，盐粮行倒闭十余家。"③ 到1936年，"外货倾销，蚌埠市面，外货充斥，而某国（日本）劣货，亦属不少，自抵制以来，其他洋货，则跌价倾销，逞货过多者，不啻减去一半之资本，根本已呈倒闭之象"④。这足见蚌埠受外部市场的影响之大。除了蚌埠外，当时合肥也出现此种情况。1932年日本进攻上海，来自上海的日用轻工业品因交通阻断，到货极少，合肥市民纷纷购储物品，煤油、棉布、火柴、肥皂、糖等物价顿时上涨二三成。⑤ 由此可见，新式交通兴起，拉动皖北地区经济融入国内外市场之中，一方面促进本地区经济社会的进步；另一方面外部市场对皖北经济产生巨大冲击，这种冲击正是皖北经济与外部经济联系日益密切的体现。

---

① 蚌埠市志编纂委员会：《蚌埠市志》卷4《工业》，方志出版社1995年版，第257页。
② 凤阳县地方志编纂委员会：《凤阳县志》，方志出版社1999年版，第169页。
③ 《去年蚌埠商业回顾》，《中行月刊》1932年第3期。
④ 《蚌埠商业衰落》，《市政评论》1936年第3期。
⑤ 周悦珍：《合肥旧时货币与物价》，《江淮文史》1996年第1期。

第三章　新式交通格局下皖北
交通中心的变迁

　　皖北地区传统交通中心是正阳关和临淮关①。二者因地理位置优越，是明清时期凤阳关下设的重要税关，因此商业繁盛，成为商品集散地和交通中心。今天的正阳关、临淮关只是淮河岸边极为普通的小镇。笔者 2013 年暑期曾赴两镇进行过实地考察，对于两镇的沧桑变化颇为感慨。狭窄的老街，两旁斑驳的建筑，诉说着历史的沧桑，大石条铺成的街道通往码头，至今仍留下当年车辆碾轧的痕迹，由此可以想见当时车水马龙的热闹场景。随着新式交通兴起，蚌埠迅速成为皖北新的商业与交通中心，商路变更，货物舍舟登陆，正阳关水运优势丧失，且迟迟没有与新式交通接轨；临淮关虽然有铁路通过，但其区位优势为蚌埠所夺，坐失发展的历史机遇。在区域交通中心转移的同时，受蚌埠崛起引力的吸纳，皖北原先以正阳关、临淮关为交通与商业中心，出现了归向蚌埠的重新组合，在经济地位上唯蚌埠马首是瞻，蚌埠逐渐成为内外贸易的中心。

第一节　传统交通中心的历史地位

一　正阳关的交通与商业地位
　　皖北主要商业城镇大多是沿水路分布的，逐渐形成以淮河干支

---

　　①　正阳关与临淮关为常关名，但一般以此代表正阳镇、临淮镇。本书为统一起见，均用关名。

117

流水运为主导，陆路驿道为补充的交通格局。正阳关作为皖北传统交通枢纽和商业中心，在区域内外商品流通中占有重要的地位。

正阳关位于淮、淠、颍三河交汇处，素有"七十二水归正阳"之称。明清时期属于凤阳府寿州。《读史方舆纪要》记载："淮水在颍上县南 30 里，又东 35 里即东、西正阳镇也。挟淮据险，为古来之津要，今商旅往来皆辐集焉。"① 据此可知，当时淮河岸边有东、西正阳镇，居于颍河与淮河交汇之处，地理位置重要，商业发达。《一统路程图记》记载："商贾居于河东，曰东正阳，土人聚河之西，曰西正阳。委官收船料，以给凤阳高墙之费。"② 嘉靖《寿州志》对此也有记载："东正阳，州南六十里，古名羊市，汉昭烈筑城屯兵于此。"③ 这不仅说明正阳建城历史久远，地理位置重要，还与前两处记载相互印证。

明清时期，正阳关陆路东通府城（凤阳），南通六安州，西南通霍邱县，西北通颍上县，水路上通汝颍，下通洪泽湖，④ 水路交通十分发达。明成化元年（1465）设立凤阳钞关，包括正阳、临淮二关，正阳关设在正阳镇，临淮关在临淮镇。清沿袭明制设凤阳钞关，或称凤阳榷关，仍由户部主管。顺治八年（1651），凤阳关归凤阳仓差监管。凤阳仓关设于明初，征收苏、松、常、镇、安、宁、太、凤、庐、淮、扬十一府，凤阳右八卫一所及河南八府一州的所折钱粮。清康熙三十三年（1694）凤阳钞关官署移驻正阳镇。凤阳仓关亦于康熙三十四年（1695），移驻正阳镇，与正阳关、临淮关合并为凤阳关，于寿州西南六十里设立关署，专管正阳、临淮二关。同年，凤阳关由清政府从中央直接委派官员管理。康熙五十五年（1716），交给安徽巡抚委地方官管理，这种体制一直维持到清末。

---

① （清）顾祖禹：《读史方舆纪要》卷 127《川渎四》，中华书局 2005 年版，第 5433 页。

② 黄汴：《一统路程图记》，杨正泰撰：《明代驿站考》上海古籍出版社 2006 年版，附录 2。

③ 嘉靖《寿州志》卷 1《舆地志·坊乡》。

④ 光绪《寿州志》卷 4《营建志·关津》。

由于有淮河的舟楫之便，鱼盐之利，商旅往来，四方辐辏，正阳关便逐渐发展成为一个商船云集的大码头、淮河中游的重要物资集散地，其商业地位超过州城所在地——寿州城。明中后期的正阳关，"东接淮颍，西通关陕，商贩辐辏，利于鱼盐，淮南第一镇也"[①]。而寿州城到清中后期的商业仍不发达，"城内空隙处，多凿井灌畦，以种菜蔬，桔槔之声时接于耳""商贾以盐当为大，米麦豆谷贸迁者皆集于正阳、瓦埠诸镇，州城内负贩所鬻，不过布粟鸡豚及竹木器而已"[②]。民国时期，这种情况仍然保持。"想不到正阳原是寿县一镇，但是在经济上的地位，县城反居其下，热闹情形，也远不如，寿县冷清清地，只在北关集有一些市面，乡下人要赶生意，情愿来正阳"[③]。在淮河平静无灾的年代，正阳关商业更为繁盛，"豫东、皖北的货物都在此集散，由淮河转运。正阳关码头经常帆樯林立，泊船千艘，每到晚上，河上灯火通明，渔歌互答，水上风来，炎暑不热，所以有'五六月间无暑风，二三更后有渔歌'咏正阳关的联句"[④]。这不仅反映出正阳关商业的繁盛，也看出其优越的自然条件以及人与自然的和谐关系。

就交通地位而言，正阳关是明清时期水陆交通枢纽。据黄汴的《一统路程图记》和程春宇的《士商类要》记载，经过正阳关的水、陆路共有 13 条（具体见表 3-1）。据此表可以看出，从明中后期起，正阳关已经是沟通南北，联络东西的水陆交通中心。到清代，其交通枢纽的地位得到进一步加强。清代正阳关水路西通三河尖、信阳州，北连朱仙镇、周家口，南接霍山、六安州，下达临淮关、淮安府，舟楫如梭，商贾云集，为沿淮中游水路交通的总枢纽。[⑤]

---

① 嘉靖《寿州志》卷 1《舆地志·坊乡》。
② 光绪《寿州志》卷 3《舆地志·风俗》。
③ 胡嘉：《溽淮水乡》，《旅行杂志》1946 年第 5 期。
④ 李贻训：《正阳关新貌》，《旅行杂志》1953 年第 9 期。
⑤ 周德春：《清代淮河流域交通路线布局与变迁》，硕士学位论文，复旦大学，2011 年，第 39 页。

表 3 - 1　　　　　　　　明代正阳关水陆交通道路

序号	道路名称	资料出处	备注
1	正阳关至南顿水路	黄汴：《一统路程图记》卷5	起点
2	扬州府至南顿路	黄汴：《一统路程图记》卷6	途经正阳关
3	正阳至芜湖县路	黄汴：《一统路程图记》卷6	起点
4	巢县由汴城至临清州路	黄汴：《一统路程图记》卷6	途经正阳关
5	瓜州至武当山路	黄汴：《一统路程图记》卷6	途经正阳关
6	正阳至湖广汉口路	黄汴：《一统路程图记》卷6	起点
7	正阳至襄阳路	黄汴：《一统路程图记》卷6	起点
8	徐州至正阳路	黄汴：《一统路程图记》卷6	终点
9	南京由汝宁府至武当山路	程春宇：《士商类要》卷1	途经正阳关
10	瓜州由凤阳府至颍州陆路	程春宇：《士商类要》卷2	途经正阳关
11	正阳由固始县至光山县路	程春宇：《士商类要》卷2	起点
12	正阳由颍州至北舞渡陆路	程春宇：《士商类要》卷2	起点
13	汴梁由正阳至芜湖县陆路	程春宇：《士商类要》卷2	途经正阳关

资料来源：黄汴《一统路程图记》、程春宇《士商类要》，杨正泰撰《明代驿站考》上海古籍出版社 2006 年版，附录 2、3。

　　水陆交通的便捷，也给正阳关自身的经济带来繁荣。清代乾嘉盛世，"户口繁殷，市廛饶富，列屋而居者绮纷绣错，栉比而云连，而结帆市舶出入于洪涛烟云杳霭之中，咸冲尾而来集"①。清末民初，先后有山西、浙江、江西的商人在镇上设立会馆，共有 8 家。这足见外地客商在正阳关经营队伍比较庞大。英法等国商人在此开办洋行，收购土货，还开设药房。本地工商业也发展迅速。据统计，全镇比较有影响的工商行业：交通运输业 17 家，工业 14 家，百货业 21 家，什货业 19 家，盐行 12 家，粮行 8 家，金融业 3 家，医药业 4 家，浴池业 8 家，旅馆业 13 家，饮食业 22 家，合计 141

---

① 胡玉垣：《修建正阳关城垣碑记》，虞海深：《淮南古镇：正阳关史记》2008 年印刷。

家。① 该地银钱业也比较发达，钱庄有十三四家，主要有：性成、庆太、豫大、义源荣、万源通、德平、仁记、信成、泰生、春生等，资本各五六千两。②

2012 年，在正阳关码头附近河滩出土明清时期的钱币共计 6000 余枚。通过对这些钱币的研究，也可以反映出当时正阳关商业繁盛的状况（具体见表 3－2）。这其中，明代钱币约占 10%，清代钱币接近 90%，以顺治、康熙、雍正、乾隆四朝为多，约占 70%。这表明，正阳关商业最为繁盛的时期应是在康乾时期。试想如果没有当地长期商品贸易繁荣和人民群众殷实的生活积累作为基础，绝不可能在码头附近遗散如此多的钱币。明代正阳关的年税收折成白银约 6 万两，清代凤阳关平均年税收约白银 14.5 万两，其中正阳关占大部分。因此，正阳关又称"银正阳"③。

表 3－2　　　　　　2012 年正阳关段河滩出土钱币情况

钱币名称	数量（枚）	所占比例（%）	钱币规格（直径长度毫米）	重量（克）
万历通宝	130	2.1	23.1—26.5	3.3—5.2
天启通宝	160	2.6	24.5—27.2	3.9—4.7
崇祯通宝	360	6	21.5—27	2.6—4.8
顺治通宝	1200	20	23.2—28.8	2.6—5.2
康熙通宝	1900	31.6	23.5—29.5	2.8—5.6
雍正通宝	320	5.3	24.5—28.5	2.7—5.8
乾隆通宝	700	11.7	23.5—27.8	2.6—4.8
嘉庆通宝	400	6.6	24.2—27.1	2.9—4.3
道光通宝	320	5.3	21.5—25.5	2.2—3.6
咸丰通宝	120	2	20.5—25.0	2.1—2.8

---

① 戴戒华：《历史名港——正阳关变迁》，《志苑》1990 年第 4 期。

② 龚光朗、曹觉生：《安徽各大市镇之工商现状》，《安徽建设月刊》1931 年第 3 卷第 2 号。

③ 邓非：《浅析淮河流域正阳关段出土钱币》，《安徽钱币》2012 年第 3 期。

续表

钱币名称	数量（枚）	所占比例（%）	钱币规格（直径长度毫米）	重量（克）
同治通宝	80	1.3	19.5—23.5	1.8—2.6
光绪通宝	360	6	22.5—24.5	2.2—3.2
太平天国小平币	1			
光中通宝、安法元宝（安南钱币）	2			

资料来源：邓非：《浅析淮河流域正阳关段出土钱币》，《安徽钱币》2012 年第 3 期。

商业的繁荣促生了商人组织的形成。时政曾等商界人士认为："长淮商业以土货为大宗，而土货之囤积皆在于正阳关，非创设总会不足以通商情而资联络。"[1] 他们还指出，"正阳关地势当淮颍交会之口，商贾辐辏，亟宜设立商会，以与安庆、芜湖等处收指臂使助之功"[2]。由此看出，皖北正阳关的商业地位可与皖南安庆、芜湖相提并论。1908 年，正阳关各商行开会，议设皖北商务总会，公举方皋、王炳先为总、协理，由安徽巡抚冯煦报农工商部立案，很快得到清廷批准，并发给关防。皖北商务总会的成立，在推动皖北地区的商业发展和铁路筹建等方面起到重要作用。

二 临淮关的交通与商业中心地位

临淮关古称濠州，自南北朝以来一直是临淮县治所在。该镇北滨淮河，南控群山，为皖豫淮上要冲，是安徽四大名镇之一。明成化元年（1465）设立凤阳钞关，包括正阳、临淮二关，正阳关设在正阳镇，临淮关在临淮镇。临淮关与外地交通主要依赖水运，与正阳关同为淮河沿岸著名的收税口岸。明清时期在淮河中建有浮桥，控制船只往来，以便征税。清政府在临淮关派 32 名桥兵把守，

---

[1] 《农工商部奏皖北正阳关设立商务总会请给关防折》《政治官报·折奏类》1908 年 9 月 21 日，第 349 号。

[2] 丁进军：《清末各省设立商会史料》，《历史档案》1996 年第 2 期。

配备桥船 50 只，马船 4 只，加强税关征税力量。康熙五十五年
（1716），临淮关交由安徽巡抚监管，安徽巡抚任命凤阳关监督管
理。乾隆十四年（1749），临淮关事务又由凤庐颍道委托凤阳知府
管理。

　　明朝中后期，临淮关"商贾云集，百货辐辏"。乾隆年间，虽
屡遭水患，但"西北南三关厢贸迁如故"①。这里码头众多，"民船
碇泊常数百只，街市沿河屈曲，长约数里"②。从临淮关经清江浦
沿运河将淮河一带农产品运至浦口，再从运河将苏浙一带的手工业
品和各种杂货分销至安徽、河南、山东等地。因此，临淮关是豫
东、皖北土货外运和江南棉纺织品、绸缎等北上的中转站。据明代
黄汴的《一统路程图记》记载，从淮安至开封的水路，由淮安经洪
泽湖入淮河，经凤阳府的出淮口——临淮关，到寿县的正阳关，入
颍河，溯颍河西北行，经颍上、颍州府、太和等入河南，行 130 里
至周家口，再由周家口转贾鲁河，北行 200 里至朱仙镇，在朱仙镇
起旱，陆路 40 里至开封③。这是连接明清时期四大名镇之一的朱仙
镇以及豫南商业中心周家口的重要商路。淮河上游的竹、木、茶、
麻等物资，大多经临淮关转运，全镇有货栈一百多家，歌舞台榭，
盛极一时。据清末《国风报》载："又有临淮关者，当淮河贸易之
冲。经淮河以横贯安徽北部而入河南省，抵周家口。周家口者，全
国五大镇之一也。下经清江浦，以达镇江；又由陆地可通定远，经
徐州以达南京，溯浍河则与宿州交通，真四通五达之要区矣。其附
近西淮盐，安徽之北，河南之南，民无淡食之虞者，赖有此也。外
国货物，则经镇江，过清江浦，以集于此，然后分散各处。其内地
输出货物，亦必经临淮关，历清江浦，以达镇江。故商贾辐辏，帆

---

①　光绪《凤阳县志》卷 3《市集》。
②　龚光朗、曹觉生：《安徽各大市镇之工商现状》，《安徽建设月刊》1931 年第 3
卷第 2 号。
③　黄汴：《一统路程图记》，杨正泰撰：《明代驿站考》（附录 2），上海古籍出版
社 2006 年版，第 145 页。

樯林立。凤阳、定远、徐州，虽号称商埠，然不及临远甚矣。"[1]
优越的地理位置，使临淮关成为皖北仅次于正阳关的交通中心与商
品集散地，也是连接江南、中原两大经济区商品交流的重要枢纽之
一，传统商业地位十分突出。

第二节　近代维持正阳关传统交通中心的努力

一　正阳关在清末民初铁路规划中的突出地位

1899 年，英国福公司勘测了泽浦铁路，中间经过安徽正阳关，
此路因盛宣怀等人的反对而未能修筑。[2] 这表明正阳关在铁路规划
中初步得到关注。1905 年，商办安徽铁路公司成立，对安徽铁路
路线进行初步规划，分江北路线和江南路线。事实上，这种南北路
线规划是分别以芜湖、正阳关为中心的。《皖政辑要》对皖北铁路
进行规划时，也关注到正阳关的交通地位。"上起安庆北尽六安州
治，筑路三百余里。中起巢县北至正阳关口，筑路三百余里，则江
淮之呼应灵，而豫皖之交通捷矣"[3]。时任安徽铁路公司总理的蒯
光典对于皖北修铁路比较支持。这基于对皖北商情比较熟悉，并与
同样在皖北有商业利益的程文炳有共识。在他担任正阳关督销期
间，曾写信给程文炳，提出修经过正阳关的合亳铁路。浦信铁路的
路线规划也突显了正阳关交通地位。浦信铁路由英国于 1898 年提
出，并于当年 11 月签订草约。之后，中方以所经之地多为僻地，
恐无利可图为由拖延。入民国，在英国方面严催下，于 1913 年 11
月正式筑路合同签订。该路线路选择颇费周折。英国方面最初提交
的勘定路线是"沿淮河而下，经商务最繁盛之正阳关，后在临淮关
之处与津浦铁路相接"[4]。但由于津浦路改经蚌埠，这使浦信路线

---

① 竹坞：《津浦铁路情形记》，《国风报》1911 年第 20 号。
② 薛毅：《英国福公司在中国》，武汉大学出版社 1992 年版，第 42—44 页。
③ 冯煦主修：《皖政辑要》，黄山书社 2005 年版，第 851 页。
④ 交通部、铁道部交通史编纂委员会：《交通史路政篇》（第 15 册第 4 章）1935
年版，第 46 页。

大为缩减。于是，他们提出两条路线：一是正阳关至蚌埠，此线系原定路线；二是经六安州、庐州府至乌衣，此线为新定路线。但是，"蚌埠至正阳一线，与淮河航路并行，铁路运输势难与船业运输相竞争，辅助津浦者有限，损害浦信者甚多。倘浦信按新定之线再由庐州至正阳筑一支路，以吸收淮北一带运输，似有害于津浦。总之，浦信干线与津浦不甚冲突，要害者在正阳支路耳"[1]。最终，浦信铁路选择新定路线，并决定修筑合正支线。据此看出，在津浦铁路已筑成通车的情况下，浦信铁路在路线选择上，极力想途经正阳关或者修筑支线至正阳关。干支线能否修至正阳关，关系到津浦、浦信将来客货运量问题，是两路利益所系。

民国以来，皖省商会组织积极行动，呼吁修建皖省铁路。在路线的选择上，他们主张修筑安庆至正阳关的铁路，即安正铁路。后来，安正计划落空，他们对安正铁路计划进行修改，主张修筑安颍铁路，将安正铁路延长至颍州。这两计划一方面考虑安庆的省城地位；另一方面也将皖北商业重镇纳入其中，特别是正阳关的交通地位十分凸显。民初还有一种铁路规划，是高亚宾对全省铁路规划，载于《安徽实业杂志》。此计划分南北干线，南线由安庆对岸经秋浦，通江西浮梁景德镇，以接宁湘线；北线由安庆北经桐城、舒城、六安、正阳关，延长经阜阳、亳县，至河南归德，以接陇海线。[2] 这显然是以安庆为中心的，其目的除了加强安徽南北沟通，还强调了铁路与邻省联系的重要性。就北线而言，正阳关仍被纳入规划之中，为淮河中游南北交通的节点。

基于上述分析，正阳关在清末民初铁路规划中地位凸显。截至抗战前，规划或筹建途经或以正阳关为起点和终点的路线共有9条（具体见表3-3）。正阳关因其传统水陆交通枢纽和商业中心地位的影响，在规划或筹建铁路时，不自觉地将其考虑在内。在此期间，蚌埠"纵有津浦铁路，横有淮河，更有蚌合、蚌蒙、蚌灵等汽

---

　　[1]　交通部、铁道部交通史编纂委员会：《交通史路政篇》（第15册第4章）1935年版，第46页。

　　[2]　林传甲：《大中华安徽省地理志》，中华印书局1919年版，第189—190页。

车路网织各处，长淮小轮，往来如梭"①，成为事实上的皖北交通中心。虽然正阳关水运优势仍在，但始终没有铁路贯通，成为构建中的皖北交通中心，与蚌埠同为皖北重要的商业城镇。随着时、事的变迁，正阳关终究没有成为事实上的皖北交通中心，逐渐衰落为普通的小城镇。

表 3 - 3　　　　　　规划或筹建有关正阳关铁路路线情况

路名	起点	终点	沿途路线	备注
泽浦铁路	泽州	浦口	怀庆、正阳关	经正阳关
怀浦铁路	怀庆	浦口	正阳关	经正阳关
安正铁路	安庆	正阳关	桐城、舒城、六安	
安颍铁路	安庆	颍州	桐城、舒城、六安、正阳关、颍上等	经正阳关
蚌正铁路	蚌埠	正阳关	洛河镇等	
蚌信铁路	蚌埠	信阳	正阳关、霍邱、固始、潢川	经正阳关
合正铁路	合肥	正阳关		
皖西铁路	正阳关	正阳关	自正阳关经霍邱、固始、六安仍回正阳关	
汴正铁路	开封	正阳关	颍州	
合亳铁路	合肥	亳州	颍州、正阳关	经颍州

资料来源：薛毅：《英国福公司在中国》，武汉大学出版社 1992 年版；宓汝成：《中华民国铁路史资料（1912—1949）》，社会科学文献出版社 2002 年版，第 70—72 页；《建设委员会公报》1932 年第 25 期；《铁道公报》1932 年第 381 期；王金绂：《中国经济地理》（上），文化学社印行 1929 年版，第 522 页等；蒯光典：《复同乡京官论安徽全省铁路书》《金粟斋遗集》（卷 5），文海出版社 1969 年版。

――――――――――

① 龚光朗、曹觉生：《安徽各大市镇之工商现状》，《安徽建设月刊》1931 年第 3 卷第 2 号。

二　相关铁路计划的相继流产

皖北地区在民国时期先后筹建安正、安颍、蚌正、蚌信等铁路，这使正阳关成为构建新的皖北交通中心的节点。但是，随着这些铁路计划的相继流产，正阳关最终没有铁路通过，没有成为蚌埠之外的皖北交通中心，皖北交通网络也未形成。

1912 年 11 月，安徽铁路协会提出，"由安庆以至正阳，道路平坦，人物丰阜，亟应查照南线芜广铁路办法，组一北线安正铁路公司，借款修路，以路押款"①，并派员与督办全国路矿事宜的孙中山先生接洽。1913 年初，安徽省农务总会、商务总会及正阳关商务总会联合成立商办安正铁路有限公司，并产生了公司领导机构（具体见表 3 - 4）。该公司呈请交通部修筑由安庆经桐城、舒城、六安等地而达正阳关的安正铁路。他们指出，"皖省居扬子江流域之中，上屏武汉，下蔽金陵。皖北出产富饶，甲于东南数省；只以江淮未能贯通，皖北土货不能输出于江，省城又孤悬江上，如军事、政治、教育，无一不形梗塞，自非速修铁路，莫由便利交通"②。该计划还设想在安正铁路建成后，从正阳关延长线路，经阜阳、太和、周口直抵河南郾城，与京汉铁路衔接；同时，从舒城筑一支线，经合肥、炉桥镇，达于蚌埠，与津浦铁路衔接。在署名孙文的《中国铁路总公司公函》中，对此计划表示赞成，称："查来文所拟路线，与总公司所定各省干线，并无冲突，相应准予备案。并仰贵总会等切实进行，以宏路政可也"③。皖省政府也大力支持，都督柏文蔚任命管鹏为督办，命安正铁路公司主要职员与日商接洽借款事宜，积极筹集路款；该督于 4 月 24 日访问日本驻南京领事船津辰一郎，商谈借款修路事宜，并于 4 月 27 日、5 月 28 日两次致函日本朝日商会全权代表森恪，表示他本人赞成借款，省

---

① 《内外铁路纪要》，《铁道》1912 年 11 月第 1 卷第 2 号。
② 宓汝成：《中华民国铁路史资料（1912—1949）》，社会科学文献出版社 2002 年版，第 70 页。
③ 同上。

议会已通过，承认所订合同，期盼早日付款。[①]

表 3 - 4   安正铁路公司职员

公司职位	姓名	社会职务	备注
总理	管鲲南	农会会长、路矿协会会长	管鹏，字鲲南
副理	程鸣銮	商会协理	
理事	洪孟揆	工会总理、工商部谘议员	
理事	邵兰秋	工会协理、路矿协会副会长	
理事	李绍农	正阳商会总理	
理事	胡远勋	前安徽商会总理	
理事	孙子美		
监事	史建本	寿州农会分会长	
监事	王兰亭	省议会议员	
监事	谭惟洋	省议会议员	

资料来源：《日人森恪致日本驻华公使山座圆次郎函》（1913 年 9 月 27 日，附件），宓汝成《中华民国铁路史资料（1912—1949）》，社会科学文献出版社 2002 年版，第 71 页。

　　安正铁路公司代表与森恪签订了《安正铁路借款合同》，借款 1000 万日元，先交垫款 20 万日元，用作敷设铁路所需的测量、设计等费用。5 月，日本朝日商会把此项合同中的权利和义务，转让给东亚兴业株式会社。28 日，东亚兴业株式会社与安正铁路公司签订了新合同，并聘请森恪为总顾问。8 月 7 日，签订了聘请日本的石川石代为该铁路公司总工程师的合同。各项筹备工作在有序进行，但突发的政治事变使其努力付诸东流。1913 年 8 月底，二次革命失败，柏文蔚、管鹏等遭到通缉。袁世凯认为日本策动了南方革命派的二次革命，于是以此举给日本以警告。

----

　　① 宓汝成：《中华民国铁路史资料（1912—1949）》，社会科学文献出版社 2002 年版，第 237—238 页。

日本外务大臣牧野伸显认为："事态发展至此种程度，中国政府竟以一纸命令否认了该铁路公司，结果使本合同归于无效。这是极端无视过去事实、无视日本资本家利益的不合理措施。"① 他要求驻华公使山座圆次郎设法挽救。山座和森恪通过上海的安徽同乡会与新任安徽都督倪嗣冲交涉，要求恢复合同，继续修筑安正铁路。倪嗣冲主要关注津浦铁路的畅通程度，这关系到皖省与京津和宁沪方面的联络。对于修筑安正铁路，既然袁世凯和交通部都反对，他并没有进行应有的努力。交通部在给倪嗣冲的电报中，明确指出："浦信东起津浦，西迄信阳，为东西横干，而以皖豫接界之六安为中权。安正拟由安庆、桐、舒、六安以达正阳，应在六安交叉，于本路利益，有分泻之嫌。又津浦亦以安正路与本路并线，实属妨碍利益。"对于"此次管鹏等所拟安正路线，既与两路相妨，本部察度情形，当然不能准予组织公司修筑，其所设筹备处，并令即饬令取消"②。

安正铁路筹建的挫折，并没有降低皖省商会组织自办铁路的热情。1914年初，颍州、六安、正阳等地商会代表刘文凤等人呈请交通部修筑由安庆经六安、正阳等地至颍州的安颍铁路。从线路设计来看，其实是安正铁路的翻版，只不过将终点由正阳关改为颍州而已。③ 这也是出于无奈：安正铁路修建无望，只有对原来的方案进行简单的修改，再进行努力和尝试。在呈文中，代表们首先强调修筑该路的必要性："皖省控长淮之形胜，为江表之屏藩；物产丰饶，号称天府。只以交通不便，坐弃利权；南北划若鸿沟，商旅困于转输，百物屯滞，一隅自封"，"佥以非由省垣建筑铁路，经舒、桐、六安等处以达颍州，不足以贯通一气，利便商民"。同时指出修筑安颍铁路的好处："乡曲物品，积滞堪虞，轨道既通，运销自易，此利于商务者一。森林矿质，随地皆是，

① 宓汝成：《中华民国铁路史资料（1912—1949）》，社会科学文献出版社2002年版，第240页。
② 同上书，第70—71页。
③ 吴春梅等：《近代淮河流域经济开发史》，科学出版社2010年版，第391页。

路线所至，必可兼营，此利于实业者二。皖北灾旱，游手日多，寓赈于工，足消隐患，此利于贫民者三。东联浦信，西接京汉，脉络贯通，朝发夕至，此利于商旅者四。运输军队，由皖至淮，刻日可达，征调迅速，此利于军事者五"①。对于交通部质疑该路与津浦并线、浦信交线的问题进行了合理的解释，一是"查安庆至浦口，相距约华里五六百里，正阳关至蚌埠，亦约在华里三百数十里以外，是安正与津浦相距颇远，两不相妨"；二是浦信铁路与该路"仅于六安一处交轨，实有辅车相倚之功，并无凿枘相妨之患"②。代表请求交通部批准立案，以便先行勘测，招股筹款，早日修筑。交通部在 1914 年 4 月 27 日的批文中表示，若安颍、津浦两路并驾齐驱，"则皖北商货输入长江者孰肯舍近图远，其影响本路者甚巨；即该处物产号称蕃富，然就一路运输，则吸收自厚；分两路装载，则挹注不敷，两有相妨，即各受其弊"。"至正阳一镇，既为本路支线之终点，而安颍一线，复参错其间，虽为犄角之形，实显有冲突之虑，其为有害无利"。况且，浦信铁路或将兴工，合正支线也在筹建之中。"惟俟本路干支全线竣工，充其余力，或展修筑颍州一段，届时酌夺办理，至于安庆滨江为省垣要地，军事运输关系綦重，将来如何接修，亦俟规划完善，方可再议进行"。对于安徽商界代表们提出的筑路方案"碍难准行"③。至此，本次筹建安颍铁路的努力失败。

到 1916 年 12 月，皖省商界代表再次呈请省长批准修安正铁路，准备召开股东大会，筹商兴工开筑事宜。④ 但是，并未见有实质性进展。1917 年底，皖北商会代表李华轩、省议员王兰亭等人再次提出筹建安颍铁路。"此路仍归商办，拟照民业铁路章程办理。该路决算告成，总计银币一千万元，按民业办法先筹集股本二百万

① 宓汝成：《中华民国铁路史资料（1912—1949）》，社会科学文献出版社 2002 年版，第 71 页。
② 同上书，第 72 页。
③ 同上。
④ 《民国日报》1916 年 12 月 6 日。

元交部呈验"。他们联络皖、京、沪、晋等处富绅巨商，已筹集股本二百万元，并推举李华轩入京办理，"皖商热忱如斯，此路开办之期当不远矣"①。此次努力，并没有得到官方的认可，安颍铁路的筹建化为泡影。

蚌正铁路的筹建倡议于民国六年（1917），后以经费无着，未能施行修筑。②1932年9月，为了方便淮煤外运，大通煤矿公司经理朱用龢致函建设委员会，请求拨庚款修筑蚌埠至正阳关铁路支线。建设委员会对此表示同意，致函铁道部："正阳关地滨淮河，为皖北通衢，举凡皖省之颍、亳、霍、六等县，豫省之光州、固始、周家口等处所产茶、麻、棉、木、米、麦、杂粮均以该处为集中之地。""该路不特改良皖北交通，便利两矿煤运，即铁路本身亦属有利事业"③。铁道部在复函中表示，经过津浦铁路管理委员会的调查，认为："蚌埠至正阳关一线，系与淮河平行，本路以频年军事之余，设置未臻完备，若与平行线河流竞争运输，结果必受不良之影响，……以现在中国之经济状况及交通状况言之，则兴筑此项支线尚非必要之图，如为发达皖北及豫东之货运起见，似不如利用淮河组织大规模水运，俾与铁路联络输送，必能事半而功倍。"④蚌正支线的筹建暂时搁置。1934年6月，正阳关各社会团体代表王召棠等呈请修筑蚌正支线。其呈文再次强调修筑该路的必要性："正阳地位，距淮跨颍，大之为豫、鄂、皖三省孔道，小之为凤阳、阜阳、三河尖、六安、合肥、凤台、颍上、霍邱水陆舟车平均等远之枢纽，正阳之铁路通，则以上各省各县之军事、交通、文化、农、工、商业均随之而进步"⑤。这期间，铁道部也令津浦路局进行勘测，该路全线305华里，需款600万元⑥。到1935年，

① 《安徽实业杂志》1917年12月10日。
② 《皖北筹筑两铁路》，《交通职工月报》1934年第1期。
③ 《建设委员会公函铁道部》（第248号），《建设委员会公报》1932年第25期。
④ 《铁道部公函》（第1458号），《铁道公报》1932年第381期。
⑤ 王召棠等：《呈请将蚌正支线筑至正阳关等情文》，《铁道公报》1934年第900期。
⑥ 《各省建设要闻》，《建设委员会公报》1934年第7期。

随着淮南铁路逐段建成通车，建设委员会担忧如果再修建蚌正铁路就会分淮南铁路的运营量，所以改变修筑蚌正铁路的态度，认为"正阳蚌埠之间，淮河水运本可通行，田家庵在蚌埠上游，距正阳更近，故蚌正之线，一时尚非必要"[①]。到 1936 年，此支线被规划为蚌信铁路之东段。

　　筹建蚌信铁路是对浦信铁路计划的修改。1936 年，国民政府将蚌信铁路列入铁路"五年建设近期计划"中。[②] 同年，铁道部鉴于皖北、豫东之间物产丰富，"为打开两省闭塞之交通，发展货物运输起见，乃拟修筑蚌信铁路"[③]。蚌信铁路由蚌埠起，经正阳关、霍邱，豫省固始、潢川，直达信阳，全长 379 公里，分蚌正、正固、固信三段，需款 1000 万元，安徽、河南各出 450 万元，余款由铁道部承担。此次蚌信铁路筹建，由政府牵头举办，筹备较充分，应该有建成的希望。地方政府和商民再次行动起来，积极推动修筑此路东段蚌正线。"正阳关商会及政绅各界，以蚌正铁路之修筑，不仅便利皖北及豫东各县之货运，且关于津浦路业务上之收入亦甚大，顷特联名分呈行政院、铁道部，吁请早日动工，俾可便利交通，以裕民生，而慰众望"[④]。但是，不久抗战爆发，筑路计划被搁置。正阳关与铁路再次擦肩而过。

第三节　津浦铁路淮河大桥选址变更与临淮关城镇地位的变迁

一　津浦铁路淮河大桥选址的变更

　　津浦铁路是安徽境内最早建成并投入运营的铁路，对皖北地区经济、社会产生极大影响，也是导致皖北交通与商业中心变迁的主

---

　　① 《建设委员会公报》1932 年第 60 期。
　　② 宓汝成：《帝国主义与中国铁路（1847—1949）》，经济管理出版社 2007 年版，第 220 页。
　　③ 《蚌信铁路测量工作完竣》，《经济建设半月刊》1936 年第 3 期。
　　④ 观澄：《交通消息》，《交通杂志》1937 年第 5 卷第 3 期。

要动力。

在津浦铁路南段修筑过程中，淮河大桥无疑是难度最大的工程。当时主要的争论有两个方面。一是大桥的选址。临淮关因传统交通地位，成为津浦铁路规划线路上的重要节点。淮河大桥桥址最初就选在临淮关。1908年10月，总工程师德纪带来工程人员，亲往临淮关实地勘测，认为临淮关一带地势低洼，盛夏河水泛滥，大水会漫过铁轨，影响铁路正常运营，从而否定了在临淮关建桥的设想。"乃改于临淮上游十二英里之蚌埠建桥渡淮，其地势较高，虽河水甚深，工作较难，而河身恰系石底，建桥必易巩固。长淮卫河底虽亦坚硬，而地势洼下，须多越数大河流，且经过村落太多，迁让尤难，究不如蚌埠为得势。"① 当时，怀远地方绅董也想让铁路通过怀远，他们上书清政府请求将大桥改在怀远的荆涂二山之间修建。德纪又经过一番实地勘测，认为荆涂二山夹峙之处河道狭窄，水流湍急，在此处建桥，施工之艰险必然数倍于蚌埠。经过再三权衡，最后桥址还是选在蚌埠。

二是桥式的纠纷，即大桥建成"呆桥"还是"活桥"的争论。淮河是豫、皖、苏等省的水上运输通道，在修建跨河大桥时，"既不能令桥束水，盐槎上下，商旅往来，轳轴连云，更必谋其无妨乎舟楫"②。通常来说，铁路桥应该建固定桥梁，即"呆桥"。而淮河临淮关、蚌埠一带为盐船必经之地。票商湖贩担心建铁路桥，势必影响帆船的通行。淮北的票贩裕原、保泰昌等、湖贩源盛、新福源等及正阳关商会方皋等致电两江总督端方，认为"鲁、豫、皖、苏四省货物胥赖淮河流通，淮河货船，桅则上高下深，船则舱深货重，桅高人少，眠竖极危，且无船坞，无处停泊"③，即要求修建"活桥"。如果修建"活桥"，过往火车的安全隐患是非常大的，"以数百万钧数千万钧之重之桥悬于尺寸之铁，昔昔而启之，昔昔而闭之，万一有沙石纤屑梗乎其中，或将闭而机轴偶有窒碍，或虽

---

① 《路史·津浦铁路沿革纪实（续）》，《津浦铁路月刊》1933年第3卷第2期。
② 同上。
③ 同上。

闭而轨线略有差池，此时来轸方遒瞬悉已至，虽有信号不及施，虽有电音不及发，其为祸之烈，曷可胜言。故活桥之设，于盐槎无几微之利，而铁路之受害也无穷"①。多方争论不休，尚无定论。临淮绅商学界朱学儒等 20 人禀称："兴利贵如知大小，避害宜权轻重。商船起椗之不便，特全体中之一分子，盐船起椗之不便，又分子中一小分子。而火车载货之福祸，关系且十数省、且亿兆人，应请审明利害，仍建呆桥。"② 津浦铁路督办大臣徐世昌和会办大臣孙宝琦等坚持原设计方案，主张建造固定的桁梁式桥。徐世昌上奏朝廷称，经"实地复勘，详细考察，终以活桥危险诸多窒碍，决议仍建呆桥"③。1910 年 9 月，津浦铁路淮河大桥正式开工建设，1911 年 5 月建成。1911 年 10 月，津浦铁路南段竣工，12 月南段全线通车，1912 年 11 月，南北两段工程在山东韩庄接轨，全线正式投入运营。

从津浦铁路全线来看，津浦线实际上是在运河运输并没有完全停止的情况下，偏离运河路线，重新确定了南北交通区位线，引发沿线城镇兴起，而导致运河沿线城镇清江浦、镇江的衰落④；从具体线路的变更来看，淮河大桥选址于蚌埠，并以"呆桥"形式建成，这看似"偶然"的决定，却导致蚌埠、临淮关的交通条件变化，给它们的发展带来截然不同的结果：蚌埠快速崛起，临淮渐趋衰落，交通与商业中心的地位被蚌埠取代。

二　桥址变更的影响：蚌埠取代临淮关

在传统交通模式下，临淮关是皖北地区交通线路上的重要节点，其交通区位优势明显优于蚌埠。近代以来，以铁路为代表的新式交通兴起，在规划新式交通路线时，传统交通路线虽保持较大的

---

① 《路史·津浦铁路沿革纪实（续）》，《津浦铁路月刊》1933 年第 3 卷第 2 期。
② 同上。
③ 徐世昌：《退耕堂政书》卷 31，成文出版社 1968 年版，第 15 页。
④ 马陵合：《近代江淮地区铁路交通区位研究——以津浦铁路改线为中心》，《第二届交通社会史学术研讨会（杭州）论文集》2012 年 11 月。

影响，但当受到交通工具和自然条件约束时，就难以保留传统路线。若发生交通线的偏离，自然就会使传统交通中心产生位移，这一历程是不以人的意志为转移的①。本来，临淮关凭借传统交通与商业中心的地位，成为淮河大桥必经之地，这一方面受到传统交通路线的影响；另一方面也是将临淮关继续作为皖北交通中心的一种努力。然而，由于临淮关地势低洼，不易建桥，桥址最终选定在蚌埠。这不仅使交通线的局部产生偏离，而且引发蚌埠、临淮关区位优势的变化，从而导致皖北交通中心的变迁。

民国时期，有学者指出，集镇、商埠的形成，往往出现在营业站、终点站、联络站以及重要出站口附近。如某种交通工具，昼间作业，夜间休息，在止宿之处，必有商店旅馆应运而生，以为过客之供应；又如在长途旅行中，旅客转车换船之所在，及货物转载之地点，其商务及居民亦必相当繁盛②。蚌埠地处津浦铁路南段浦口至徐州的中点，不管南北哪头发车，当晚只能到达蚌埠，火车均需在这里加煤加水，旅客在这里住宿休息。这样，蚌埠就自然地形成了"宿站"③。淮河大桥建成后，津浦路局遂正式设立蚌埠车站。另外，蚌埠能够快速崛起，还得益于铁路与淮河水运的有机结合。为了发挥铁路运输的优势，实现水陆联运，蚌埠港口建设颇有成效。1912年，在津浦铁路淮河铁路桥西南方向，即铁路桥上游200米处的淮河南岸开挖出了面积为1.8万平方米的船塘，时称老船塘，供船只停泊使用。由于水运业的兴盛，抵蚌装卸货物的船舶日多，而老船塘面积有限，不敷众多船舶停靠。因此在1919年又耗资72万银元，在老船塘上游不远处开挖了水域面积为16万平方米的新船塘，至1923年竣工。新旧船塘周边很快形成了蚌埠的码头港区，即从早期蚌埠老大街北首，沿顺河街向西的大通码头，经老

①　参见拙文《近代皖北交通中心的变迁》，《安徽师范大学学报》（人文社会科学版）2013年第2期。

②　王竹亭：《铁路选线与计划学》第1册，正中书局1945年版，第15页。

③　李凤山：《津浦路与蚌埠站》，《安徽文史资料全书·蚌埠卷》，安徽人民出版社2005年版，第440页。

船塘渡口西侧中兴码头、亚细亚码头，继续延伸到新船塘一带。船塘附近有铁路支线将船塘沿岸众多仓库连接起来，便于商品转运。当时的杂志对此记载："津浦路在此设一等车站，并掘西船塘以为淮河上下游往来船只停泊之所，塘以南有津浦路岔道，有此船塘，则凡水陆运输装卸货物，均异常便利。"[①] 沿船塘的淮河南岸日益成为商业活动中心，也是转运业集中区域。转运业成立有转运公会，会所设于蚌埠兴平街转角处。建于1918年的"公记堆栈"，是当时省内最大的专营性仓库，"专代运商堆存货物及介绍银行押款，栈所设于新塘附近，有铁路枝道直通内部"[②]。当时蚌埠的转运业兴盛一时，较好地将水陆联运的优势发挥出来。通过以下描述，可见当时铁路与水运结合对于蚌埠商业发展的拉动作用之大：

> 蚌埠车站枝道之长，几绕蚌埠全境一周。因各家转运公司，皆于枝道附近建设货栈，枝道延及之北段，复分出短枝道多枝，以通各公司之内部或门首。枝道两旁共有商筑断续月台五六段，蚌埠车站对于各段月台前及各段枝道内所停货车（每段只有货车一二辆），终日用车头一只往来运接，预待南北长行车之拖运。由河上铁桥至老船塘三面，约长二里余，此段河岸筑有甚宽马路，河坡亦系石块筑成，马路两旁及石河坡悉为高矮席堆，堆内所遮皆各种杂粮之待运而无车者也。生意最盛之公司，如悦来、捷运、元成、汇通等家，皆建有宽大雄壮之货栈，两旁并有甚大空地，各家栈房之内固悉满堆货物，空地内皆积货如山，货物待运者之多于此可见[③]。

在铁路通行以后，临淮关并没有形成与蚌埠相当规模的港口区，其水运与铁路的结合的程度远不及蚌埠。1913年，临淮关火车站建成后，不久就修筑专线通往港口马滩。沿港口一带，到

---

① 李絜非：《凤阳风土志》，《学风》1936年第6卷第4期。
② 《安徽蚌埠转运公司之近况》，《中外经济周刊》1926年第189期。
③ 同上。

1931 年，建有 4 个货运码头，即元顺转运公司的货运码头、粮行码头以及 2 个私人自航自运的码头。这些码头大都为块石砌成的简易装卸码头，难与蚌埠的码头相比。临淮关也有两个船塘：一是清光绪六年（1880）修建的淮宁船塘，由于历年淤积，至民国时，船塘面积逐渐减小；二是民国初年修建的凤凰嘴船塘。该船塘是濠河的入淮处，民国二十一年至二十七年，过往船只可在此停靠①。临淮关的船塘无论修建的面积还是船舶停靠数量均不能和蚌埠的两个船塘相提并论。临淮关的商业主要集中在沿淮河、长约三里的东大街一带，街道狭窄，没有柏油马路，没有形成明显的功能社区，受近代化的影响十分有限。

津浦铁路通车以前，皖北盐粮运输主要集于临淮关、正阳关，经淮河干支流运销。因地处凤阳、怀远、灵璧三县交界，蚌埠成为私盐的集散地。蚌埠"自津浦铁路通行以来，一变而为江淮咽喉，南北枢纽，地当皖北要冲，商贾辐辏，由是而为皖北各县各货集散焦点，尤以盐粮为大宗，淮盐行销皖豫岸，以此为荟萃之区，粮食由此运往各省者为数颇巨"②。当时的《申报》对蚌埠粮食市场的状况进行报道："皖北河流纵横，土壤肥沃，向以农产丰富著称，而小麦与黄豆尤为出产大宗，如颍河流域之阜阳、太和，涡河流域之亳县、涡阳，淝河流域之寿县、凤台、怀远、凤阳、五河一带，均为出产麦豆农业区，此项巨量物产，除少数销给当地外，大多集中蚌埠，然后运销无锡、常州、上海一带。此外如豫东鹿邑、沈丘、柘城，豫南新蔡、商城、固始等县之麦豆杂粮，亦大多运集此间，转销外省。"③ 蚌埠成为皖北小麦、杂粮的集散中心。

1914 年，倪嗣冲在蚌埠设立皖北盐务局和阜安盐栈，并规定皖北盐商必须携货来蚌埠纳税、定价，由阜安盐栈转运，蚌埠由私盐集散地成为官盐集散地。行销皖北、豫东的淮盐原在苏北

---

① 凤阳县地方志编纂委员会编：《凤阳县志》，方志出版社 1999 年版，第 295—296 页。
② 《各地金融机关蚌埠银钱业》，《中央银行月报》1933 年第 5 期。
③ 《蚌埠粮市活跃》，《申报》1936 年 7 月 5 日。

西坝一带集中，经淮河分运各岸。此后，淮盐大都改由陇海、津浦铁路运输，蚌埠成为淮盐、海州盐集中销售之区。食盐运抵后，经水路上游转运至怀远、寿县、阜阳、太和、颍上、六安，下游运至五河、临淮关，再分运至凤阳、泗县、滁县、天长、来安等处①。

随着盐粮贸易的发展，百货、棉布、杂货、油茶、土产、干鲜等交易也日渐兴盛起来。津浦铁路通车后，皖北地区大宗货物的往来交易皆以蚌埠为转运点。由蚌埠输出的货物主要有麦、高粱、芝麻、药材、鸡鸭、牛皮、酒等，"合计每月约有三四百万吨，皆由淮河上游之怀远、涡阳、亳州、颍上、六安、正阳关以及河南等地运来，在蚌埠换火车南下转运浦口"②。输入的货物主要是洋布、煤油、木材、杂货等，每月二三千吨，皆由浦口运来，然后经由蚌埠分运淮河沿岸。据 1934 年的统计，蚌埠站输出各种农产品达 38 万吨，输入各种洋货达 10 万吨③。昔日仅有一二千人口的蚌埠，到 20 世纪 30 年代初，人口已激增到 10 万人，为千里长淮第一大港。蚌埠拥有装卸码头、铁路专线、客货轮船运输的港口，成为皖北地区重要的货物集散地和商贸中心。

津浦铁路通车后，在蚌埠崛起的冲击尚未显现之前，临淮关的发展还是比较明显的，以商业和金融业的发展比较突出。金玉成商号是当时临淮关的商业发展的典型代表。金玉成商号是清咸同年间逃荒至临淮关的徽州人创办的。金家最初以磨豆腐为生，后开油盐杂货铺。由于善于经营，规模逐渐扩大，进而增添了糕饼及京广百货、布店，经营棉布和绫罗绸缎，接着粮店、油坊、药店、铁货店相继开业。一个综合性的商业网在清末的临淮关崛起。津浦铁路通车后，金玉成的进货渠道更为畅通。金玉成的进货大都来自上海、南京以及沿海主要城市，如天津、青岛、温州、广州等。金玉成商

---

① 蚌埠市志编纂委员会：《蚌埠市志》卷 6《商贸》，方志出版社 1995 年版，第 427—428 页。

② 王鹤鸣：《安徽近代经济探讨》，中国展望出版社 1987 年版，第 80 页。

③ 程必定：《安徽近代经济史》，黄山书社 1986 年版，第 191 页。

号还与外商联系，经销美孚石油、大英日光肥皂、转口的红白糖等大宗商品。每次进货用火车运至马滩仓库，然后用大木船运至临淮河北。其货物主要销往周边县城，西至凤台、怀远，南至定远，冬至嘉山，北至灵璧、固镇，其油坊出产的芝麻香油，远销上海、苏州、常州、镇江、南京等大城市。由于货源广，销路畅通，金玉成商号垄断临淮关的市场，其他商号的经营活动，唯金玉成马首是瞻①。

临淮关以其传统交通与商业中心的地位，还吸引许多银行在此设立分支机构（具体见表3-5）。在这些金融机构中，金陵交通银行临淮关分庄和安徽中华银行临淮关分行较为典型。在津浦铁路修筑过程中，为了方便铁路建设的现金支付和汇兑业务，北京交通银行总行决定在南京下关和凤阳临淮关设立分庄机构。经过考察，1911年下半年分庄正式开业，这是安徽省成立最早的一家银行机构，主要办理津浦铁路拨款，为铁路工程提取现金、汇兑，同时代理华洋义赈会救灾款等。1951年10月，中国人民银行凤阳县支行下设交通银行代理处，临淮关分庄取消。② 安徽省中华银行于民国元年（1912）1月由裕皖官钱局改组而成，总行设于安庆。为了便利划拨财政收入，该行在皖北的合肥、阜阳、亳州、怀远、正阳关、临淮关等设立分行。临淮关分行主要业务是征解地方税款，每5日将凤阳、阜阳、亳州、正阳关等地市价呈报都督府财政司，同时开展汇兑业务。安徽中华银行及其各分行对于活络安徽的财政金融，起到一定作用。二次革命失败后，该行由倪嗣冲接管，1914年，总行及分行相继停业。③

① 金炳文：《临淮关金玉成商号》，《安徽文史资料全书·滁州卷》，安徽人民出版社2007年版，第345—346页。

② 宋奇武等：《凤阳金融机构简述》，《安徽文史资料全书·滁州卷》，安徽人民出版社2007年版，第403页。

③ 同上。

表 3 - 5　　　　　　　　　　　　临淮关金融机构情况

类别	名称	成立时间	地点	经营业务	备注
银行	金陵交通银行临淮关分庄	1911 年下半年	临淮关	津浦铁路拨款，为铁路工程提取现金、汇兑；代理华洋义赈会救灾款等	是安徽省成立最早的一家银行机构
	安徽中华银行临淮关分行	1912 年	临淮关	征解地方税款、汇兑	二次革命后，倪嗣冲接管，1914 年停业
	上海商业储蓄银行临淮关分理处	1915 年	临淮关东大街	办理押汇、抵押贷款等	
	中国银行临淮关办事处	1934 年	临淮关店口街	汇兑、贷款	1946 年复业
	安徽省银行临淮关办事处	1947 年	临淮关	汇兑	1948 年停业
钱庄	恒和钱庄	1939 年	临淮关火车站西	商业存款、放款和汇兑	资金 10 万元
	春和钱庄	1940 年	临淮关望淮楼对面	商业存款、放款和汇兑	资金 10 万元
	华丰钱庄	1941 年	临淮关老轮船公司	商业存款、放款和汇兑	资金由 5 万发展到 20 万元
	福淮钱庄	1942 年	临淮关	商业存款、放款和汇兑	

　　资料来源：根据宋奇武等的《凤阳金融机构简述》，《安徽文史资料全书·滁州卷》，安徽人民出版社 2007 年版，第 403—405 页的记载整理而成。

　　临淮关的商业因铁路通行而一度得到较快发展，但其仍是发挥着商品流通的功能，城镇的产业结构较为单一，与近代化相联系的工业并没有得到应有的发展，而在这方面，蚌埠取得较大的进步。蚌埠工业以电力、面粉、卷烟等工业为代表，初步形成了一定的规模（具体情况见表3-6）。从表3-6看出，除了创办较早的淮上火柴公司外，临淮关基本上没有出现规模较大的近代企业，特别是随着蚌埠兴起，投资人愿意把资本投在临淮关的可能性越来越小。蚌埠工业虽起步较临淮关稍晚，但随着城市规模的扩大，城市的近代化脚步加快，对电力、面粉以及卷烟等的需求量增大，加上便捷的水陆交通，蚌埠工业发展较快。

表3-6　　　　　　　　　近代临淮关、蚌埠工业发展情况

城镇名称	企业名称	创办时间、创办人	生产经营情况	备注
临淮关	淮上火柴公司	1914年；安少成、党国庆、陈子衡等	雇用500余名工人，生产的火柴除了供应皖北各县外，还远销江苏、河南等省。1938年，日本攻占临淮关后，淮上火柴公司倒闭	到新中国成立前夕，临淮关除了几家榨油、碾米厂外，只有零星的手工作坊
蚌埠	光华电灯公司	1918年；唐少侯	每晚供电6小时左右，日发电量约400度，职工人数20余人	1922年8月，光华电灯公司易名为"耀淮电灯股份有限公司"
	耀淮电灯股份有限公司	1922年；麦建之	装机容量增加到100千瓦，职工人数发展到40余人	抗日战争胜利后，该公司改名为"蚌埠电力厂"
	蚌埠电力厂	1945年；查端甫	购置500千瓦汽轮机组一套，于1947年2月装竣送电，装机容量为800千瓦，月发电量8500度，职工人数达130多人	

城镇名称	企业名称	创办时间、创办人	生产经营情况	备注
蚌埠	信丰面粉厂	1926 年；朱幼岑负责，股东有四五十人	在新船塘附近购地 13 亩，从无锡请来建筑人员，进行厂房建设。1927 年，厂房落成，面粉机器安装完毕，开始投产，日产面粉 1000 袋	
	宝兴面粉厂	1928 年；杨树诚	在新船塘附近购地 40 余亩，从天津德商亚美洋行订购机器设备。1930 年上半年，该厂第一期工程投产，日产面粉达 6000 袋	该厂是当时蚌埠最大的面粉厂
	大来卷烟厂	1925 年；范玉田	在太平街购地建房，从上海买回两部"花旗"牌卷烟机和其他设备，创办大来卷烟厂。全厂 130 多人，生产"来富"牌香烟	该厂是蚌埠历史上最早的卷烟厂

资料来源：凤阳县地方志编纂委员会：《凤阳县志》，方志出版社 1999 年版，第 53 页；蚌埠工商业联合会、蚌埠市政协文史办公室合编：《蚌埠工商史料》（蚌埠文史资料第 9 辑），安徽人民出版社 1987 年版，第 125 页；蚌埠市政协文史办公室编：《蚌埠文史资料选辑·杨树诚》（第 10 辑），1988 年版，第 30—38 页。

随着蚌埠进一步崛起，临淮关传统交通与商业中心的地位逐渐被蚌埠取代。临淮关"惟居卑下，常患水灾，实今昔临淮一地之厄运也。津浦路成，工商业北见夺于蚌埠，南见夺于明光"[1]，其区位优势逐渐丧失，这极大牵绊了其发展的脚步。正如民国《凤阳县志略》描述："自平浦（即津浦）路成，形势一变，蚌埠因为平浦

---

[1]　李絜非：《凤阳风土志》，《学风》1936 年第 6 卷第 4 期。

路南段中枢，一跃而为重镇，直取临淮昔年之地位而代之。"① 到
1932 年，临淮关的户数为 5661 户，而此时的蚌埠的户数为 29397
户②，二者发展差距已经相当明显了。临淮关的传统交通与商业中
心的地位不复存在。

第四节　关于皖北交通中心变迁的探讨

正阳关因传统交通枢纽和商业地位的影响，成为皖北筹建铁路
交通的优先目标。可以想见，倘若筹建成功，无疑可以改变皖北地
区交通和经济格局，促进皖北、豫东的经济社会发展。但是，在津
浦铁路通车后，"淮河沿岸工商均集蚌埠，该地工商亦难免有江河
日下之势了"③。蚌埠"纵有津浦铁路，横有淮河，更有蚌合、蚌
蒙、蚌灵等汽车路网织各处，长淮小轮，往来如梭"④，成为事实
上的皖北交通中心。相反，正阳关"惟民国以来，未闻有平夷道
路、修治桥梁之举，故各乡交通大路梗塞极多，苦力行商，谋生极
难"⑤。虽然正阳关水运优势仍在，但始终没有铁路贯通，随着时、
事的变迁，正阳关终究没有成为新式交通格局下的皖北交通中心，
逐渐衰落为普通的小城镇。临淮关虽与新式交通接轨，但其商业地
位迅速被蚌埠取代，失去了传统商业与交通中心的地位。究其原
因，主要有以下几个方面。

一　新的交通格局形成，贸易路线发生根本变化

在津浦铁路未修通之前，皖北地区形成了以淮河干支流水运为
主，陆路驿道为辅的交通格局。随着津浦铁路通车，冲击着皖北水

---

① 易季和：《凤阳县志略》，成文出版社 1975 年影印版，第 26 页。
② 李絜非：《凤阳风土志》，《学风》1936 年第 6 卷第 4 期。
③ 龚光明、曹觉生：《安徽各大市镇之工商现状》，《安徽建设月刊》1931 年第 3 卷第 2 号。
④ 同上。
⑤ 王炳章：《条陈整顿寿县实业之意见》，《安徽建设月刊》1931 年第 3 卷第 27 期。

运主导的传统交通运输模式。作为豫、皖、苏三省水运通道的淮河运输地位下降，"货运大半舍河道而改由铁路。淮河在运输上的价值减少到只是对铁路起些辅助作用而已"①。铁路以其速度和运力优势改变了皖北传统交通运输格局，将大量货物吸引到铁路沿线，这使皖北贸易路线发生了根本的变化。铁路运输兴起，加上"近年以还，因淮河淤塞日甚，运输困难，各该地物产，或西出平汉，或东就长江，致正阳关商业衰落"②。另外，在蚌埠兴起之后，在蚌埠与正阳关之间又崛起一个新的商业城镇——田家庵。该镇"顺淮河而东，可达怀远、蚌埠，西至凤台、寿县正阳关，小火轮终年可以航行，已由淮南铁路与淮河轮运合作社办理车船联运，由蚌埠正阳关间各码头至淮南铁路各车站相互间客货均可办理联运。小火轮每日上午八时田家庵蚌埠间，田家庵正阳关间各对开一次，水路交通极便，将来皖北沘水、颍河一带农产品昔日经由正阳关集中蚌埠者，形将集中田家庵改道淮南路，该镇之兴盛可预卜也"③。这必然和蚌埠形成冲击的合力，导致正阳关在交通上逐渐依附于二者，其传统商业和交通中心地位动摇。

二 皖北贫弱，缺乏落实铁路规划的实力

皖北商会组织筹建铁路之所以无果而终，是因为皖北贫弱，路款难筹。这是筹建正阳关铁路交通中心无法突破的一大瓶颈。这主要是由于安徽近代中国经济发展历程中，受地理位置的局限所形成的经济边缘化地位所决定的，外国投资铁路没有"惠及"安徽，中央政府对铁路的关注重点也不在安徽，本省的经济实力低下也制约了筑路的欲望和能力。④ 皖北地区经济以粗放型的农业经济为主，

---

① 宓汝成：《帝国主义与中国铁路（1847—1949）》，经济管理出版社 2007 年版，第 469 页。

② 《皖北商民建议兴筑蚌正铁路》，《平汉铁路月刊》1935 年 10 月第 67 期。

③ 张善玮：《淮南铁路沿线生产交通情形及其业务发展之计划》，《铁路杂志》1935 年第 2 卷第 8 期。

④ 马陵合：《清末民初安徽铁路发展历程考察》，上海中山学社《近代中国》（第 16 辑），上海社会科学院出版社 2006 年版。

工业发展缓慢，绅商阶层虽然存在，但其实力有限。与之相比，浙江修建铁路成绩斐然。尽管沪甬杭铁路、杭江铁路等在修建过程中也存在困难，但浙江经济发达，集资相对容易。[①] 安正、安颍铁路筹建失败，虽有来自交通部等方面的阻力，但皖北商会组织仅凭热情修路，至于款项尚无着落，即使批准，也难有作为。因为皖北商办铁路的经济实力并不具备。正阳关作为传统区域性的交通枢纽和商业中心，因皖北地区经济落后，筹建铁路的动力不足，难以落实其成为新式交通中心的铁路规划。

三　规划欠妥，难获批准

铁路系交通要政，规划要在充分调研基础上进行。建筑铁路，"首在考察路线之应否兴修，又须统筹相与关联之干、支各路，与夫附近形势物产，详晰研究，方能决定"[②]。在筹建正阳关铁路交通的路线规划上，商会组织往往忽视已有线路与铁路建设后的经济效益，仅凭满腔热情，大力倡办地方铁路，因其规划的线路与已成线路距离较近，难免分流本不充足的货源，影响铁路的正常运营。这也是皖北自办铁路难获批准的一个不可忽视的重要因素。[③] 各省自建铁路也要统一于国家规划之内，而非各自为政。当时没有一个强有力的政府来统一规划，致使各省以自己局部利益为出发点，各自规划线路，即使修筑成功，与邻省协调接轨也存在难度，无法实现整体协调发展。例如，蚌正铁路的筹建。其实，随着蚌埠的兴起和淮南煤矿的开采，连接正阳关与津浦线成为皖北铁路发展的新趋势。但是，蚌正路线的价值并没有得到应有的重视，这主要基于两点，一是此线与淮河平行，二是淮南煤矿希望建设独立的运煤通江铁路，并没有将连接津浦线作为重点，而是修建了淮南铁路。如果

---

① 丁贤勇：《新式交通与社会变迁——以民国浙江为中心》，中国社会科学出版社2007年版。

② 宓汝成：《中华民国铁路史资料（1912—1949）》，社会科学文献出版社2002年版，第70页。

③ 吴春梅等：《近代淮河流域经济开发史》，科学出版社2010年版，第395页。

政府统一规划，修建蚌正铁路，可能较淮南铁路运煤更为便捷。

四 传统交通中心的内在缺陷在近代的充分显现

凤阳关之下的正阳关、临淮关主要功能是服务于转运贸易。转运贸易对凤阳府城及周围城镇商业的发展有一定作用，但对整个淮河区域的经济影响仍然有限。一般认为，乾隆之后，淮河流域人口开始迅速增长，经济发展出现了内敛化，可供流通的商品粮食大为减少。清代以来，淮河屡次出现的水灾，不仅使粮食减少，也严重影响了航运的畅通。[1] 所以，凤阳关的转运中心地位的下降，并非仅来自新式交通的冲击，也有着区域性经济衰退的因素。清末，凤阳关的税收年均为 10 万两左右，仅为乾隆年间的 30% 左右。这也是淮河流域经济衰退的体现。[2]

五 交通优势转化为产业优势，为城镇进一步发展提供动力

近代城市如果单纯依靠对外贸易为城市发展的主要动力，或者说城市经济建立在单纯的商业基础上，而没有近代工业的强力支撑，其近代城市的发展必然是不稳定的、暂时的。相反，有工业化支持的商业城市发展才会稳定、持久。地理位置、交通条件优越的城市，发展就迅速，反之，将受到制约[3]。在传统交通模式下，临淮关是典型的商品集散中心，自身的手工业并不发达。津浦铁路通车后，因交通区位优势丧失，临淮关的近代工业也没有得到应有发展，传统交通与商业中心对交通依赖性强的缺陷暴露无遗；而蚌埠因津浦铁路大桥选址于此，交通条件得到根本改善，在商业发展的基础上，近代工业也得到相应发展，交通优势转化为产业优势，为城市进一步发展提供了动力，逐渐成为皖北新的交通与商业中心。

---

[1] 张崇旺：《试论明清江淮地区的农业垦殖和生态环境的变迁》，《中国社会经济史研究》2004 年第 3 期。

[2] 廖声丰：《清代常关与区域经济研究》，人民出版社 2010 年版，第 187—189 页。

[3] 季鹏：《地理环境变迁与城市近代化——明清以来扬州城市兴衰的思考》，《南京社会科学》2002 年第 12 期。

六　政治功能的弱化，也加速了皖北交通中心的变迁

政治功能的强弱，往往是一个城市地位高低的重要标志。一般的政治中心与经济结合在一起，政治功能的强化，可以促进该城市的发展，反之则反。蚌埠因倪嗣冲将督军公署和长江巡阅使公署设于蚌埠，这使蚌埠成为事实上的省会。民国以后，皖北盐榷局、凤阳关监督公署陆续迁蚌，正阳关政治地位下降，制约其进一步发展。正阳关、临淮关公安局被裁撤也是其经济地位下降的表现。当时安徽有芜湖、蚌埠、正阳、临淮屯溪等七个公安局直属于省厅。"兹查正阳公安局警区属于寿县，自津浦通车，长淮货运，直达蚌埠，政治及商业中心均已转徙，故市面迥非昔比……临淮关地方商业状况及经费情形，与正阳大致相同"①。故将两地公安局裁撤，交由地方办理。鉴于蚌埠的发展已具城市规模，1947 年 1 月 1 日，蚌埠建市，从历史上凤阳县的行政区划独立出来，成为安徽的直辖市。而正阳关在民国时期，一直是寿县管辖的一个镇。尽管新中国成立后，1950 年 2 月，正阳关一度设县级市，旋即撤销。② 1949 年，临淮关解放，设立临淮市，1954 年撤市设镇至今。最终正阳关、临淮关成为淮河岸边的小城镇，其商业地位完全丧失。

---

① 《政务实况》，《安徽政务月刊》1936 年 6 月。

② 洪祖荣：《序言：辉煌的正阳市和光辉的正阳关镇》，虞海深编：《淮南古镇：正阳关史记》2008 年 6 月印刷。

第四章 新式交通与皖北地区
新城镇的兴起

以铁路为代表的新式交通是提升城市交通区位优势的主动力。津浦铁路通车后，蚌埠崛起，成为"火车拖来的城市"。但是，实际上蚌埠能够成为皖北地区的交通与商业中心，是铁路与水运有机结合的产物。淮南因煤而兴，但铁路将分散的矿区连接起来，形成了城市的基本框架；同时，铁路还带动其沿线的小城镇发展，如津浦铁路沿线的符离集、固镇、三界、明光等，淮南铁路沿线的田家庵、水家湖、撮镇、烔炀、柘皋、裕溪口等。

第一节 新式交通与蚌埠中心城市地位的形成

蚌埠在淮河岸边，虽拥有便利的淮河水运条件，但在传统交通模式下，一直是一个小渡口和小集镇，没有明显的发展，并没有成为像正阳关、临淮关一样的皖北交通和商业中心。蚌埠真正的兴起，始于津浦铁路的修筑。对于蚌埠而言，铁路的修筑，加上淮河水运的便捷，才使蚌埠城市由无到有，快速崛起。可以说，津浦铁路的修筑催生了蚌埠这座城市。因此，蚌埠是"火车拖来的城市"①。

一 新式交通带动蚌埠经济中心地位的形成

清代前期，蚌埠处于怀远、凤阳、灵璧三县交界之处，有"鸡

---

① 郭学东：《蚌埠掌故》，黄山书社 2008 年版，第 256 页。

鸣狗叫听三县"之说。由于地处三县交界，管理相对薄弱，沿淮一带私盐多集散于此。咸丰年间，因太平军、捻军在此与清军交战，蚌埠集毁于兵燹，集市转移到淮河北岸的小蚌埠。据光绪《凤阳县志》记载："蚌埠集在县西北五十里，南岸曰大蚌埠集，已废，北岸曰小蚌埠，有街市。"① 这说明当时北岸的小蚌埠比南岸繁盛。往来的船家将一部分货物在小蚌埠集销售，使得小蚌埠集商贸日渐兴旺。到 20 世纪初，小蚌埠已有商号 50 余家，设有粮行粮店、油盐杂货店、酒坊、船行等，成为方圆百里农产品交易场所和竹木、茶麻、桐油等土特产品的集散地。淮河南岸的老蚌埠，则成为一个油盐小集，十天逢两集，逢集时三四百人，集闲时百余人。逢集时赶集的附近乡民，多肩挑背负，到蚌埠集出售小麦、黄豆、绿豆、蔬菜等农产品，渔民也到集上出售鱼虾。赶集人卖了东西后，再买油盐及日用品带回。下午集市上渐稀少。至日落人走街空，入夜则只闻淮河水浪撞击渡船和渔舟的声音②。

　　蚌埠在城市未兴起之前，虽然地处淮河岸边，交通便利，但一直是淮河岸边一个极为普通的渡口小集。蚌埠城市能快速崛起，得益于津浦铁路南段淮河大桥选址于此，并在淮河南岸设站。这足见新式交通是拉动蚌埠崛起的主动力。起初，淮河大桥桥址选择在凤阳县的临淮关。此时的临淮关是连接江南、中原两大经济区商品交流的重要枢纽，成为淮河沿岸仅次于正阳关的重要交通与商业中心。如果再有铁路大桥修筑于此，势必进一步提升其在皖北地区城镇中的地位。1908 年 9 月，英国总工程师德纪带领工程技术人员，亲往临淮关实地勘测，发现临淮一带地势低洼，盛夏河水泛滥时，大水会漫过铁轨，影响铁路正常运营，因而否定了在临淮关建桥的设想。德纪经过调查，选择了距离临淮关上游 12 英里的蚌埠建

---

　　① 光绪《凤阳县志》卷3《市集》。

　　② 蚌埠市志编纂委员会：《蚌埠市志》卷6《商贸》，方志出版社1995年版，第410—411页。

桥。① 这里地势高，不易受洪水影响，河床底部系坚石山根，"淮河水底多系泥沙，惟蚌埠系属石底"②。桥址的变更使蚌埠迅速成为津浦铁路南段的大站。临淮关虽然也设站，但其区位优势远不及蚌埠，迅速被蚌埠取代。

民国初年，安徽督军倪嗣冲将行政中心设在蚌埠，使其成为安徽的实际上的行政中心。为提升蚌埠的经济地位，将原设在宿县的皖北盐务局和阜安盐栈迁至蚌埠，并规定皖北盐商必须携货来蚌埠纳税、定价，由阜安盐栈转运。原先行销皖北、豫东的淮盐在苏北西坝一带集中，经淮河分运各岸销售。此后，淮盐大都改由陇海、津浦铁路运输，蚌埠成为淮盐、海州盐集中销售之区。食盐运抵后，经水路上游转运至怀远、寿县、阜阳、太和、颍上、六安，下游运至五河、临淮关，向皖北 21 个县、豫东 19 个县运销食盐。盐商们又把淮河流域所产的粮食及土特产，通过铁路外销他地。盐粮互市，使蚌埠变成了淮河流域的商贸中心，贸易腹地辐射至皖北、皖西、河南东部、苏北西部。云集蚌埠的大麦、小麦、高粱、药材、牛皮、鸡蛋、酒类，最多时月达三四万吨。这些农产品运到蚌埠后改用火车装运，转向津沪等地。沿海都市的"京广洋货"，包括洋布、煤油、白糖之类的日用品等，经津浦铁路运至蚌埠，再分销至淮河上下游各地。因而，蚌埠成为津浦铁路南段最重要的物资集散市场。20 世纪 20 年代末 30 年代初，全埠商贸经营发展到鼎盛。1930 年，全埠有 48 个商业行业，仅盐粮交易一项，全年就达 50 多万吨。1934 年，蚌埠人口发展到 10 余万，居民 25000 多户，其中注册商户 4443 户。商埠以物资中转为主，并以盐粮集散为大宗，物资集散营业额占总营业额的 70% 左右③。

津浦铁路的通车，使蚌埠居于南北铁路交通的重要位置，交通区位优势明显提升。蚌埠"因控扼着淮河上流各县农作物大生产

---

① 政协蚌埠市委员会、蚌埠市志编制委员会：《蚌埠古今》（第 1 辑）1982 年印刷，第 45 页。

② 徐世昌：《退耕堂政书》卷 32，成文出版社 1968 年版，第 9 页。

③ 郭学东：《蚌埠城市史话》，新华出版社 1999 年版，第 65 页。

地，更兼当津浦铁路的沿线，是皖省水陆交通的要冲。大凡铁路的地方，最足以增进繁荣的程度，因运输时间可以节省，货物的危险可以减少，故大半运输都改从铁路，快车5小时到浦口，13小时可到天津"。[①]　交通的进步也促进蚌埠城市快速发展，并日益繁荣。据1919年《申报》的记载，蚌埠"最热闹的街市为二马路、头道街、二道街等处，各大银行、转运公司、绸缎庄、大旅社及各种大商店，遍设林立，故离地面不广而精华荟萃。俨若一小上海"[②]。到20世纪30年代初，昔日仅有一二千人口的蚌埠，人口已激增到10万，成为千里淮河第一大港，往来货物多聚集于此，拥有装卸码头、铁路专线、客货轮船运输和专门的码头工人组织的港口，商埠地位完全形成，是皖北地区重要的货物集散地和商贸中心。

二　新式交通与蚌埠城市形态的演变

以铁路为主导的新式交通兴起，对于城镇形态的影响深远。作为因铁路而兴的城市，铁路对于蚌埠城市形态所产生的巨大作用是不言而喻的。关于城市形态的概念内涵，不同学者对此有着不同的观点。[③]结合以前的研究，笔者从内部产业结构、社会结构、地域结构以及外部形态四个方面，论述铁路对蚌埠城市形态演变的影响。

（一）蚌埠城市的产业结构

津浦铁路通行，加上淮河的水运之利，蚌埠成为皖北地区交通与商业中心。其产业结构以商业为主，工业为辅的产业结构。蚌埠

---

① 杨公怀：《闲话蚌埠》，《孤岛》1938年第1期。

② 《安徽蚌埠大火纪详》，《申报》1919年4月17日。

③ 刘景纯认为城镇形态是城镇物质实体的空间表现形式（刘景纯：《清代黄土高原地区城镇地理研究》，中华书局2005年版，第287页）；顾朝林等认为城市形态是人类社会、经济、自然等环境系统构成的复杂的空间系统，是反映不同历史时期的城市文化、技术和社会行为的历史过程（顾朝林等：《中国城市地理》，商务印书馆1999年版，第531页）；武进认为城市形态是一种复杂的经济、文化现象和社会过程，是在特定的地理环境和一定的社会发展阶段中，人类各种活动与自然因素相互作用的综合结果。（武进：《中国城市形态：结构、特征及其演变》，江苏科学技术出版社1990年版，第5—6页）

的商业以粮油、食盐为大宗，洋布、煤油以及各种杂货也充斥市场。

随着津浦铁路通车，皖北、豫东各地的商贾纷至沓来，贩盐卖粮，到1915年，蚌埠已初步成为皖北盐粮囤积地。每年午季小麦、豌豆，秋季黄豆、大米、杂粮，不断运进输出，日成交量在10万—15万公斤。至1926年，市面油行有20多家，每家存油百余石或数百石，油篓常在上千只左右，每次火车运出食油30—40吨，北运天津，南达上海。到1934年，粮油业发展到鼎盛时期，有粮行200余户，从业者3000余人，其中经纪人达1000余人。这一时期，皖北、豫东粮食连年丰收，各地出售的粮食从各支流汇于淮河，再云集蚌埠。沿淮河大桥至宋家滩之间，常常停泊粮船上千只，平均日成交量达100多万公斤，粮业成为蚌埠商业的支柱行业。①

当时蚌埠商业十分繁盛，根据1934年的调查，蚌埠商业共计有45种，1451家（具体见表4-1）。

表4-1　　　　　　　　　1934年蚌埠商业情况

行业	数量（家）	行业	数量（家）	行业	数量（家）
盐业	56	粮业	62	转运业	95
银钱业	11	运商	45	糖纸	19
杂货业	54	铁货	13	浴业	14
粮坊	39	卷烟	34	酱园	20
国药	25	皮业	30	布业	31
煤炭	43	轮船业	7	窑货	18
旅业	56	树木	19	菜馆	48
市盐业	40	船行	26	绸布业	23
干鲜业	45	米业	66	烟行	21
织业	9	牲畜	8	游艺	2

① 蚌埠市志编纂委员会：《蚌埠市志》卷6《商贸》，方志出版社1995年版，第425页。

行业	数量（家）	行业	数量（家）	行业	数量（家）
汽车	25	航业	20	砖瓦	41
木器	28	时货	30	京广货	35
面行	11	面业	48	酒油业	49
竹木	22	胶皮车	50	军服业	50
茶麻	28	棉纱	7	油漆	25

资料来源：李絜非：《凤阳风土志》，《学风》1936年第6卷第4期。

蚌埠工业以电力、面粉、卷烟等工业为代表，初步形成了一定的规模。蚌埠电力工业的开始是从倪嗣冲督军公署用电照明开始的。1914年公署内安装一台容量为40千伏安的柴油发电机，1915年发电，实际输出功率为25千瓦，专供署内及附近高级军政官员照明之用，督军府的大门上端安装一盏100瓦的电灯，人们称为"穿马褂的开洋荤，将军府里挂电灯"。此即为蚌埠最早的电力工业。同年2月倪嗣冲亲信、凤阳关蚌埠分关总办唐少侯承领督军公署电灯厂，邀股集资在仁寿里建成私资民营光华电灯公司，并新装发电机发电，极少数市民开始用上电灯，路灯亦有18盏。公司首任经理吴岫云，聘德国人傅赫德为工程师。公司装机50千瓦，输电线路540米。旋因倪嗣冲感到署内供电不足，遂令蚌埠税务总办唐少侯创办蚌埠最早的电灯公司"光华电灯公司"，由安庆电厂厂长吴帕云任第一任经理，集资3000股共30万元，向上海慎昌洋行订购50千瓦发电机一套，在仁寿里东端建盖厂房，聘请德国人傅赫德任工程师。1919年2月正式发电，每晚供电6小时左右，日发电量约400度，职工人数20余人。1921年6月，光华电灯公司易名为"蚌埠耀淮电灯股份有限公司"，装机容量增加到100千瓦，职工人数发展到40余人。1924年，又购进250千瓦汽轮发电机一部，同时在2台锅炉内加装2套加热器，总容量达300千瓦。1933年春，顾松龄接任耀淮电灯公司经理。他针对用电、供电方面存在的问题，采取了取缔私灯、酌量停电、追收欠费、推行电度表等措施，公司效益日渐好转。同时，与用电大户如宝兴、信丰面粉厂合作，扩大业务量，并在新船塘建立新厂房，积极在临淮关、凤阳县、怀远县的发展电力业务。[①] 抗战时期，该公司被日本人控制。战争后期，柴油贫乏，电厂机器难以运转，其中两台发动机被日本人转为军用，此时蚌埠电厂装机容量仅为300千瓦。抗战胜利后，该公司改为"蚌埠电力厂"，购置500千瓦汽轮机组一套，于1947年2月装竣送电。致使蚌埠电厂装机容量为800千瓦，月发电量8500度，职工人数达130多人。[②]

信丰、宝兴面粉厂是蚌埠面粉行业的代表。两面粉厂坐落在新船塘，一方面可以利用淮河水运运来各地的小麦；另一方面离津浦铁路不远，还可以开通短程铁路入厂，保证原料和产品的陆上运输。[③] 信丰面粉厂是当时规模最大、设备最好、资金最为丰厚的工厂。1926年，该厂由私人集资开办，股东有四五十人，主要由朱幼岑负责，共筹集资金20万元，在新船塘附近购地10亩，后又续购3亩，从无锡请来建筑人员，包工包料，进行厂房建设。1927年，厂房落成，面粉机器安装完毕，开始投产。由于铁路只通到新船塘附近，运进小麦，运出面粉，均十分不便。第二年，信丰面粉厂又出资1万元铺设了一段铁路，火车可以一直开进厂内。至此，蚌埠信丰面粉厂，走上了正常生产的轨道。[④] 1928年，徐州宝兴面粉厂的老板杨树诚在蚌埠新船塘附近购地40余亩，从天津德商亚美洋行订购了日产7000袋面粉的机器设备，创建蚌埠宝兴面粉厂。1930年上半年，该厂第一期工程投产，日产面粉达6000袋，远远超过日产1000袋面粉的信丰面粉

---

① 顾松龄：《蚌埠耀淮电灯公司半年来整理之经过》，《电业季刊》1933年第2期。
② 张宗勋等：《蚌埠电厂史话》，蚌埠工商业联合会、蚌埠市政协文史办公室合编：《蚌埠工商史料》（蚌埠文史资料第9辑），安徽人民出版社1987年版，第125页。
③ 张晓芳：《蚌埠城市历史地理研究》，博士学位论文，复旦大学，2007年，第119页。
④ 奉三：《信丰面粉厂》，蚌埠工商业联合会、蚌埠市政协文史办公室合编：《蚌埠工商史料》（蚌埠文史资料第9辑），安徽人民出版社1987年版，第127—129页。

厂，一跃成为蚌埠最大的面粉厂。①

蚌埠的卷烟业十分发达。蚌埠靠近凤阳产烟区，原料运输方便。凤阳有种烟的历史传统，且规模很大，"近城一带，所产烟叶较他处为佳，七八月间，商贩云集，贫民资以佐食用之"②。入民国，英美烟草公司在凤阳推行烤烟种植，烤烟种植面积迅速扩大，民国八年（1919）该地烤烟总产量为7.88万担，占当年全国总产量的23.1%。③随着蚌埠人口的增长，卷烟消费市场形成。1925年，英美烟草公司的翻译范玉田，在蚌埠太平街买下一块地皮和50多间房屋，从上海购回两部"花旗"牌卷烟机和其他设备，办起了一家卷烟厂，也是蚌埠历史上最早的卷烟厂——大来卷烟厂。全厂130多人，生产"来富"牌香烟。因经营不善，陷于困境。宝兴面粉厂的老板杨树诚等募集股金，并对公司领导层进行改组，聘请精通卷烟业务的宁波人支起眉任经理，桂宝鼎为厂长，生产渐有起色，销售逐渐打开局面。这一时期，蚌埠的私烟个体户发展很快，到抗日战争前夕，手工烟个体户已发展到240多家。④

工商业的发展离不开金融业的支持。一批资本家、银行家将目光锁定在蚌埠这一新崛起的商埠上，银行、钱庄、银号等金融机构相继出现并发展起来。同时，金融业的兴起，也进一步促进蚌埠工商业的发展。1912年2月，中国银行总管理处成立后，即着手在蚌埠筹设分支机构。1914年1月正式开业，称汇兑所。这是民国时期蚌埠的首家银行。之后，交通银行、上海银行、江苏银行、金城银行安徽省总行等纷纷在蚌埠设立分行或办事处，积极开展金融业务（具体见表4-2）。

---

① 蚌埠市政协文史办公室编：《蚌埠文史资料选辑·杨树诚》（第10辑），1988年印刷，第30—38页。

② 光绪《凤阳府志》卷4《物产》。

③ 安徽省地方志编纂委员会：《安徽省志·烟草志》，方志出版社1998年版，第15页。

④ 刘学海：《蚌埠烟草业和东海烟厂》，政协蚌埠市委员会、蚌埠市志编纂委员会：《蚌埠古今》（第1辑）1982年印刷，第79—81页。

表 4 - 2　　　　　　　　　民国时期蚌埠金融机构情况

银行名称	地址	开设时间	分支机构	主要业务	备注
中国银行蚌埠支行	蚌埠二马路（今凤阳路）	1914 年 1 月	下设经一路办事处，1934 年在明光、临淮关、宿州、淮南等地设办事处	存放款、储蓄、通汇	1937 年停业，抗日战争后复业，1948 年关闭
交通银行蚌埠支行	中山街	1914 年 11 月	设淮南煤矿、田家庵两办事处	收取关税、汇解金库	1937 年停业，抗日战争后复业，1948 年关闭
上海商业储蓄银行蚌埠分行	在华昌街（后迁至经一路）	1915 年 5 月	下设明光、板浦、临淮关、正阳关等10 个分理处	押汇、盐业	1937 年停业，抗日战争后复业，1951 年公司合营
江苏银行蚌埠支行	华昌街	1915 年 5 月		存放款、汇兑	1937 年迁上海，未复设
金城银行蚌埠寄庄	经一路	1917 年 5 月	信贷、储蓄、信托、外汇等	一般商业银行信贷和储蓄、信托、仓库、外汇、盐业	1937 年撤离，1948 年短暂复业
安徽省银行总行		1920 年	下设芜湖、安庆两个分行		1937 年撤离，1948 年短暂复业
安徽省银行蚌埠分行		1936 年 5 月			抗战撤至金寨，1945 年 10 月回蚌，1948 年底关闭
中央银行蚌埠分行	二马路西	1929 年 2 月	下设徐州办事处	发行货币、金融管理和监督	兼营中央金库蚌埠支库

银行名称	地址	开设时间	分支机构	主要业务	备注
中国实业银行蚌埠支行	大马路	1925年		存放款、储蓄、信托等	1937年底停业
伪中央储备银行蚌埠分行	二马路	1941年5月		经营滁县、宿州等县税款与皖北货币发行	日本顾问有审定权
蚌埠市银行	兴平街	1945年8月			1947年改为官商合办，1948年底关闭

　　资料来源：根据蚌埠市志编纂委员会：《蚌埠市志》卷11《金融》，方志出版社1995年版，第663—664页记载整理制成。

　　据表4-2可以看出，民国初年蚌埠的银行金融机构设置较多，业务范围较广，能较好地为工商业服务，甚至一度安徽省银行总行也设在蚌埠，足见当时蚌埠的金融地位在全省的重要性。

　　民国前期，蚌埠的钱庄、银号有18家。1914年，宜丰银号在华昌街开业，为蚌埠第一家钱庄，后代理安徽省督军公署公库。之后，其他钱庄相继开设，主要有万泰长钱庄、万成钱庄、志成钱庄、巨昶银号、晋康钱庄、信昌钱庄、隆泰钱庄、裕民银号、德生隆钱庄、同和裕钱庄、德生祥钱庄、鼎康钱庄、恒裕钱庄、福生钱庄、皖北公益钱庄、同和泰钱庄、吕宝泰钱庄。这些钱庄以裕民银号的规模为大。该银号设于蚌埠经一路，1931年注册有资本10万银圆，是省内同行的佼佼者。沦陷时期，蚌埠一度成为伪安徽省政权的省会，钱庄、银号多达45家，是银钱业的鼎盛时期。钧和、福源、齐鲁、福诚等13家设在二马路上，豫源、祥生、宝诚、立乎、集生等10家钱庄设在老大街上，另外，分设在中山街、大马路、华昌街等地有22家。民国后期，钱庄、银号共有17家，其中，晋康钱庄规模较大，有员工 50 人，资金雄厚，经营灵活，1948 年存款量占全蚌钱庄存款总额的 65.3%。1948 年底，各钱庄、银号相继停业①。

（二）蚌埠城市的社会结构

蚌埠因铁路的拉动，城市规模快速提升，工商业的发展必然需要大量劳动力，刺激了农村劳动力向城市聚集，从而促进城市发展。蚌埠快速崛起，又进一步吸引周边破产农民进城，为其发展提供了劳动力的保障。这是一个双向互动的过程。而铁路对蚌埠社会结构的影响主要体现在人口的快速集聚和工人组织的建立。

1909 年，津浦铁路淮河大桥修建，一时云集 2 万多民工和工程人员。铁路通车后，大部分人定居于此，成为蚌埠城市早期的市民。此后，蚌埠人口基本上呈增长趋势，且增速较快。皖北是灾荒易发地区，特别是淮河泛滥，致使众多的农民逃荒到蚌埠，如1931 年淮河水患严重，皖北阜阳、蒙城、宿州等地灾民涌入蚌埠求生多达 7 万人。水灾过后，许多人留下来。这为蚌埠城市发展增加了廉价的劳动力。根据 1933 年的调查，蚌埠市人口为 96543 人，其中外省人口占有一定的比重，以周边省份如山东、江苏、河南居多（具体见表 4 - 3）。

表 4 - 3　　　　　　　1933 年蚌埠市人口分省统计

省份	人口数（人）	省份	人口数（人）
安徽	54234	山东	13100
山西	186	河南	8368
河北	4367	江苏	13172
江西	408	浙江	540
湖南	500	湖北	1455
云南	101	贵州	2

---

① 蚌埠市志编纂委员会：《蚌埠市志》卷 11《金融》，方志出版社 1995 年版，第665 页。

续表

省份	人口数（人）	省份	人口数（人）
四川	15	广东	89
福建	7	辽宁	20
甘肃	4		

资料来源：李絜非：《凤阳风土志》，《学风》1936年第6卷第4期。

随着蚌埠工业初步发展，工人数量增加，工会组织相继成立。据1933年统计，蚌埠工人有2万多人，有工会组织23家，登记工人为9238人（具体见表4-4）。通过此表，可以看出当时蚌埠工业发展的一些具体情况。

表4-4　　　　　　1933年蚌埠工人分行业统计

行业	工人数（人）	行业	工人数（人）
卷烟业	347	厨业	192
地毯业	216	五金业	1200
盐粮行	610	理发业	800
煤运业	583	刨烟业	240
制药业	160	建筑业	1200
水力	375	屠宰业	330
运输业	322	木业	467
斗制业	81	盐驳	264
搬运业	520	转运业	225
轮业	384	成衣工	320

资料来源：李絜非：《凤阳风土志》，《学风》1936年第6卷第4期。

注：浴业、旅馆业、电机、人力车夫、砖瓦窑工、土制卷烟工人、挑水夫、织布工人、油漆工人、汽车工人以及宝兴、信丰面粉厂的工人，因工会未成立，没在统计之列，这些工人数量接近万人，加上统计在册的工人估计全市有工人2万多人。

到20世纪30年代中期，蚌埠人口已居安徽省第三位，仅次于芜湖（17 万人）和安庆（13 万人）。[①] 1938 年，蚌埠沦陷，飞机的轰炸，机关、工厂的内迁，居民大量的逃散，致使蚌埠人口明显下降。随着抗日战争的胜利，蚌埠人口快速增长，超过了 20 万人，之后，因内战原因人口有所下降，至 1949 年，人口数字达到空前（具体见表 4－5）。从津浦铁路通车到 1949 年蚌埠解放，在短短的30 多年时间里，蚌埠迅速跻身于安徽大城市之列，这足见津浦铁路对于蚌埠城市社会结构变化所产生的重要影响。

表 4－5　　　　　　　　蚌埠城市人口发展情况

年份	户数（户）	人口数（人）
1928	19755	80499
1933	23389	96543
1934	25120	105237
1935	—	105183
1936	26917	111718
1937	26743	114385
1940	20024	85785
1941	20893	92878
1943	20537	91520
1946	41565	226690
1947	44120	200743
1949	—	231057

资料来源：《安徽省二十三年度年鉴》1934 年第 54 页；李絜非：《凤阳风土志》，《学风》1936 年第 6 卷第 4 期；蚌埠市志编纂委员会：《蚌埠市志》卷 2《人口》，方志出版社 1995 年版，第 98—99 页。

（三）蚌埠城市的地域结构

城市地域结构，又称城市空间结构，是指城市各功能区的地理

[①] 谢国兴：《中国现代化的区域研究——安徽省（1860—1937）》，（台北）"中央研究院"近代史研究所 1991 年版，第 517 页。

位置及其分布特征的组合关系，是在城市交通体系作用下城市中心区、居住区、工业区、商业区的相对集中的分布。严格地说民国时期的蚌埠并未形成真正的功能社区，即工业区、商业区和住宅区。各区形态还具有早期城市的特征，即工业与商店、住宅混在一起，尚未自成一区。尽管如此，企业、商业及住宅的分布在此期也呈现出聚集的趋势，而且出现了各区的早期雏形。①

1913年7月22日，袁世凯任命倪嗣冲为皖北镇守使兼领皖北观察使，27日又任倪为安徽都督兼署民政长。1913年秋，倪嗣冲受袁世凯密令，将其军队驻扎沿淮一带。为便于在蚌督皖，在铁路东先购王姓地40余亩，后购高姓地30亩，分别建都督府及皖北镇守使署，翌年建成。同时于小南山一带设立营房、讲武堂、长江巡阅使公署、炮兵学校。这样就建成"将军府"（后改为安徽督军公署）、阅兵场、皖北镇守使署等军政机关，从而形成军政区。"蚌埠者，绾毂津浦铁道，为南北之要冲。自公（倪嗣冲）移节之后，遂成重镇。"② 由此可见铁路对于蚌埠城市地域结构的影响。

民国元年（1912），蚌埠即有警察署，系凤阳县管辖。随着蚌埠政治地位的提升，政务、商务往来增多，人事日趋复杂，对蚌埠的管理已非一般警察署所能胜任，于是，民国三年（1914）6月，倪嗣冲向内务部要求在蚌埠改设警察专局，蚌埠警察专局隶属淮泗道尹指挥监督，职权因之提高，可直接处理全镇的一切民事、刑事案件。此外，专局内部设有总务、行政、司法科和勤务警察处、捐物处以及消防队，从多方面对蚌埠进城市管理。当时蚌埠划分3个治安区，市东部为第一区，市中部为第二区，市西部为第三区。1921年，蚌埠建立警察厅，将蚌埠划为5个区：自火车站至国安街口为第一区，从国安街西至华昌街为第二区，华昌街以西的二马路及中兴街、中正街一带为第三区，自天桥向西南，包含中荣街、华丰街、中和街、华利街一带为第四区，市西南部为第五区。1947

---

① 张晓芳：《蚌埠城市历史地理研究》，博士学位论文，复旦大学，2007年，第93页。
② 柯劭忞撰：《安武上将军、勋一位、长江巡阅使、安徽督军兼省长倪公家传》，李良玉等：《倪嗣冲年谱》，黄山书社2010年版，第287页。

年，蚌埠设市，根据市政筹备处的规划，设东安、国庆、中山、西市、小蚌埠5个区。① 具体见图4-1。

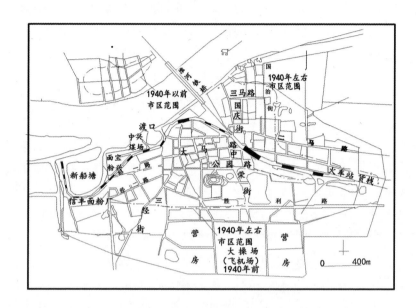

图4-1　1949年蚌埠城市范围②

民国时期，蚌埠的城市建设得到了相应的发展。1916年，新增大马路、华盛街、国庆街、国富街、国治街、国强路等街道，头道街更名华昌街，二道街更名二马路。1918年春，铁路部门又在八亩园（私人花园）附近购地40余亩建大马路天桥，桥面为钢木结构，全长17.35米，宽6米，桥下净空5.15米，载重负荷8吨。桥两端与路面成S形衔接③，为全国第一座公铁市政立交桥。蚌埠商业繁华地段是二马路、头道街、二道街等，商铺林立，街道较

———————

　①　蚌埠市地方志编纂委员会：《蚌埠市志》卷1《地理》，方志出版社1995年版，第66页。

　②　此图根据阮仪三：《旧城新录》，同济大学出版社1988年版，第85页地图改绘而成。

　③　蚌埠市地方志编纂委员会：《蚌埠市志·蚌埠大事记》，方志出版社1995年版，第14—15页。

窄，"焉不意本月十一号上午十时忽然起大火，时又春风甚烈，以至锦绣灿烂方兴未艾之商埠，顷刻间化为乌有，而今身历其境，瓦砾遍地，灰烬尚燃，满目凄凉，如入无人之境"①。火灾虽然使蚌埠商业惨遭损失，但是也为蚌埠市政建设提升了水平，从而城市发展获得"新生"。从如下史料记载可以得出这样的结论。

　　蚌埠地处津浦南北之通衢，为皖北土货出运之要道，兼之去秋又获丰收，南北客商咸来采办，春季市面尚称发达。讵意4月11日忽遭回禄，全埠精华，损失大半，市面残缺，不堪言状，商业停滞多日，正在转苏恢复之中。而沪津罢市风潮旋起，市面顿受影响，又呆滞多日。现军政机关设立火灾善后局，向各银行贷借巨款维持市面，被灾商户因得纷纷重新建筑，为卷土重来之计。而他处挟有资本之商家，乘机来埠经营各业者，亦接踵而至。倘经此次扩张，市面踊跃更胜于前，则塞翁失马，未始非福耳。②

为满足日益增多的政务、商务活动的需要，1915年，安徽电政管理局在蚌埠升平街设立电报局，线路南通南京，北达宿县，多为军政机关和金融工商界者使用。1922年，电报局内附设电话局。同时，西式医院、西药商店和教堂也先后在蚌出现。蚌埠的城市建设日益完善。

（四）蚌埠城市的外部形态

交通的发展促进了城市空间扩展并改变城市外部形态，是城市空间扩展的牵动力，对城市空间扩展具有指向性作用。铁路对蚌埠城市外部形态的影响也极为明显。1912年之前，蚌埠集市贸易以淮河北岸的小蚌埠为主。1912年，津浦铁路淮河大桥建成通车，车站设在淮河南岸，蚌埠城市也在淮河南岸迅速崛起。蚌埠城市外

---

①　《安徽蚌埠大火记详》，《申报》1919年4月17日。
②　《各地商况·蚌埠》，《中国银行通信》1919年第48期。

部形态呈东西长、南北窄的形状，这主要是蚌埠在城市发展过程中，实现了铁路与淮河水运的结合所致。正如当时杂志所云："这'小上海'（蚌埠）是沿着淮河南岸筑起来的，形成了相对整齐的长方形。津浦路的穿过，正如上海的苏州河一样，把这个小小的都市分成两瓣。主要的街道就是和淮河平行的大马路和二马路。"①

为了发挥铁路运输的优势，实现水陆联运，蚌埠港口建设颇有成效。1912 年，在津浦铁路淮河铁路桥西南方向，即铁路桥上游 200 米处的淮河南岸开挖出了面积为 1.8 万平方米的船塘，时称老船塘，供船只停泊使用。由于水运业的兴盛，抵蚌装卸货物的船舶日多，而老船塘面积有限，不敷众多船舶停靠。因此在 1919 年又耗资 72 万银元，在老船塘上游不远处开挖了水域面积为 16 万平方米的新船塘，至 1923 年竣工。新旧船塘周边形成了蚌埠的码头港区，即从早期蚌埠老大街北首，沿顺河街向西的大通码头，经老船塘渡口西侧中兴码头、亚细亚码头，继续延伸到新船塘一带（具体见图 4-2）。船塘附近有铁路支线将船塘沿岸众多仓库连接起来，便于商品转运。当时的杂志对此记载："津浦路在此设一等车站，并掘西船塘以为淮河上下游往来船只停泊之所，塘以南有津浦路岔道，有此船塘，则凡水陆运输装卸货物，均异常便利。"② 沿船塘的淮河南岸日益成为商业活动中心，也是转运业集中区域。转运业成立有转运公会，会所设于蚌埠兴平街转角处。建于 1918 年的"公记堆栈"，是当时省内最大的专营性仓库，"专代运商堆存货物及介绍银行押款，栈所设于新塘附近，有铁路枝道直通内部"③。当时蚌埠的转运业兴盛一时，较好地将水陆联运的优势发挥出来。铁路对于蚌埠城市外部形态产生深远的影响。

---

① 翰孙：《三十年前一渔村》，《青年中国》1936 年第 13—14 期。
② 李絜非：《凤阳风土志》，《学风》1936 年第 6 卷第 4 期。
③ 《安徽蚌埠转运公司之近况》，《中外经济周刊》1926 年第 189 期。

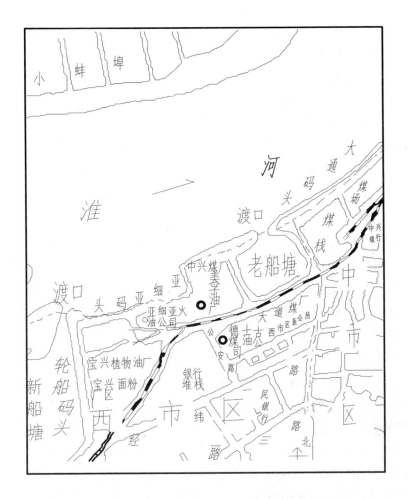

图4-2 民国时期蚌埠码头港区

注：此图根据张晓芳的《蚌埠城市历史地理研究》，博士学位论文，复旦大学，2007年，第95页地图改绘而成。

蚌埠城市因铁路而兴，是先有铁路而后有市区，铁路将市区分割成东西两部分，市内街道多与铁路平行。随着两个船塘的开挖，以及众多铁路支线的修筑，沿淮河的工商业区形成，城市由最初沿铁路扩张转变为沿铁路、淮河向外扩张，发展为块状的城市外部形态。

三 对蚌埠崛起原因的探讨

新式交通兴起，特别是铁路的修建，使蚌埠由一个名不见经传的渔村迅速发展成为皖北地区的交通与商业中心。在探究其崛起原因时，毫无疑问地将铁路的拉动列为首位，除此之外，政治因素和自开商埠所起的作用也不可低估。

（一）新式交通的拉动

明清以来，蚌埠虽得淮河水运的便利，但其并没有成为淮河岸边有影响的商贸集镇。当时淮河岸边已经形成以正阳关、临淮关为中心的商品集散地，单纯的传统水运条件难以拉动蚌埠发展。1912年，津浦铁路建成通车，"津浦铁路的南段，与淮河在蚌埠相交，通车后淮河民船及汽船所运货物至蚌埠舍舟登陆，改由津浦路南运"[①]。铁路将大量货物吸引至铁路沿线，冲击了淮河水运的主导地位，"货运大半舍河道而改由铁路。淮河在运输上的价值减少到只是对铁路起些辅助作用而已"[②]。蚌埠正是居于津浦铁路与淮河的交汇处，新式交通以其强劲的动力，推动蚌埠迅速崛起，使之一跃成为皖北商业重镇和淮河流域中心市场。正如时人撰文写道："津浦铁路和淮河的交点便很幸运的落在这个三数人家的蚌埠村了，经过短短三二十年的生命，蚌埠已由三数人家的乡村，变为十万人口的大都市，成了皖北商业的唯一中心。"[③]

（二）政治因素的推动

关于蚌埠崛起过程中的政治因素，马陵合教授对此进行过研究。他认为若用铁路因素去解释蚌埠兴起原因，并不充分。实际上，蚌埠的发展与民国初年倪嗣冲将其作为自己政治军事基地这种政治性因素有关。尽管这种因素在蚌埠城市形成与发展中与铁路的作用相

---

① 谢国兴：《中国现代化的区域研究——安徽省（1860—1937）》，（台北）"中央研究院"近代史研究所1991年版，第302页。

② 宓汝成：《帝国主义与中国铁路（1847—1949）》，上海人民出版社1980年版，第599页。

③ 翰孙：《三十年前一渔村》，《青年中国》1936年第13—14期。

较，影响力有限，但是，从一定程度而言，有助于蚌埠在短期内成为区域经济中心。若仅是一个交通沿线城镇，蚌埠难以在短期成为皖北地区的经济中心。行政推动力是不容忽视的城市化因素。[①] 蚌埠成为皖北盐粮集散地，很大程度上有政治因素的推力。1914 年，倪嗣冲将原设于宿县的皖北盐务局迁至蚌埠，并设阜安盐栈，规定"皖北盐商必须携货来蚌纳税、定价，由阜安盐栈转运"[②]。倪嗣冲还在蚌埠设立淮盐工务处和官盐店，使蚌埠的盐业中心的地位更为巩固。同时，倪嗣冲将原在正阳关设置的凤阳关署移至蚌埠，下设蚌埠、明光等 7 个分关，唐少侯为总办，对过往货物征税。这一时期的食盐交易还夹杂着粮食交易，一般而言，淮河上游的粮商，舟运粮食土产来蚌，售出后再购盐回返；淮河下游的盐商，则来时带盐，返回时带粮，盐粮一并交易。蚌埠的盐粮市场就此形成。另外，兴挖船塘，改善蚌埠的航运条件，更好地实现水陆联运，也是政治力量的推动。蚌埠的老船塘开挖于 1912 年，水域面积 1.8 万平方米，因船舶过多，不敷使用。1919 年，凤阳关监督倪道烺、总办唐少侯，承倪嗣冲之命圈占席家沟等地农田 800 亩，开挖新船塘，至 1923 年完竣，历时 5 年，耗资 72 万银圆。淮河边上的一号码头也铺了铁路，上车卸船均很方便。新老船塘的修建，将淮河水运与铁路连接起来，便于货物装卸，商品流通更为通畅。

（三）自开商埠的促动

津浦铁路通车给蚌埠城市发展提供了千载难逢的历史机遇，地方绅商感到有进一步开放的必要，他们纷纷吁请自开蚌埠为商埠。1923 年，安徽督军马联甲在蚌埠筹备自行开埠，任命程沅泉为商埠局督办。程赴任后，即以淮泗道尹办公处为临时局所，着手组织。次年 9 月 1 日蚌埠正式开埠。蚌埠商埠局还成立商埠警察署，职权归属于警察厅，同时也受商埠督办节制；划定商埠新区，拟向

---

① 马陵合：《倪嗣冲与蚌埠：关于区域性经济中心形成中政治因素的思考》，李良玉等：《倪嗣冲与北洋军阀》，黄山书社 2012 年版，第 110—111 页。

② 蚌埠市地方志编纂委员会编：《蚌埠市志》卷 6《商贸》，方志出版社 1995 年版，第 427 页。

南部发展，因蚌埠地势，北有淮河，西有席家沟，东有车站，仅向南一隅可以扩充。蚌埠自开商埠，扩大了城市发展空间，城市市政建设发展较快。同年，蚌埠通俗教育馆建立，内设图书、讲演两部。1925 年，蚌埠清洁队成立，招雇清道夫，清扫街道，并配有两辆马车拉水，用于道路洒水。① 蚌埠自开商埠，极大地促进蚌埠商业发展，进一步巩固了蚌埠作为皖北交通与商业中心的地位。

第二节　淮南铁路与淮南城市的成长

淮南城市兴起的主要有两个方面的动力：一是煤炭资源的开发；二是铁路的修筑。煤炭资源的开发使人口快速集聚，大通、九龙岗等居民点形成，奠定了发展的基础；因煤炭外运，修筑铁路，将大通、九龙岗与淮河岸边的田家庵连接起来，构建起淮南城市的基本框架。虽然民国时期淮南未曾设市，但凭借其煤炭资源的重要性，淮南设市已是大势所趋。1949 年 2 月，中共华东局决定，以淮南矿区为中心，划出怀远、凤台、寿县各一部分，成立皖北淮南煤矿特别区。1950 年 9 月，淮南煤矿特别区撤销，成立县级淮南市。1952 年 6 月，经政务院批准，淮南市由县级市改设为省辖地级市。从此，淮南成为省辖市的行政建制延续至今，成为皖北地区重要的能源基地。

一　铁路修建与淮南城市基本框架的形成

（一）煤炭开发与居民点的形成

淮南城市因煤而兴，缘煤而建，煤炭资源的开发是淮南城市近代化的原动力。② 淮南煤炭资源的开发利用较为悠久，可上溯至宋元时期。据史书记载，淮南的上窑山、舜耕山、洞山一带，储煤甚

---

① 蚌埠市地方志编纂委员会：《蚌埠市志·蚌埠大事记》，方志出版社 1995 年版，第 17—18 页。

② 李松等：《民国时期淮南城市近代化的动力及特点》，《安徽省淮河文化研究会首届学术研讨会文集》2012 年 12 月。

丰，百姓开掘土窑，采煤取暖、煮饭、制造农具。淮南煤炭成规模开采始于清末。1897 年，寿州统领徐吉忠率人到大通开办官窑，雇工 300 多人，年产煤 1400 吨，后因土法开采，缺乏技术设备，难以将井下水排出，被迫停工。1903 年，戴锦章率人到大通办矿，招募原有窑工进行排水，终因水大无计可施，于两年后停办。1904 年，孙家鼐奏请在安徽设立矿务机构获准，由道员袁大化主其事，筹办皖省矿务。但此时清廷大厦将倾，官员敷衍塞责，淮南煤炭开发未能跳出土窑的窠臼，既无大的发展，亦无正式名称。[①]

　　商办大通煤矿。1907 年，清廷批准《大清矿务章程》，并颁布实施。1909 年，萧县官僚地主段书云、怀远富商林文瑞等人集资5000 两白银，又购置土地 16.98 亩作为矿场，并向清政府农工商部申请开矿执照。经该部矿政调查局核准，于 1911 年 2 月 15 日由安徽劝业道发给部颁〔皖〕字第 4 号勘矿执照。于是，怀远县大通煤矿有限公司成立。该公司聘请山东中兴煤矿矿师田贯武携 400 余名技术工人来大通开矿。当时共有工人 600 多人，开挖 3 个井口，架起辘轳用牛皮包打水，用藤筐装煤，井深十几丈，煤层甚厚，年产煤 2700 多吨。1911 年底，因辛亥革命战事影响，只得暂停开采。1912 年，南北议和，政局趋于稳定。在皖督孙毓筠的支持下，排除淮上军司令张汇涛等人没收矿产的干扰，恢复了公司的权益，换领了新执照。股东有黄柏雨、段所庵、段书云、牛维栋、牛维梁、鲍礼亭、窦价人、刘柏森、张云生、林文瑞等 10 人，签订了合作合同书，筹集新股银圆 6000 元。经过细致勘查，1915 年 2 月，公司得到北洋政府农商部的批准，领取了采矿执照。此时开采规模仍难以扩大，年产煤仅万余吨。经过林文瑞胞弟林赓臣在江南地区的游说，吸引了江浙沪一带民族资本家的投资。该公司有股东 25家，额定资金 100 万元，先期招股 40 万元，重新定名为商办大通煤矿股份有限公司，总公司设于上海英租界，在蚌埠设有总批发所

---

　　① 孔凯等：《淮南煤矿简史（1909—1949）》，《安徽文史资料全书·淮南卷》，安徽人民出版社 2007 年版，第 386—387 页。

和转运站。据当时杂志记载："计资本收足一百万元，办理业已五年，已得深厚煤层，成绩尚佳，惟煤之种类为烟煤，售价不能与中兴、贾汪等公司之产品相比。闻现在蚌埠中兴煤矿公司之每吨售价十三元余，大通公司之每吨价仅九元七角，相去至三元数角，且销路上因布置分销未备，亦未能多，故该公司采掘态度每酌量需货数目以增减工人，今岁之工人数目，闻为三百数十人。"[①] 技术力量的缺乏，严重制约大通煤矿的发展。大通公司股东决定邀请实力雄厚的山东中兴公司投资合办。经过协商，1920 年 9 月签订《合办舜耕山煤矿合同》。但是，在接下来的两年里，在探矿、生产、经营等方面并没有取得明显效果，1922 年 3 月按合同停止了合办，撤回人员、设备等，此时大通煤矿陷入难以维持的地步。

　　1923 年 5 月，经过股东的商议，决定组织大通煤矿保记矿务实业有限公司，以向总公司租赁的形式，签订合同，接办大通煤矿。在公司董事长韩芸根、经理夏履平的努力下，在保记公司经营的六七年间，虽军阀混战，政局不稳，但大通煤矿发展很快，规模也逐渐扩大。当时有职工 1300 多人，最高日产量达 500 吨，为解决运煤困难，自购小火轮 2 艘，大木船 7 艘，煤炭从淮河水运至蚌埠，再经铁路南运。为扩大销售，公司在省内外广设煤场，如田家庵、蚌埠、怀远、亳州、太和、无锡等地均有保记公司的售煤厂。[②] 保记公司承办期满后，保记公司和大通公司于 1929 年 9 月合并成立华商大通煤矿股份有限公司。1933 年，该公司聘请青年工程师王德滋为大通煤矿总工程师。他对 1 号井进行全面维修，使大通煤矿日产量又可以达到 500 吨。同时，有开发 2 号井，安装 180 千瓦发动机，井下开始有电灯照明，电力抽、排水。到 1936 年，大通煤矿日产量可达 1000 吨。从华商公司成立到煤矿被日军侵占，无论资金总额、矿区面积、生产设备、产销数额等方面，都有较大幅度的增长，资金额由 140 万

---

　　① 《安徽怀远县之煤矿》，《中外经济周刊》1926 年第 182 期。
　　② 孔凯等：《淮南煤矿简史（1909—1949）》，《安徽文史资料全书·淮南卷》，安徽人民出版社 2007 年版，第 388—389 页。

元增至 200 万元，矿山面积由 330 多公顷增至 610 多公顷。① 从 1931 年到 1937 年，大通煤矿共产煤 157.47 万吨。②

官办淮南煤矿。1928 年，张静江出任建设委员会委员长职务。他提倡国煤供给南京及长江各城市，保障首都及长江地区的能源供应，于是筹备开发淮南煤矿。1929 年，据建设委员会聘请的德国顾问凯伯尔的调查报告称，"确信其有之煤藏为 7200 万吨"，后经中央研究院叶良辅、喻德渊的调查，认定"本矿至少有 5000 万吨之煤量可供开采"③。同年春，张静江派唐景洲等人到淮南做开发的前期准备工作，建设委员会很快取得了商办大通矿区以东、以西、以北舜耕山矿区的使用权。规划出九龙岗、洞山、长山、上窑、新城口五个矿区，面积共计 22 平方公里。1930 年初，张静江派张仁农到淮南，开展具体办矿工作，在九龙岗购地 800 亩作为矿场和办公设施用地。同年 3 月 27 日，建设委员会淮南煤矿局正式挂牌成立。4 月，九龙岗 1、2 号井开工，6 月，3、4 号井开工。10 月，各井开始出煤，日产煤 200 吨。九龙岗煤矿采用现代化手段采煤，购置有锅炉、机电设备、运输工具等配套设施，地面上有木质井架、钢铁天轮、汽绞车提升罐笼，井下有排水泵、运输翻斗车，从英国购进安全电灯 100 盏，油安全灯 1200 盏。同时，建立一座修理厂，修理矿山各种机器。至 1933 年底，该矿日产煤已达 536 吨。④ 随着淮南铁路的通车，煤炭外运畅通，销量增加，淮南煤矿产量也大幅提高，日产煤 2000 吨。

1937 年 10 月 26 日，国民政府建设委员会将淮南煤矿股本卖给了隶属宋子文财团的中国建设银公司，改称淮南矿路股份有限公司，统一经营煤炭和铁路。1938 年 6 月 4 日，日本军队占领淮南矿区，同时

---

① 孔凯等：《淮南煤矿简史（1909—1949）》，《安徽文史资料全书·淮南卷》，安徽人民出版社 2007 年版，第 390 页。

② 大通机厂厂志办公室：《大通煤矿始末》，淮南地方志办公室编：《淮南方志》1988 年第 2 期。

③ 《建设委员会淮南煤矿及铁路事业报告》，《北洋理工季刊》1935 年第 3 卷第 4 期。

④ 孔凯等：《淮南煤矿简史（1909—1949）》，《安徽文史资料全书·淮南卷》，安徽人民出版社 2007 年版，第 391—392 页。

接管大通煤矿和淮南煤矿，对两矿实行"军管"。在矿区设立矿业所，直接负责煤矿的生产和管理，进行掠夺性开采。1945年9月日本战败投降，由于两矿在日军占领时期一直合并经营，很难再行分开，只能一并接收。故此两矿合并已呈水到渠成之势。从1946年开始，两公司经过一年多的反复磋商，终于达成合并协议，并于1947年12月26日在上海召开联席股东会议，宣布正式合并。同年，八公山煤矿正式投产。到1948年底，淮南矿路公司煤矿的生产能力有了大幅度的提高，月产量超过12万吨，年产量已远远超出战前的最高水平。①

淮南官商两矿同时开始规模经营，标志着淮南煤炭大规模、持续的工业开采局面形成。民国十九年（1930）在淮南历史上具有里程碑意义，标志着现代"淮南"的开始。② 自1909年，随着大通煤矿的发展，大通矿区出现了居民点，商业集镇逐步形成。九龙岗矿区因开发起点高，人口集聚很快，大小机构不断设置，房屋建筑增多；多种货栈、饭馆、猪市牛行、烟行粮站、条编山陶等商业，如雨后春笋般出现。根据当时情况，淮南煤矿局及时设立街市，在九龙岗大庙附近建成东西南北十字街，修筑南门、北门、东门城围，远近几十里的农民都来赶集做买卖。③ 到1936年，九龙岗"则熙熙攘攘，已呈市镇之雏形焉，人口约一万一千余人"④。九龙岗新镇初具规模。

（二）铁路修建与淮南城市基本框架的初成

民国时期，大通、九龙岗、田家庵被称为"淮南三镇"，它们是淮南城市最初的基本组成部分。大通、九龙岗因煤炭开发，迅速兴起，田家庵的兴起则因其成为煤炭外运的码头。淮南三镇之间正

① 李松：《民国时期煤炭资源开发与淮南城市近代化》，《安徽广播电视大学学报》2012年第1期。
② 淮南市地方志编纂委员会编：《淮南市志·概述》，黄山书社1998年版，第3页。
③ 章稼煦、郑绍周：《九龙岗煤矿始末》，政协大通区文史资料研究会编：《洛涧古今》1990年6月印刷，第18页。
④ 淮南煤矿局：《淮南煤矿六周年纪念特刊》，1936年，全宗号100，目录号1，案卷号1，第102页，淮南市档案馆藏。转引自李松等《民国时期淮南城市近代化的动力及特点》，《安徽省淮河文化研究会首届学术研讨会文集》2012年12月。

是由于铁路的修建，才使得淮南真正意义上具备城市的框架。

1912 年，大通煤矿出煤。当地居民习惯用柴草做燃料，农村销煤不多，必须向外地推销。经当地人倪聚之设计，购用 2 丈宽 10 里长的地皮，铺设一条从矿区通往淮河岸边的路基，以便由水路运煤至蚌埠销售。这条路基的终点是淮河南岸一个渡口，附近有一田姓夫妇在此摆渡为生，搭有一间茅庵，后遂名此地为田家庵，这大概就是田家庵的由来。[①] 路基铺成，开始运煤，用骡马驮，用人推大车运。田家庵搭起十余间草屋，作为煤炭的堆栈；成为下厂，河边有运煤的帆船，由煤栈装煤上船，经淮河运往蚌埠，再行销售。不久，煤矿又购置铁轨和铁路推车，沿路基铺设，由马拉煤车。虽无机动车辆，劳动强度下降，运煤效率也明显提高。过往的工人、行人、生意人多了起来，附近的豪绅、村民陆续在码头附近盖起小饭店、客栈，摆起地摊，使田家庵初步有了集镇的雏形。[②]

1931 年，九龙岗煤矿开始出煤。为把煤炭运出销售，淮南煤矿局动工修建九龙岗至洛河的铁路。同年 9 月通车。这条简易铁路的轨距为 800 毫米，用柴油小火车牵引七八节运煤车，每车装 10 吨，一趟运煤不足百吨。由于洛河一带地势低洼，水患难免，铁路经常被淹。位于洛河西北六七公里处的田家庵，则地势较高，作为煤运码头显得更为合适。1933 年，淮南矿局修筑了九龙岗至大通的小铁路，接通了大通至田家庵，并修建了田家庵火车站。同时，又修建洞山至大通的小铁路。这样，小铁路把九龙岗、大通、洞山、田家庵连接起来，九龙岗、大通、洞山的煤，由铁路运至田家庵，再转运蚌埠销售。1936 年，淮南铁路建成，田家庵成为淮南铁路的起点。淮南铁路将矿区完全连接为一个整体。田家庵由此崛起，取代了原来商业繁荣的洛河。1918 年，怀远县政府设立田家庵乡，1940 年，始设田家庵镇。到 1949 年，田家庵面积超过 1.5

---

① 程华亭：《我所知道淮南煤矿的缘起》，《淮南近现代经济史料》（淮南文史资料第 7 辑）1987 年印刷，第 6—7 页。

② 周士元：《田家庵的变迁》，《安徽文史资料全书·淮南卷》，安徽人民出版社 2007 年版，第 687—688 页。

平方公里，人口达到 1 万人，主要街道有 9 条（具体见表 4 - 6）。[①]

表 4 - 6　　　　　新中国成立前田家庵的主要街道情况

路名	起止点	长度	路况	备注
经一路（现港口一路）	北起淮河岸，南至现在的淮建路	615 米	宽 10 米，土路	始建于 1934 年
经二路（现港口二路）	北起淮河岸，南至现在的淮建路	640 米	路宽由 3 米扩至 6 米，再至 8 米	1917 年始修，1934 年、1948 年两次延展
经三路（现在的淮舜路北段）	北起淮河岸，向南穿过东升街、纬二路，至信宜路	550 米	宽 20 米，土路	1938 年始建
纬一路	西起滨河路，向东穿过经一路、经二路至太平街	365 米	宽 4 米，土路	1908 年始建，1938 年延伸至滨河路
纬二路（现淮河路）	东起田家庵火车站，西至经一路	790 米	宽 14—17 米不等，土路	1934 年始建，1938 年曾铺炉渣
中心街	东起太平街，向西穿过经二路、经一路，至河滨路	185 米	宽 4—5 米	1934 年始建，1940 年延展至河滨路
东升街	西起太平街，向东穿过经三路，至小铁路	253 米	宽 7 米，土路	1934 年起，渐成街坊
太平街	北起纬一路，南至纬二路	326 米	宽 3—4 米，土路	1909 年始有土路，1937 年渐成街坊
西平街	西起经一路，向东穿过经二路至太平街	80 米	土路	1937 年渐成街坊

资料来源：汪井泉：《建国前田家庵的主要街道》，淮南地方志办公室编：《淮南方志》1988 年第 3 期。

---

① 汪井泉：《建国前田家庵的主要街道》，淮南地方志办公室编：《淮南方志》1988 年第 3 期。

二　矿路结合主导淮南城市形态的演变

淮南城市的近代化始自淮南煤矿的规模开发，其城市发展明显打上了煤炭经济的烙印。但铁路对于淮南城市形态的演变产生的作用也是不能低估的。与淮南煤炭开发和铁路修筑相伴而生的是工业发展、人口快速增长、商业繁荣以及城市空间的拓展，从而构成近代淮南城镇的基本形态。

淮南煤炭资源的开发，带动淮南工业的发展。淮南的工业是从电力工业开始的。1930 年，国民政府建设委员会在九龙岗开矿，创立发电厂，先后安装蒸汽发动机三台，发电总容量为 608 千瓦。1935 年在大通商办煤矿安装两台 190 千瓦的蒸汽发电机。到 1937 年，淮南发电总容量为 988 千瓦，主要供煤矿通风和照明用电。日本侵占淮南煤矿后，为掠夺更多的煤炭资源，1941 年 9 月，在下窑（今田家庵）建立下窑发电厂。1944 年又建成下窑第二发电所。抗日战争胜利后，淮南煤矿和电厂被宋子文财团的建设银公司接管。1947 年 7 月，在下窑建立第三发电所。发电厂发电除了供应煤矿使用外，还供应其他工厂和市民用电。1947 年底，淮南面粉厂建成投产，有淮南电厂派技术人员负责架设 3300 伏单独供电线路一条，成为当时除煤矿外用电最多的电力用户。1948 年上半年，向田家庵商办淮上烟厂供电，架设 380 伏线路一条，成为第二家电力用户。为繁荣市面，福利商民，1946 年由商会出面成立淮光电力供应社，承包居民照明用电。据 1947 年 8 月统计，淮南三镇电灯 1500 盏，普遍设立可达 2500 盏，路灯电杆 37 根，路线总长 3962 米。该社于 1949 年 10 月移交淮南电厂，同时设立淮南电厂营业科，下设田家庵、大通、九龙岗用电营业站。1948 年底统计，淮南矿区 2.2 万伏高压输电线路三条，共计 37056 米；3300 伏高压输电线路两条，共计 9096 米，设有电厂、大通、西矿、蔡家岗和八公山 5 个变电站，共有升压变压器 5 台，及 8500 千伏安，送电能力为 7720 千伏安；有降压变压器 11 台，计 7500 千伏安。实际地理负荷平均在 1679 千瓦，最高 3200 千瓦。1948 年全年发电量

1473 万度，是新中国成立前的最高纪录。①

随着淮南煤矿的建成投产和铁路的通行，为了适应煤矿机械和铁路机车维修的需要，分别于 1931 年 3 月和 1935 年 12 月在九龙岗东矿建立煤矿机械修理厂和铁路机厂。到 1934 年，煤矿机械修理厂已发展到工人 100 名，厂房 40 余间，建筑面积 1500 平方米，厂区占地面积约 5000 平方米。淮南铁路通车后，为了区别于铁路机厂，该厂改为井口修理厂。1936 年，井口修理厂有工人 200 多人，设备 18 台。1938 年 6 月日本侵占淮南煤矿。日伪矿业所在该厂基础上成立"中央工场"，职工最多时达 200 余人。1945 年 8 月，日本投降，宋子文的建设银公司接管淮南煤矿。该厂成为煤矿局矿务处下属单位，名为"中央机厂"，机器设备增至 40 余台，工人最多时有 400 多人。该厂新中国成立后发展为淮南煤矿机械厂，成为煤炭工业部直属大型骨干企业。铁路机厂自 1935 年 12 月至 1940 年 3 月，一直负责淮南铁路机车检修工作。1940 年 3 月，九龙岗机务段购置 6 台车床和 1 套架修台，检修车辆的能力提高。

淮南面粉厂始建于 1946 年。当时淮南矿路公司有职员 500 多人，工人 1 万人。在淮南面粉厂成立之前，煤矿的面粉供应主要从蚌埠宝丰面粉厂购进，非但消耗巨款，且不能适时供应，造成多方不便。这就促使淮南路矿局筹建自己的面粉厂，一方面生产的面粉可以解决全矿职工的需求；另一方面防止粮商操控粮价，影响职工的生活。厂址选在田家庵，这里是水陆码头，人员密集，面粉需求量大，且是淮河两岸小麦集散地，面粉原料运送方便。这里距离大通、九龙岗煤矿分别是 6 公里和 9 公里。面粉运送也比较方便。面粉设备是购买浙江嘉善面粉厂的机器。1947 年初正式投产，当时有工人约 100 人，日产面粉约 500 包，2.2 万斤左右，年产量为 4600 多吨。②

---

① 赵炳文：《解放前淮南电力工业实况》，《安徽文史资料全书·淮南卷》，安徽人民出版社 2007 年版，第 455 页。

② 胡俊贤等：《解放前的淮南面粉厂概况》，《淮南近现代经济史料》（淮南文史资料第 7 辑）1987 年印刷，第 204—205 页。

176

　　淮南城市的产业结构逐渐形成以煤炭、电力、机械为主的工业体系。同时，淮南还有卷烟厂、酿酒糟坊、油坊等工业（具体见表4-7）。总体上讲，工业类别比较齐全，基本与当时淮南煤炭开发相适应，是淮南城市近代化在工业方面的体现。煤炭资源开发，带动铁路运输事业的发展，即联结各矿区的运煤小铁路和淮南铁路的修筑；而铁路的修筑，又使得煤炭运输能力提高，促进淮南煤矿的进一步发展。

表4-7　　　　　　　　　民国时期淮南工业发展情况

工厂名称	开办时间	厂址	创办人	经营项目
淮南煤矿发电厂	1930 年	九龙岗煤矿	淮南煤矿局	发电
淮南煤矿机械修理厂	1931 年 3 月	九龙岗东矿	淮南煤矿局	修理煤矿机器设备
淮上卷烟厂		田家庵		卷烟
下窑发电厂	1941 年	田家庵	日军	发电
侠女烟厂	1942 年	田家庵	花庆旺	卷烟
曹振淮糟坊	1938 年	田家庵	曹振淮	酿酒
大曲糟坊	1943 年	田家庵	花庆旺	酿酒
美昌印刷馆	1945 年	田家庵	江长青	印刷
文华斋	1943 年	田家庵	李义田	印刷
油坊	1943 年	田家庵	郑兰田	榨油
轧棉店	1944 年	田家庵	程子云	轧棉花
淮南面粉厂	1946 年	田家庵	淮南路矿局	面粉

　　资料来源：赵炳文：《解放前淮南电力工业实况》，《安徽文史资料全书·淮南卷》，安徽人民出版社 2007 年版，第 455 页；张莹清：《解放前的田家庵商会及商业概况》，《安徽文史资料全书·淮南卷》，安徽人民出版社 2007 年版，第 463 页；田家庵地方志编纂委员会：《田家庵镇志》第 11 章，黄山书社 2009 年版，第 153—171 页；胡俊贤等：《解放前的淮南面粉厂概况》，《淮南近现代经济史料》（淮南文史资料第 7 辑）1987 年印刷，第 204—205 页。

　　煤炭资源的开发需要大量劳动力，这必然带来人口的快速聚集。自 1909 年大通煤矿创办，矿区人口开始增加。1930 年，淮南煤矿局成立，大量流动人口涌入，居民点也随煤矿的开发而形成。
1935 年，淮南铁路开工修筑，进一步吸引劳动力向淮南聚集。而
且各矿区因铁路相通，人员往来更为便捷。至 1948 年，淮南矿区
及周边地区，"人口日渐集中，遂由乡村繁荣为雏形之市面。九龙
岗、大通及田家庵，乡人号称为淮南三镇，街市商贾，终日熙熙攘
攘，不绝于途，矿局员工昼夜轮流工作，忙于产煤，已非昔日荒凉
之景象"①。淮南城市人口据当时路矿警察总所的统计，民国三十
六年（1947）人口为 3.31 万人，民国三十七年（1948）人口为
3.34 万人（具体见表4－8）。② 这一统计数字，应该是当时在淮南
路矿局上班的工人及其家属人员，并不包括矿区周边的农村人口；
1949 年人口急剧增长，超过 20 万人，一是因为矿区解放，煤矿大
规模开发需要更多的劳动力，导致大量人口涌入，二是统计范围扩
大，把周边农村人口也包括进去。因此，淮南城市的社会结构是以
路矿工人为主体。

表4－8　　　　　　　　民国时期淮南路矿人口情况

年份	人口（人）			备注
	男	女	合计	
1936			11000	此处仅为淮南煤矿局人口数字
1946	15490	9404	24894	
1947	20821	12306	33127	
1948			33445	
1949	106302	95717	202019	

资料来源：程东美等：《淮南市人口自然发展的几个阶段》，淮南地方志办公室编：
《淮南方志》1987 年第 4 期。

---

① 李松等：《民国时期淮南城市近代化的动力及特点》，《安徽省淮河文化研究会
首届学术研讨会文集》2012 年 12 月。
② 程东美等：《淮南市人口自然发展的几个阶段》，淮南地方志办公室编：《淮南
方志》1987 年第 4 期。

　　工矿业发展、交通运输的便捷以及人口的快速增加，拉动淮南三镇商业的发展。田家庵因位于淮河岸边，成为煤炭外运的码头，特别是1933年从九龙岗经大通至田家庵的铁路通车，加上开往寿县等地长途汽车的营运，招致凤台、寿县、蚌埠、合肥等地的商人、富绅倾心瞩目，纷纷前来买地建房，开设商店、粮行、旅社、剧场等。数年之间，屋宇行店，鳞次栉比，迅速成为一个比较繁华的小市镇。[①] 淮河两岸盛产大米、小麦，周边地区的粮食通过淮河运至此地，河边的粮船络绎不绝，粮食上市量每天可达二三十万斤，粮行有20多家，两家碾米厂也相继设立，粮食除了供应市民和淮南路矿工人外，还向蚌埠、豫东等地运销。粮油商品集散市场逐渐形成。同时，沪、宁、苏、杭等地的工业产品以及洋货，成批涌进淮南；淮南地区及皖西的土特产，如六安的茶叶、竹器等山货由此外运，使当时的田家庵、大通、九龙岗三镇空前繁荣起来，一时商贾云集。[②] 淮南地区的烟叶驰名南北。烟叶行有20多家，每当秋季烟叶上市，南京、上海烟厂就派人来常驻收购，再转运出去。随着商业的兴盛，金融业迅速发展起来，中国银行、交通银行、安徽省银行在田家庵均设有办事处。邮政局、电报局也相继设立，大大方便了对外联络与信息沟通。[③] 到新中国成立前夕，田家庵有饮食、烟酒、糖果、干鲜行业店952户，商业规模和数量已有空前的发展。[④] 随着商业的发展，为了整理市政，进一步发展商业，1946年3月，田家庵商民代表召开会议，酝酿成立商会组织。经过选举，张莹清为商会理事长，张鹤宾、郑子衡为常务理事，商会遂告成立。在商会之下，大小商户300多家，按行业成立了13个同业

---

　　① 吕德海等：《淮河岸畔烟花泪》，《安徽文史资料全书·淮南卷》，安徽人民出版社2007年版，第613页。

　　② 方传政：《宋子文财团与淮南煤矿》，《淮南近现代经济史料》（淮南文史资料第7辑）1987年印刷，第2页。

　　③ 张莹清：《解放前的田家庵商会及商业概况》，《安徽文史资料全书·淮南卷》，安徽人民出版社2007年版，第463页。

　　④ 周士元：《田家庵的变迁》，《安徽文史资料全书·淮南卷》，安徽人民出版社2007年版，第690页。

公会。① 淮南商会的成立，标志着该地区商业进入规范化运营的阶段。

随着淮南煤炭资源的开发，淮南三镇崛起，加上淮南铁路的通车，淮南城市基本框架形成。1948 年底，八公山煤矿建成，八公山镇初具规模，大通至八公山的大八支线也随之修筑。淮南城市的土地是多点分散，是一个由各中小城镇组成的城镇群体。② 除了城市整体向外扩张外，各镇自身规模也迅速发展，淮南逐步走向城镇化。至 1949 年底，淮南初步形成了以淮南煤矿、淮南铁路局、淮南机械修理厂、淮南电厂、面粉厂等为主体的工业体系，商业、金融、邮政、教育等也随之兴起，城市人口激增，城市对周边农村经济的辐射功能增强。这也需要与之相配套的社会管理体制的确立。警察制度的确立，是淮南城市近代化的重要标志。民国时期，淮南三镇和八公山煤矿属于怀远、寿县、凤台三县交界之地。国民政府建设委员会的开发煤炭资源以后，虽未成立独立的行政建制，但淮南矿区是一个相对独立的行政与经济区域。当时，皖北一带，土匪猖獗，不仅百姓深受其害，就连煤矿和铁路经常遭到袭击。为保证煤矿安全，运输通畅，1933 年 2 月淮南矿路警察总所成立。到1948 年底，警察总所在册官、警人数为 2546 人。③ 警察制度的确立，不但维护了矿区生产经营的安全，也有效地加强了对地方治安的有效管理，是淮南城市管理的重大进步。

其实，淮南城市的兴起，与华北地区的唐山、焦作有很多的相似之处。它们均以煤炭资源开采与铁路运输相结合为发展动力；均以工矿业兴起带动商业发展为基本路径；均以工矿业工人为人口的主体；街市均以矿场、工矿企业和车站为中心向外扩展。④ 只不过

---

① 张莹清：《解放前的田家庵商会及商业概况》，《安徽文史资料全书·淮南卷》，安徽人民出版社 2007 年版，第 463 页。

② 淮南市地方志编纂委员会编：《淮南市志》，黄山书社 1998 年版，第 91 页。

③ 江耀淮等：《回忆淮南矿路警察总所》，《淮南近现代经济史料》（淮南文史资料第 7 辑）1987 年印刷，第 75—76 页。

④ 熊亚平：《铁路与华北乡村社会变迁（1880—1937）》，人民出版社 2011 年版，第 261 页。

淮南城市兴起在时间上较二者稍晚。

三　淮南城市兴起的影响

现在的淮南市由田家庵、大通、谢家集、八公山、潘集区等多个城镇形成多中心的、分散的城市空间结构。田家庵和谢家集的蔡家岗规模较大，分别成为城市东部和西部的中心。这具有典型的煤炭资源型城市的特点，即一城多镇、多中心，但又具有一定的集中性。[①] 1930年淮南矿务局成立后，城镇因大通、九龙岗煤矿建设，仅在大通、九龙岗一带发展。随着城镇建设的发展，田家庵、大通、九龙岗已经形成淮南市现辖区的东部地区的基本骨架。淮南城市大发展是在解放后。随着国家经济建设的全面铺开，对煤炭的需求持续增长，淮南城市建设飞速猛进，对皖北，乃至安徽的城镇体系产生深远的影响。

（一）新的煤炭资源型城市出现，冲击皖北传统城镇体系

新中国成立后，淮南以煤炭工业立市，煤炭、电力工业比肩发展，逐步形成以能源为主体，拥有化工、机械等比较完整的工业门类，成为安徽省一座主要的工业城市和全国有一定影响的能源重化工基地。[②] 这样的城市地位，其基础是民国时期煤炭资源的大规模开发。皖北传统的城镇体系是以政治中心为主导的。淮南煤炭资源的开发，使淮南三镇的经济地位上升，超过周边的怀远、寿县、凤台。这些县城仍然是政治治所所在，商业地位被新兴的淮南所夺，其县城的人、财、物逐渐向新兴的淮南三镇集中。这时期的淮南三镇虽未正式设市，但其规模初具，对于新中国成立后的城镇体系影响很大。解放后，淮南煤炭资源进一步开发，城市地位不断提高，于1949年1月先设煤矿特别行政区，于1950年设县级淮南市，再于1952年6月改设省辖市，直至现在成为管辖5区1县的地级市，在安徽城镇体系中居于重要地位。后来，随着安徽北部再发现新的煤炭基地，设立与之对应的淮北市也是十分自然的事情了。

---

① 李荣：《从煤炭城市到山水城市》，博士学位论文，东南大学，2004年，第10页。

② 淮南市地方志编纂委员会编：《淮南市志·概述》，黄山书社1998年版，第1页。

（二）淮南矿区成为皖北地区人口流动的新去向

皖北地区向为水旱灾害多发地区，成为流动人口的重要输出地。而且，本地区农民有遇灾逃荒的传统，甚至出现无论丰歉，冬去春归、习以为常的流民现象，这逐渐演化为皖北地区的一种流民文化。①"凤（凤阳）颍（颍州）民风乐于转徙，在丰稔之年，秋收事毕，二麦已种，即挈眷外出，至春熟方归，歉岁尤不能无"②。入民国，皖北地区人口除了下江南之外，随着本地区蚌埠、淮南城市的崛起，人口出现区域内较大规模的流动。1933年底，正值皖北一带灾荒严重之时，百姓啼饥号腹。当淮南铁路动工修筑时，周边寿县、定远、合肥等地灾民蜂拥而至，参加挑土方。铁路工程处贴出告示，以工代赈，既能安缉地方，又可加速完成土方工程。③随着煤矿开发规模扩大，矿工需求增多。煤矿就派工头到灾区招人，许以"优厚"条件，每次能招上万工人。④到1949年新中国成立初期，由于国家开发煤炭需要，大规模的人口集聚淮南矿区，淮南人口达到20万人以上，成为皖北地区人口流动的新的去向。

（三）淮南城市与新式交通取得互动发展

淮南城市因煤而兴，煤炭外运离不开新式交通工具。大通煤矿曾修建矿区至田家庵的小铁路，运煤至淮河岸边，购买两艘轮船和多艘拖船，并与其他轮船公司合作，开创了淮河航运的批量运煤史。⑤淮南煤矿局成立后，修建了从九龙岗至洛河的小铁路，运煤至洛河镇，再船运至蚌埠，转津浦线南下。后又修建连接各矿区由九龙岗经大通，至田家庵的铁路，并建田家庵火车站。1933年始，

① 迟子华：《中国流民史·近代卷》，安徽人民出版社2001年版，第253页。
② 李文治：《中国近代农业史资料》（第1辑），生活·读书·新知三联书店1957年版，第106页。
③ 钟敏政：《淮南铁路之修建与淮南煤矿之开发》，《淮南近现代经济史料》（淮南文史资料第7辑）1987年印刷，第71页。
④ 吴有朋：《日伪时期大通煤矿的包工制》，《安徽文史资料全书·淮南卷》，安徽人民出版社2007年版，第503页。
⑤ 黄佑钊等：《建国前的淮南航运史略述》，《淮南近现代经济史料》（淮南文史资料第7辑）1987年印刷，第213页。

又筹建了淮南铁路，进一步拓展了淮南煤炭外运的通道。新式交通，特别是铁路的修建，将矿区连接起来，推动淮南三镇快速发展。1932年，蚌埠"长淮轮业合组公票处"成立，在田家庵设立营业所，便利了商旅通行。同时，田家庵至寿县、蚌埠、合肥等地的长途汽车也开通了，加强了与周边主要城镇的联系。淮南铁路通车，进一步促进矿区与铁路沿线各城镇之间的人员、商品的流通，淮南三镇快速崛起。由此可见，煤炭资源的开发，使矿区居民点形成，新式交通加强了矿区与外界的联系，在促进自身发展的同时，也拉动淮南三镇崛起，从而实现淮南三镇与新式交通的互动发展。

第三节　铁路沿线小城镇的发展

民国时期，安徽新式交通兴起，特别是铁路的修筑，除了带动皖北地区新城镇——蚌埠、淮南的崛起外，铁路沿线的小城镇也如雨后春笋般地发展起来。"铁路的敷设使位于车站邻近的数以百千计向不闻名的集镇或人烟稀疏的村落，不单被人们所熟悉，而且急剧兴起成为重要的城市或集镇"①。皖境津浦铁路、淮南铁路沿线的小城镇因交通条件的改善，逐渐成为农产品外运、外来商品输入的集散地，一定程度上是周边区域的经济中心。

一　皖境津浦铁路沿线小城镇的发展

津浦铁路安徽段自北向南，从最北端的宿州夹沟站至最南端的滁州乌衣站，全长200多公里，所经城镇物产丰富，主要是小麦、大豆、芝麻等，向南主要销售往长江下游的上海、南京、常州、无锡等城市，向北主要销往天津、济南等城市（具体见表4-9）。这些城镇通过津浦铁路与包括当时首都南京、最大商业城市上海在内的长三角地区，以及津浦铁路北段的天津、济南等城市的广阔市场

---

① 宓汝成：《帝国主义与中国铁路（1847—1949）》，经济管理出版社2007年版，第482页。

联系起来。这不仅促进了沿线城镇的商品流通，而且加速了这些城镇的自身发展。

表4-9　　　津浦铁路安徽段沿线城镇主要物产数量和销售地

城镇名称	主要物产数量	主要销售地
夹沟	高粱、绿豆、黄豆、小麦，栗子、红芋、柿子、梨桃各千余吨，可外销量约占产量之半	上海、南京、天津、山东
李家庄	黄豆5000吨，可外销1000吨	南宿州、浦口
符离集	黄豆6万吨，可外销2万吨，；高粱7万吨，可外销3万吨；花生5000吨，可外销1000吨；芝麻2500吨，可外销500吨；高粱酒1200吨，可外销1000吨	上海、济南、浦口、常州、无锡等
南宿州	小麦1万吨，可外销8000吨；高粱6000吨，可外销4000吨；大豆8000吨，可外销6000吨；芝麻500吨，可外销300吨；牛皮500吨；鸡蛋500吨，可外销400吨；蛋黄300吨	上海、天津、济南、无锡、常州、泰安
西寺坡	猪1000吨，可外销900吨	浦口
任桥	小麦800吨，可外销600吨；芝麻500吨，可外销400吨；大豆200吨，可外销100吨；高粱500吨，可外销300吨	上海、济南、泰安、浦口、无锡
固镇	芝麻4000吨，可外销3000吨；小麦3000吨，可外销2000吨；鸡蛋500吨，可外销400吨	上海、南京、无锡、天津、济南
新桥	小麦5万吨，绿豆3万吨，芝麻1万吨	济南、徐州、浦口
蚌埠	小麦10万吨，可外销8万吨；黄豆13万吨，可外销12万吨；芝麻3万吨	上海、天津、无锡、常州
长淮卫	黄豆500吨	浦口
门台子	烟叶2000吨	上海
临淮关	小麦5000吨；芝麻3000吨	上海、常州、浦口
小溪河	小麦8000余吨，可外销2000吨；大米20万余吨	上海、无锡
石门山	小麦400吨，芝麻400吨，绿豆200吨，大米300吨	上海、无锡

续表

城镇名称	主要物产数量	主要销售地
明光	大米 5000 吨，可外销 4000 吨；小麦 6000 吨，可外销 5000 吨；大豆 5000 吨，可外销 4000 吨；芝麻 4000 吨，可外销 3000 吨	上海
管店	芝麻 1000 吨，绿豆 2000 吨，小麦 2000 吨，花生 200 吨，大米 500 吨	上海、苏州、无锡
张八岭	大米 5000 吨，可外销 3000 吨；小麦 2000 吨，可外销 1000 吨；芝麻 1000 吨，可外销 500 吨	浦口、徐州、上海
沙河集	大米、小麦合 2000 余吨，可外销 1000 余吨	无锡、南京
滁州	大米 3.5 万吨，可外销 3.15 万吨；麦 5000 吨，可外销 3000 余吨	上海、天津、济南、蚌埠
担子街	大米 1000 吨	
乌衣	大米 4000 吨，可外销 3000 余吨	无锡、镇江

资料来源：根据章建《铁路与近代安徽经济社会变迁研究（1912—1937）》（苏州大学 2013 年博士学位论文），第 64—65 页表格整理制成。

符离集是一座历史悠久的城镇。隋朝以前，符离集长期是睢南郡治所在。隋唐设有符离县，自大和七年（833）复置宿州，符离县属宿州管辖。元朝初期，废符离、蕲县、临涣三县，并入宿州，从此符离县降为集，到明、清、民国一直称符离集。符离镇位于濉水之畔，贯通南北二京的驿道穿城而过。据明代黄汴的《一统路程图记》记载，当时"北京至南京、浙江、福建驿路""北京至江西、广东水、陆路""南京由东平州至北京路""徐州至正阳路"等均经过符离集①。符离集成为明清时期南北交通线上的重要集镇。

1911 年，津浦铁路修至符离集，开始筹建火车站。符离集的乡绅张履云，认为火车通过，会破坏风水，加上建站要占用他家的

---

① 黄汴：《一统路程图记》，杨正泰撰：《明代驿站考》附录 2，上海古籍出版社 2006 年版。

土地，所以他贿赂串通官府和英国人，要求把火车站北移。当时英国人也认为符离集建站离宿州站太近，于是同意将车站北移五里至当地黄山脚下，名曰黄山头火车站，后因符离集知名度高，改为符离集车站。① 当时符离集站一度称为福履集站。交通部认为，"符离集地方之电报、电话营业处及邮政局等，其名称均为符离集。而该处之津浦车站系名福履集，音同字异，易滋误会，请饬改名符离集，以资划一"。② 经铁道部同意，1935 年 7 月复改称符离集站。

当时，符离集车站附近并无人居住。由于火车的停靠，旅客往返，黄山石料大量开采外运，烈山煤矿的原煤也由此运出，车站需要大批的劳工装卸运输。因此，老符离集的市场贸易和商店相继搬迁，新符离集成为一块谋生的宝地。四方穷苦百姓云集符离集车站落脚谋生，各种服务行业也应时而兴，符离集烧鸡也因交通的发达而闻名遐迩。符离集易地生辉，逐渐兴旺发达起来③。符离集站每日发送旅客近百人，货运主要是烈山煤和地方农产品、生活用品，有 17 对火车通过④。为了满足日益增长的客货运输的需求，经铁道部批准，"将符离集、邹县二站开为国内旅客联运站，办理旅客行李、包裹及杂项客车联运事宜，并代收包裹货价，同时加入发售来回游览票站，发售至联运各路及本路各游览地点之来回游览票，并规定该二站售之游览票有效期间，符离集站，系与南宿州至各游览地点相同；邹县站，系与兖州府站至各游览地点相同"⑤，并于1935 年 7 月 1 日实行。此举措一方面方便了符离集的人员出行；另一方面也促进了符离集城镇的发展，提高了其政治地位。1938 年日伪就在符离集设立符离特别区，抗日战争胜利后，国民党在此设立区公所。新中国成立后，1950 年宿县人民政府迁驻符离集。1984 年符离区、镇合并成立副县级符离镇，该镇一直是符离周边

---

① 李胜田：《符离史话》，中国文史出版社 2010 年版，第 84—85 页。
② 《铁道部咨》（业字第 1189 号）《铁道公报》1935 年第 1226 期。
③ 李胜田：《符离镇志》，黄山书社 1997 年版，第 4 页。
④ 同上书，第 91 页。
⑤ 《符离集邹县两站开为国内旅客联运站》，《铁路杂志》1935 年第 1 卷第 2 期。

地区政治、经济、交通和文化中心①。

固镇自古扼南北交通之要冲，为皖东北之门户，地理位置相当重要。西汉至唐初，在此设谷阳县，中间虽有变更，但固镇基本上是县治所在。明清时期，属灵璧县管辖，在此设有巡检司和营汛。据乾隆《灵璧县志略》记载，"固镇集，县西南九十里，路当冲要，即古谷阳镇也。集有固镇驿和巡检司衙门"②。这一方面显示出固镇是当时南北陆路交通线上的重要节点；另一方面也看出固镇的政治地位的重要。据明代黄汴的《一统路程图记》和程春宇的《士商类要》记载，当时"北京至南京、浙江、福建驿路""北京至江西、广东水、陆路""南京由东平州至北京路""南京至河南、山西路""徽州府由徐州至北京陆路程"均经过固镇③。固镇驿为明清时期京京古道凤阳至徐州之间最大的驿站。

民国以来，固镇交通状况大为改观。1912年，津浦铁路全线贯通，固镇设站。修筑的公路有固灵公路、固蚌公路、固宿公路等（具体见表4-10）。据载，固镇"地方繁盛，烟户千家，东达五河，西赴蒙城，均为要道。货车多载芝麻"④。交通的进步带动固镇城镇及商业的发展。民国初年，固镇老街北段的何小街渐趋繁荣，东边与老街平行的瓦房街也逐渐发展起来⑤。随着铁路运输的兴起，外国的"五洋"商品和外埠客商开设的银楼业，相继涌入，使本地商业有了较大发展，人员流动明显增多。1936年3月，津浦铁路管理局决定办理平原县、固镇两站旅客联运，向铁道部提出申请，并得到铁道部的批准。"查本路平原县、固镇两站。客运情形，较为畅旺，拟请将该两站开为旅客联运站，办理旅客行李包裹及杂项客车联运事宜，并代收包裹货价，同时加入发售来回游览票站，发售至各联

---

① 李胜田：《符离镇志》，黄山书社1997年版，第4页。

② 乾隆《灵璧县志略》卷1《市集》。

③ 黄汴：《一统路程图记》，程春宇：《士商类要》，杨正泰撰：《明代驿站考》附录2、3，上海古籍出版社2006年版。

④ 林传甲：《大中华安徽地理志》，中华印书局1919年版，第187页。

⑤ 安徽省固镇县地方志编纂委员会编：《固镇县志》，中国城市出版社1992年版，第33页。

运路及本路各游览地点之来回游览票，以便旅行"①。1938 年 5 月，
日本侵占固镇后，日本商人乘势垄断市面，开设数家洋行，倾销日
货，掠夺本地粮食、油料等农副产品。固镇的伪区长徐荫堂也借机
开设徐家盐行，灵璧、泗县、五河等县的豪绅、富商也纷纷迁居固
镇，开设商号，短时间内，固镇商业出现繁荣景象，街上各业商店
约 300 家②，商业一度畸形发展。抗日战争胜利后，灵璧和泗县国民
政府迁至此地。地方富商集资在老街官巷口经营胜利百货公司，但
因时局动荡，物价飞涨，市场呈现萧条景象。

　　1948 年 11 月，固镇解放，设立固镇市。1949 年，固镇市改为固
镇区。"固镇位于津浦铁路与浍河的交叉点，是津浦铁路线线上一个
较大的火车站，也是宿州、灵璧、五河、怀远四县交界地区的工农业
产品集散地"③。鉴于此，1965 年 7 月 1 日，经国务院批准，正式设
立固镇县，该镇成为固镇县的县城，进入城镇发展的快车道。

表 4 - 10　　　　　　　解放前固镇公路修筑情况

公路名称	修筑时间	长度（公里）	修筑情况
固灵公路	1922 年	45	1922 年，由华洋义赈会拨款，将固灵古道改为公路，路面宽 5 米，1933 年进行整修
固蚌公路	1936 年	25	1936 年，国民政府拨款沿津浦铁路东侧修筑该路，年底竣工，1947 年，政府拨款改道整修，改道，因战事紧张未能实现
固宿公路	1947 年	45	1947 年 8 月，为了战争需要，国民政府在津浦铁路东侧突击修筑此路。由宿州工务段负责，完成土方 30 万立方米，建桥梁总长 135 米，11 月竣工通车

　　资料来源：安徽省固镇县地方志编纂委员会编《固镇县志》，中国城市出版社 1992
年版，第 151—152 页。

<hr />

　　① 《铁道部训令》（联字第 1084 号），《铁道公报》1936 年第 1417 期。
　　② 安徽省固镇县地方志编纂委员会编：《固镇县志》，中国城市出版社 1992 年版，
第 182 页。
　　③ 《安徽省人民委员会关于设立长丰、固镇、利辛三县的报告》（摘要），安徽省固
镇县地方志编纂委员会编：《固镇县志》（附录），中国城市出版社 1992 年版，第 472 页。

三界镇创设于元代，又称三界集，是清代盱眙、定远、滁州交界的重要集镇。同治初年，后官至四川总督的三界人吴棠（吴勤惠公）在督漕时，奏准设土城，渐成闹市。清末，在此设芝生书院，使之成为名镇。"三界市地处凤、滁、泗之间，形扼江淮之胜，虽弹丸小镇，而钟灵毓秀，代有名人"①。1912年，津浦铁路通车，三界镇并未设站，而是由此绕行了七八里，在施郢设站，称为三界站，由此衍生出一个新三界②。据《中国古今地名大辞典》载："三界在定远县东，池水南岸，定远与滁州、盱眙交界处之冲，故名。村集寥落，荒僻之区也。今津浦铁路经之。"③津浦铁路通车，极大地改善了三界的交通状况。"此地扼津浦要冲，南有张八岭，经三界站、管店、小卞庄，达西北明光；西部之池河，亦可通小帆船。若更建设公路，东部由自来桥起，经县城及三界站，拟改为嘉山县站向西抵池河，以期与安、合、蚌汽车道衔接；南部自张八岭起，经县城，达北部石坝，以通盱眙、滁县，则纵横驰驱，交通更称便利矣"④。同时，"三界居江淮中道，扼津浦要冲，每岁谷物，输出亦多。行李安全，则商贾易集；资本流达，则企业易成，工商咸得其便，小民亦遂其生"⑤。鉴于此，三界地方士绅积极行动，

---

① 吴炳庭：《三界芝生书院学田捐单》，转引自冯然然《民国时期嘉山县城——老三界》，2017年5月，明光市政府网（http//www. ahmg. gov. cn/2657878/2698345. html）。

② 当地传为津浦铁路建筑时经过老三界土城中心清廷赐建的吴勤惠公祠堂和街东南吴棠墓地（衣冠冢），吴家后人坚决不同意，称动了祠堂上慈禧太后的赐匾，于大清江山不利，移了坟地就破坏了吴家风水。因吴棠曾有恩于慈禧太后，吴氏后人就托人把官司打到了慈禧太后那里，慈禧太后为了维护祖上的尊严，只得传旨，准许铁路绕三界而过。（http://www. mingguang. gov. cn/DocHtml/1/12/03/00043035. html）另外，现在所说的广义上的三界，即三界镇全境及其周边地区，狭义上的三界是指位于津浦铁路上的三界火车站所在地三界，即新三界，也叫新街。不过很少有人在三界前加上"新"字，而民国嘉山县城三界则加上"老"字叫老三界，现为一个行政村。

③ 臧励龢等编：《中国古今地名大辞典》，商务印书馆1931年版，1982年重印，第33页。

④ 李蔚唐：《嘉山设治筹备员李蔚唐呈文》，嘉山县地方志编纂委员会：《嘉山县志》，黄山书社1993年版，第700—702页。

⑤ 邵树谷等：《皖北三界民众代表邵树谷、吴敬业呈请设县呈文》，嘉山县地方志编纂委员会：《嘉山县志》，黄山书社1993年版，第696—697页。

呈请设县，加强地方治理，促进地方经济发展。经过安徽省政府批准，1932 年，设立嘉山县，三界为县城。

县城街道呈十字形，主街南北走向，长约 500 米，宽约 5 米，条石铺设，偏街东西走向。居民房屋多草屋，街道两旁多为砖瓦房，建筑规模较大者，有"南森泰祥""北森泰祥"商店及三家粮行。三界镇还新办起数家旅馆、饭店。1937 年底，日军占领国民党嘉山县政府所在地——老三界，纵火焚烧了 6 条街，烧毁民房 3000 多间，整个县城仅剩下一条南小街。抗日战争胜利后，国民党嘉山县流亡政府移驻明光集，接管了汪伪嘉山县政府。被日寇蹂躏后的老三界，其作为嘉山县的政治、经济、文化中心被彻底动摇，往日人口稠密，物产阜盛的繁华景象已不复存在，终因此废治。后经邵艺五等人曾多方奔走，争取省政府拨款 5000 元为三界复治经费，但其不久病故，复治搁浅。1948 年春，吴绍骙受家乡父老重托继任复治委员会副主任（主任为县长冯治安），得县参议长李大鹏资助大米 800 担为复治经费，为复治事宜作过一番努力，但终无结果。老三界彻底丧失元气和发展机遇，居民大多外迁，凋敝成一个不足千人但在乡间仍属于少有的大村落，永远失去了复兴的机会。

自 1912 年津浦铁路通车至 1932 年嘉山设县，明光镇逐渐成为津浦铁路沿线重要的商业集镇。嘉山设县时，"中部三界镇，现为嘉山县城；其次为三界站、管店二市；东为自来桥市；东南为张铺营、嘉山集二市；南为张八岭市；西为三和集市；西北为明光市；北为石坝市。其中以明光为最繁盛"。[1] 因处于津浦铁路重镇蚌埠与浦口之间，对本县政治、经济和商业发展影响极大，明光一度成为盱眙、定远、五河等县粮食、农副产品集散地。[2] 1935 年，在明光从事粮业经营的公司、粮行就有 150 多家。明光的棉布商店有宏大、公大、永和、杜万丰、李兴记、唐仁和等多家，百货业有大

---

① 李蔚唐：《嘉山设治筹备员李蔚唐呈文》，嘉山县地方志编纂委员会：《嘉山县志》，黄山书社 1993 年版，第 700—702 页。

② 嘉山县地方志编纂委员会：《嘉山县志》，黄山书社 1993 年版，第 394 页。

成、王德永、王新云、大华、芦复兴、肖隆太、光华、大庆等多家；杂货兼茶食的有叶春记、胡春德、李发祥、胡德太、李大兴、陈万顺等多家；饮食业有一品香、凤明园、凤临园、大东园、会宾园、海凤春、斌园等饭店7家；旅社业有中洲、交通、荣光、韩记、大东、迎宾、招商旅社等7家；有文具商店4家；调味品业有复兴成、刘德新、公泰、厚康酱油店等4家；有屠宰业15家。其余尚有大小摊贩数十家。这些私营商业，经营批零兼营业务，进货方面主要以南京、无锡、上海为主。① 通过表4-11，可以看出嘉山县当时商业的大致情况。

表4-11　　民国二十三年（1934）嘉山县商业分类情况

商业类别	户数（家）	营业状况
杂货业	30	近年因受荒旱，营业均为清末，较之十七八年前相差倍蓰
纱布业	16	
中西药业	12	近年因受年欠匪乱，然在夏初秋末两季，营业状况尚佳
京货业	12	
糟坊	8	
油坊	24	
粮业	50	因受款价低落，致出口一落千丈，本年午麦登场，略有出口，然较之往年，相差数十倍
运输业	24	

资料来源：嘉山县地方志编纂委员会的《嘉山县志》，黄山书社1993年版，第461页。

抗日战争前，明光设有上海银行办事处和中国银行办事处，河下紧靠火车站处建有仓库一座。办事处经营商业存放款、汇兑换、押汇等业务，并办理期票贴现，对象为一般商业和粮商，较大商业有英美烟草公司和美孚德士古煤油公司的经销店及粮行、运输公司

---

① 嘉山县地方志编纂委员会：《嘉山县志》，黄山书社1993年版，第455页。

等，抗日战争爆发后，银行办事处迁往内地。日伪统治时期，汪伪县政府设于明光，1940 年明光设有两家私营钱庄，钱庄设董事会，发行股票，为镇江、扬州籍人经营，坐落在明光大街南头为恒源钱庄，经理王燕生。北头为五丰钱庄，并代理太平洋保险公司业务，经理方震春，副经理张海波，经营对象以商业为主，办理一般存放、汇兑押款、押汇和期票贴现，资金较为雄厚的是五丰钱庄。1945 年秋日本投降后，两家钱庄均存有大量伪中储券，结果全部成为废纸。①

抗日战争胜利后，国民党嘉山县政府移驻明光镇。这一时期，明光镇的发展较为显著，城镇面积不断扩大，街道也逐渐增多。1948 年有大小街道 15 条，宽的 4—5 米，窄的 1 米多，后逐渐形成数条主街：南北大街、菜市街、马路街、望横街等②（具体见图 4 - 3）。1949 年 1 月，嘉山县城明光镇解放，并于 1949 年 1 月 21 日设明光市，旋于同年 4 月并入嘉山县。改革开放以来，随着明光城市经济迅速发展，经安徽省人民政府两次申请，1994 年 5 月 31 日，民政部转发经国务院批准，同意改嘉山县为省辖明光市。今天的明光市交通便捷，津沪铁路、104 国道、宁洛高速穿城而过，已发展为苏皖通衢，南北枢纽，其所具有独特的承东启西、贯穿南北的功能和区位特征日益凸显，居于安徽县市经济发展的前列。

综观三界、明光二镇的变迁，其中主要原因是交通条件的变化。老三界以其传统的历史地位，成为嘉山县城，一度城镇及其商业发展较快，但因津浦铁路并未通过此处，而是绕城而过，其交通优势丧失；新三界则因铁路拉动逐渐将人、财、物吸引过去，取代了老三界。因津浦铁路经过明光，该镇发展更为迅速。抗日战争胜利后，复兴老三界的努力虽然两度进行，但明光因新式交通所形成的区位优势已经凸显，其取代老三界成为嘉山县城已成必然，甚至

① 嘉山县地方志编纂委员会：《嘉山县志》，黄山书社 1993 年版，第 441 页。
② 同上书，第 412 页。

随着明光的发展，明光市设立，嘉山县之名也被其取代。

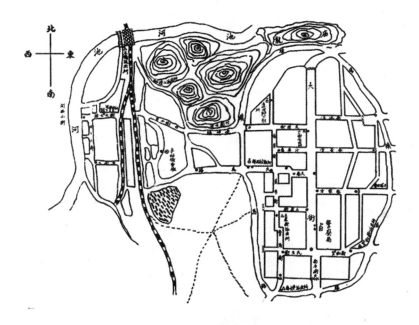

图 4－3　1948 年明光镇街道①

二　淮南铁路沿线小城镇的发展

淮南铁路北起淮河南岸之田家庵，南讫长江北岸之裕溪口。"其间淮河横贯，淝颍纵流，巢湖潴蓄，为天然资源之财库，农产特丰，自食之余尚足以运销他处"②。（具体见表4－12）。淮南铁路建成通车，"皖南北从此实行以芜湖为中心，而打成一片，固不仅为淮南煤矿之命脉，在经济上亦为重要之交通线"③。沿线城镇物产输出便捷，发展情势因之向好。

---

①　此图见嘉山地方志编纂委员会：《嘉山县志》，黄山书社1993年版，第422页附（五）。

②　《安徽淮南铁路通车》，《地理教育》1936年第1卷第5期。

③　同上。

表 4 - 12 淮南铁路沿线城镇主要物产数量和销售地

城镇名称	主要物产数量	主要销售地
洛河镇	年产米 1 万担，麦 8 万担，大豆 3 万担	蚌埠、南京
九龙岗	日产煤近 2000 吨	南京、上海
大通	日产煤 600 吨	蚌埠、南京、上海
朱巷	年产麦 1.5 万担，豆 1000 担	
下塘集	年麦 1 万担，豆 2000 担，米 8000 担	
双墩集	年产米 3 万担，麦 1 万担，棉花 4000 担，花生 8000 担	
店埠镇	年产米 60 万担，麦 15 万担，豆 5 万担，菜籽 5000 担，花生米 8 万担，棉花 5000 担，花生油 6000 担，鸡 10 万只，鸭 30 万只，猪 2 万头，牛 1.4 万头，鸡蛋 1 万篓，鸭蛋 6000 篓	
三河镇	年产米 100 万担，鸡蛋 5 万篓，鹅鸭毛 1 万包，茶 30 万篓，牛皮 1000 担	
柘皋镇	年产米 50 万担，麦 10 万担，花生米 6 万担，豆 1.5 万担，鸡蛋 8 万篓，牛 1 万头，猪 4000 头，马 3000 匹，鸭 3.5 万只	
夏阁镇	年产米 45 万担，麦 10 万担，棉花 2 万担，豆 2000 担，芝麻 200 担，菜籽 7000 担，花生米 2 万担，鸡蛋 8 万个	
林头镇	年产米 30 万担，麦 8 万担，菜籽 1.2 万担，菜饼 500 担	
东关镇	年产米 1.5 万担，麦 200 担，豆 80 担	
黄雒河	年产米 35 万担，麦 400 担，菜籽 4 万担，豆 500 担	
襄安镇	年产米 20 万担，麦 5 万担，大豆 8000 担，菜籽 4000 担，鸡蛋 2.5 万篓。	
雍家镇	年产米 18 万担，菜籽 3 万担，鸡鸭蛋 1500 万个	芜湖、南京，鸡蛋大多出口

续表

城镇名称	主要物产数量	主要销售地
裕溪镇	年产米约 3 万担，可外销 2.5 万担，菜籽年产 1.6 万担，鸭蛋年可运出 800 万个，另每年可外销牛 500 头，猪 400 头，鸭 500 担，鸡 200 担	芜湖、南京、镇江

资料来源：张善玮：《淮南铁路沿线生产交通情形及其业务发展之计划》，《铁路杂志》1935 年第 2 卷第 8 期。

田家庵位于淮河南岸，淮南铁路未通之前，有两条小铁路连接矿区，为淮南煤炭输出的主要码头。淮南铁路以此为北端终点，交通十分便捷，商业地位日益凸显。"昔为荒村，今自煤矿成立及铁路通达后，顿为小商埠，有人口六七千人，淮北各地之货物，将在此集中运输"①。洛河镇也位于淮河南岸，距离田家庵只有六七公里。"二十一年（1932）春，曾筑有轻便铁道，运输矿煤、杂粮，利用工赈，开辟船塘。淮南矿出产之煤，胥由斯转运至蚌埠，于是洛河镇顿形繁荣"②。但是，洛河镇地势较低，水灾频发，影响运煤。"自淮南铁路改道于田家庵后，该镇商业顿形萧条，现状多难维持，一般资本较巨之商店，亦多移田营业"③。田家庵地势较高，又是淮南铁路的起点，商业地位迅速超过了洛河镇。洛河镇商民鉴于此种情形，乃请淮南矿局，将路线延长至该镇。淮南矿局认为，"如该镇商民愿自行征工修筑，矿局可派人代为测量并计划，以示协助之意"④。尽管洛河镇商民修建铁路的愿望十分强烈，但由于多重原因，淮南铁路并未展线至洛河镇。这致使洛河镇渐趋衰落，商业地位被日益兴盛的田家庵取代。

今天的水家湖、朱巷、下塘集、双墩集属于长丰县管辖，是当

---

① 《安徽淮南铁路通车》，《地理教育》1936 年第 1 卷第 5 期。
② 《国内外地理消息·淮南铁路展至洛河镇，矿局派员测量》，《地理教学》1937 年第 1 期。
③ 同上。
④ 同上。

时淮南铁路北段所经重要集镇。水家湖原系水姓聚居的小村庄，俗
称"水家户"，民国二十三年（1934），修筑淮南铁路设站时，把
"户"讹为"湖"，称为"水家湖车站"。铁路通车后，水家湖开始
有饭店、旅馆，逐渐发展为重要的商业集镇。① 后来，"中美烟叶
行"等商业机构在此设立。② 抗日战争期间，日军将淮南铁路的水
家湖至裕溪口铁路枕木、钢轨等拆下，铺设了水家湖至蚌埠的 77
公里铁路。这是日军主观上服务于侵华的战略需要，但客观上加强
了淮南与蚌埠的交通联系。抗日战争胜利，国民政府交通部派员接
收淮南铁路，着手修复被日军破坏的桥梁和铁轨，"将水、田段不
良铁轨和枕木、鱼尾板、螺栓、道钉等分别抽换补充，并将被日人
破坏的最大十一孔钢桥彻底改建为五孔混凝土墩座钢梁桥。一方面
又陆续修复水、蚌段 60 公里，与津浦路衔接"③。水、合段自 1946
年春派员查勘后，完成初步测绘工作，1947 年底又进行复测，从
桥梁着手，先后修建大桥 6 座，小桥 11 座。1948 年 9 月 24 日修
通。"现在水、合段已正式通车了，乘上行列车接津浦路一次'胜
利号'快车，当天下午四时便可到达南京。特别快车'勤俭号'
每日上午七时自合肥开出，下午一时零五分到站。'力行号'上午
七时由田家庵开蚌埠，十一时零五分到，下午四时五十分再回驶，
九时到达。"④ 据此可以看出，在皖北地区初步形成了一个铁路运
输系统，而水家湖正处在这个系统的中心位置（具体见图 4 - 4），
成为沟通淮南、蚌埠、合肥等地的咽喉之地，该镇发展很快，成为
淮南铁路线上的重要站点。1965 年，长丰县成立时，水家湖成为
该县的县城。

---

① 长丰县地方志编纂委员会编纂：《长丰县志》卷 1《地理》，中国文史出版社
1991 年版，第 39 页。
② 长丰县地方志编纂委员会编纂：《长丰县志》卷首《大事记》，中国文史出版社
1991 年版，第 15 页。
③ 《劫后的淮南铁路》，《粤汉半月刊》1948 年第 22 期。
④ 同上。

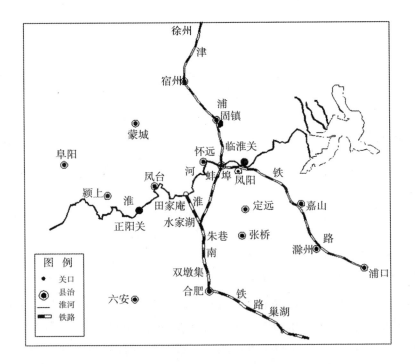

图 4 - 4　1948 年皖北地区铁路交通

朱巷位于合肥、定远、寿县三县交界之地，有"南府北炉"之
称，即南至庐州府，北至北炉桥，中间的朱巷是南北客商必经之
地。① 淮南铁路通车后，该镇农产品外运较为方便，改变了传统的
运输方式。"出产以小麦、猪为大宗，昔日亦由人畜驮负至合求售，
刻已有行商派人就地收购整批交由路运"②。朱巷镇商业发展加快。
下塘集清代有凤庐同知设治于此，驻有清军。民国时期，该镇为寿
县最大之市镇，人口约九千余人。③ 下塘集农业发达，农产品丰富。
"该镇交通，皆系陆路，上通朱巷、车王集，下通罗集、合肥。出

---

① 长丰县地方志编纂委员会编纂：《长丰县志》卷 1《地理》，中国文史出版社
1991 年版，第 41 页。
② 张善玮：《淮南铁路沿线生产交通情形及其业务发展之计划》，《铁路杂志》
1935 年第 2 卷第 8 期。
③ 《安徽淮南铁路通车》，《地理教育》1936 年第 1 卷第 5 期。

产以小麦、黄豆为大宗。淮南铁路未通车前，均用人畜驮负，至合肥推销，现已改就路运矣"①。淮南铁路通车后，这里交通方便，商旅云集，尤以粮行、猪牛行最为繁荣，成为寿南、肥北最大的农副产品集散市场。② 双墩集北距水家湖 55 公里，南距合肥 15 公里。因境内有无名古墓，"当镇之东隅，共南北两座，皆高逾屋顶，双墩集之得名由此"③。农产品主要有米、小麦、棉花、花生等。淮南铁路通车后，该镇商业发展很快，一跃成为淮南铁路沿线重要集镇。

撮镇是一个历史悠久的古镇，因水陆交通便利，成为历代兵家必争之地和商贾繁荣之处。清末民初，撮镇的商业发达，镇上有纱市、牛市、布店、药店、米行、竹木行等商铺上百家，定远、凤阳、嘉山等地的客商络绎而至，④ 附近的龙塘、柘皋、桥头集、长临河的乡民也将农产品在此销售，市场十分活跃。1936 年，淮南铁路通车，并在此镇设站。这使撮镇本地的粮油等农产品大量外运，商业贸易兴旺，当时有粮油行、纱布行、杂货行、猪牛行、禽鱼行、旧货行等，其中粮油行占 1/3 以上。据统计，撮镇当时就有粮油行 48 家。⑤ 新式交通对于撮镇发展的拉动十分明显，为其以后的发展打下坚实基础。今天的撮镇以"吞江吐淮，吸东纳西"的独特区位优势，成为省会合肥、县城店埠的南大门，是肥东县南部地区的政治、经济、文化、商贸和交通中心，也是合肥市总体规划中的重要卫星城镇。

烔炀镇取名于烔炀河，原名烔炀河镇，据史书记载，烔炀镇建于南宋淳熙年间（1174—1189），有近千年的历史。烔炀镇虽然形

---

① 张善玮：《淮南铁路沿线生产交通情形及其业务发展之计划》，《铁路杂志》1935 年第 2 卷第 8 期。

② 长丰县地方志编纂委员会编纂：《长丰县志》卷 1《地理》，中国文史出版社 1991 年版，第 40 页。

③ 同上书，第 41 页。

④ 宁世明：《古镇胜迹·序言》，郑动道等：《古镇胜迹》，珠海出版社 2008 年版，第 1 页。

⑤ 肥东县地方志编纂委员会编：《肥东县志》，安徽人民出版社 1990 年版，第 342 页。

成较早，但发展繁荣于明清时期，并形成一定的规模，于清同治年间建制设镇。当时舟楫如缕，商贾如云，街景繁荣，常住人口5000多人，为巢县西乡重镇和重要的商贸流通集散地。1934年，淮南铁路开工修建，经炯炀境内24.5公里。1935年，炯炀火车站建成，年客运总量达18万人次，日平均客运470人次，日最高客运1200人次。① 淮南铁路的通车，炯炀镇因水陆兼行，成为周边乡镇的土纱、土布的重要集散地。来这里卖土纱、土布的远至中庙、长临河、长乐集、柘皋、中埠、庙集等地。棉纱销往芜湖、南京、上海及天津等地。最兴旺时期，炯炀开设土布行就有十四五家。开设皮、纱业的有十三四家，露天摆纱桌的有20多家，他们帮助买卖双方称秤、算账，从中收取佣金。每天土布销售量达2万多斤，棉皮销售量达三四千斤，土纱销售量达3700多斤。②

　　淮南铁路通车，拉动炯炀镇商业的发展。当时有京广百货5家，南北山货4家，棉布绸缎7家，米粮行11家，竹木业3家，饭店8家，茶馆7家，药店5家，还有草行、猪行、牛行、当铺、豆腐坊、铁、木、瓦、篾、理发店等，共有130余户。当时较大的商号主要有黄善夫的"泰丰"绸布店，程绍泽的"复茂"及赵老七的"亿泰和"杂货店，祖照鉴的"祖一元"南杂货店，祖步池的"恒泰"，吴馥岩的"天成"布店，陆念慈的"陆恒春"和王自成的"王润生"药店，以及花世祥"聚泰"酱坊，刘庆宏的"清和园"茶馆，王华成的炕坊，何一隆的染坊，祖学儒、戴德巨的"洋纱行"，杨秩五的"茶庄"等。他们对商业流通，在产销服务领域中控制着整个炯炀的经济命脉。③ 该镇还有钱庄、典当行等金融机构，主要是商号集资开设的。祖学儒、叶芳芦等人集资在东街开设的典当行规模较大，二人分任正副管事，有账房、站柜等员工20多人。该店经营20多年，经营方式是以衣物、古董、首饰等实

---

① 炯炀区志编纂领导小组编：《炯炀区志》，1990年印刷，第7页。
② 同上书，第260页。
③ 同上书，第79页。

物作为抵押品，获利达 40 多万元。[①] 当时镇上有四街六巷，即南北主街、东街、桥东小街、南头小街和查家巷、李家巷、刘家巷、金家巷、巴家巷、罗家巷、徐家巷等，街道皆为青石板铺成，老街房屋皆为砖木结构，青砖青瓦槽门，前店后坊，大部分建筑为二层楼阁。烔炀镇成为淮南铁路沿线发展较快的商业城镇。

柘皋镇是一座历史悠久的古镇。清乾隆三十五年（1770），"改焦湖司为柘皋司，乃建置于柘皋之西街"[②]。该镇还设有典史。清末曾为安徽三大重镇之一。在传统交通方式下，柘皋镇交通主要依赖水路。发源于浮槎山东麓的柘皋河穿境而过，向东南流 40 里入巢湖。"柘皋河—巢湖—裕溪河—长江"是沟通巢县乃至合肥地区的"黄金水道"。当时，合肥、巢湖周边地区的大米、棉花等农产品都汇聚到柘皋镇，在该镇码头转运，运往长江沿岸城市。返回时带来江南的棉布、杂货等。清末至民国时期，柘皋镇为江淮之间南北交通要道与物资集散的水运枢纽。汇集柘皋的货物有本省涡阳、蒙城、定远、寿县、全椒、来安等地农产品，潜山、太湖、宿松和江西的竹木产品，以及山东、河南等地的土特产品，江苏、上海的日用百货也运销柘皋。[③] 当时的柘皋的商业十分兴盛。与柘皋河平行的街道长达 4 里，有九街十三巷，沿街店铺林立，有杂货铺、裁缝店、酱坊、当铺等。在这些商业店铺中，李鸿章家族创办的当铺实力最强，当铺生意规模宏大，主要从事典当业务，营业范围除了柘皋地区外，还涉及合肥、定远、凤阳、嘉山、全椒等地。在今天柘皋镇的老街上，"恒记号南北货""胡德成缫丝店"等字迹依稀可辨，通过它们可以想见当年的市井繁华和浓郁的商业气息。街道上铺设的青石板上留下由独轮车碾轧的沟印，反映出当时这条街车水马龙的繁华景象。

淮南铁路修建时，并未在柘皋镇设站，而是设立柘皋河站。该

---

① 居蓉：《新中国成立前巢县的金融业和金融机构》，《安徽文史资料全书·巢湖卷》（上），安徽人民出版社 2007 年版，第 653 页。
② 道光《巢县志》卷 4《舆地志》。
③ 巢湖市柘皋志编纂委员会：《柘皋志》，安徽人民出版社 1993 年版，第 508 页。

站位于天河与柘皋河之间，距离柘皋镇约 40 里，每日有小火轮往返柘皋镇及巢湖沿岸各市镇，交通状况大为改观。这就促进了柘皋镇的商品流通。淮南铁路积极开展与轮船联运，设立柘皋镇营业所，指导客商，努力扩大铁路运输业务。"将来小轮与铁路联运后，柘皋镇一带，往长江各埠客货运，必能舍去水运而归路运无疑，以其迅速安全也。铁路对于运价方面，亦当参酌水运运费，不使过高"①。但是，这种联运尚未真正建立起来，就因日本侵略战争而暂停。抗日战争胜利后，淮南铁路再次修通，柘皋镇又进入一个较快的发展时期。今天的柘皋镇是安徽省副县级综合改革试点镇和全国重点中心城镇。作为历史悠久的古镇，柘皋镇能取得今天发展的成果，其中新式交通，特别是铁路拉动的因素十分明显。

在清代，裕溪口是和县的一个乡镇，地处运漕河与大江的汇合点，距长江南岸芜湖约 25 里，为巢湖区域出入门户。江面至此，较为开阔，加上水流较缓，容易避风，运漕河中往来船只多在此停泊，其地理位置十分重要，是晚清江防的重要据点，设有参将营把守。民国以后，裕溪口渐趋衰落，城镇变迁明显。"当时既有驻军，市况因较殷盛，迨后民国肇兴，百制顿改，驻军既撤，市况亦衰，加以萑苻不靖，屡遭大灾，富有者多迁往他地，而留居者皆贫困不堪，……只有茅屋数十所，零落散布，墙颓宅破，景象萧条，已无街市之形"②。1935 年淮南铁路兴筑，南段终点选在裕溪口，该镇又转趋发达。"通车以后，更有进展，今则煤栈、电灯、火车、轮船、建筑工厂，各种商店，莫不齐备，已稍具都市之观矣"③。此时的裕溪口不但是淮南铁路的终点站，而且也成为江淮地区水路交通出口和华中、华东地区的煤炭供应地，在交通、经济、国防等方面占有重要位置。

淮南铁路的通车，是促进裕溪口再度兴起的主要动力。该城镇

---

① 张善玮：《淮南铁路沿线生产交通情形及其业务发展之计划》，《铁路杂志》1935 年第 2 卷第 8 期。
② 萧廷奎：《安徽裕溪口之地理考察》，《地理教学》1937 年第 1 卷第 5 期。
③ 同上。

地价上涨，城镇面积扩大，街区分布较为有序。"自淮南铁路择其地为终点，京芜各大企业公司，或富有之私人，咸来争购圩堤及附近稻田之地皮，一时土地价值激增，由每亩四十元，一跃而为每亩三百元。今则斯种土地，皆为车站、煤栈及各商号分布场所，而隙地殊鲜。往昔裕溪口之核心位置，本在河口附近，目下向北约展拓二里，而止于四滩子。其交通中心及住宅、商业诸区之分布，井然有序，判然可辨"①。其街区大致分为以下几种。一是煤炭搬运工人住宅区。这些房屋低矮，多为草棚，人入其内，难以直立。二是陆运中心区。这是淮南铁路的终点站，有站台，火车出站可直达码头，并可与对岸芜湖联运。三是混合区。这里主要是煤栈和煤栈工人住宅区。四是水运中心区。主要有京裕、京运、利安等航班船只停泊于此，以便行旅。五是商业区。这里是交通要道，茶铺很多，商旅众多。六是本地人住宅区。②

淮南铁路通车后，尽管裕溪口在较短时间内获得很大的发展，"不仅为皖中稻米丰产区域之吞吐口岸，即皖北西部一带，亦将以之为出入枢纽"③，但是也有一些不利因素，制约其进一步发展。一是距离芜湖近，只有 25 里，故其既不能直接吸收输入品，亦不能直接分配输出品，而一切货物出入均以芜湖为枢纽，其客运虽盛，但因联运关系，旅客仅经过此间，直达芜湖，既不逗留，亦不购买，其成为区域商业中心较为困难。二是水运竞争。运漕河水量颇丰，一直是联络皖中与大江的交通动脉。淮南铁路通车，水运受到影响，但大宗货物运输仍以水运较为经济。"故淮南铁路裕巢段终年有水道竞争，客货营业，不无受其影响也"④。三是发展空间受限。该镇位于圩堤之上，空地较少，如扩大街区，要么填充稻田，与圩堤齐平，要么沿圩堤发展。前者工程量大，耗费多，后者

① 萧廷奎：《安徽裕溪口之地理考察》，《地理教学》1937 年第 1 卷第 5 期。
② 同上。
③ 同上。
④ 张善玮：《淮南铁路沿线生产交通情形及其业务发展之计划》，《铁路杂志》1935 年第 2 卷第 8 期。

如延展过长，与中心区域距离较远。加上该处地势低平，容易水
涝。因此，虽然作为淮南铁路的南段终点，裕溪口获得较快发展，
但其前途绝不能与芜湖、浦口相提并论，其只能成为服务于芜湖及
江淮地区商品进出的转运口岸。

第五章　新式交通与皖北地区
传统城镇的兴衰

　　清代，安徽省会——安庆位于皖省西南一隅，与同处于长江流域别的省会相比，安庆的发展没有与其省会的地位相匹配。安庆虽有长江航运的便利，但由于其腹地狭小且商品化程度低，不能为其发展提供强有力的支撑。在近代化过程中，其经济地位渐被芜湖所夺。因此，省会安庆对于皖北城镇的经济辐射有限，皖北地区一定程度上处于边缘的状态。在传统城镇体系下，皖北没有形成 10 万人以上的城镇。在近代化的过程中，新式交通兴起，皖北新城镇崛起，并成为新的交通与商业中心。而在新的交通格局下，传统的府、州、县城镇则命运各异，即与新式交通接轨的城镇，则获得新生；反之，则逐渐失去交通与区位的优势，城镇发展停滞或渐趋衰落。

第一节　合肥、宿州因铁路获得新生

　　皖北地区传统城镇大多是府、州、县的治所，通常有城墙或外郭保护，政治功能为主，兼具商业功能，在区域商品流通中发挥中心城镇的作用，居于传统城镇体系的主导地位。新式交通兴起，特别是以铁路为主导的新交通格局形成，一些传统城镇因与新式交通接轨获得新生，为其以后的发展打下良好的基础，政治地位快速提升，甚至成为省会城市。

一　铁路与近代合肥城市发展

（一）合肥历史沿革与商业概况

合肥是有着两千多年历史的古城，曾是江淮之间物资转运的集散地。《史记·货殖列传》记载"合肥受南北潮。皮革、鲍、木输会也"。但更多的时间，合肥是地方府、县的治所，发挥军事、政治功能。三国时期，合肥成为魏、吴争夺的战略要地。这对合肥地区的经济破坏严重。隋唐时期，随着经济中心的南移，江淮地区农业发展，促进了合肥的商业发展。唐贞观年间，政府修筑了庐州新城——金斗城。该城地处淝水南岸，水路交通发达，商业贸易有较大发展。唐代的庐州不再以政区命名，而取名"金斗城"，反映了当时庐州城商业的兴盛。[①] 北宋时期，庐州农业、手工业发展很快。手工业有纺织业、陶瓷业、制铁等。政府在此设有官办"贸易権场"，贩运盐、铁、茶等商品。当时的庐州城外沿金斗河北岸，已形成较大的商埠。南宋时，宋金在淮河流域展开争夺，庐州成为南宋抗金的前哨阵地。庐州的城墙得以加固，城池高大坚固，周围26里，高二丈八尺有余，城基宽百尺以上，金斗河横贯城中，为安徽境内第一大城，金兵屡攻不下，号称"铁庐州"[②]。

明清以来，合肥的商业有很大发展，成为区域性的商业中心。巢湖地区的粮油、棉花、蚕丝等，大别山的竹木、皮毛、山货经庐州运往各地。当时庐州商业十分发达。"谷米之出入，竹木之栖泊，舟船经抵县桥，或至郡邑署后，百货骈集，千橧鳞次，两岸悉列货肆，商贾喧阗"[③]。清咸同年间，经过太平天国战乱，经济破坏严重。光绪年间，社会趋于稳定，商业逐渐繁荣。外省移民和外埠商家投资兴业增多。主要有山西商人开设的典当，湖北商人开设的汉坊，福建商人生产的糕饼，江西人经营的木材，金陵、皖南人开办

---

① 合肥市人民政府地方志编纂办公室编：《合肥概览》，安徽新华印刷厂1987年印刷，第5页。
② 同上。
③ 田实发：《金斗河议》，嘉庆《合肥县志》卷35《集文》。

的陶瓷、纺织厂店等。随着外来商人在合肥人数的增加，庐州城内设置了多家会馆。合肥仍保持了江淮经济中心的地位，是当时皖省四大商埠之一①。

（二）新式交通与合肥城市发展

在传统交通模式下，合肥驿路交通发达，境内有驿站四个，"在城曰金斗，南曰派河（城南四五里），北曰店埠（在城东四十里），曰护城（在县城东北九十里）。金斗驿西南至派河驿，东北至店埠驿，各四十里，西北至吴山庙驿六十五里，派河驿南至舒城三沟驿六十里，店埠驿北至护城驿五十里，护城驿北至定远张桥驿六十里，吴山庙北至寿县瓦埠驿七十里"②。水路由府城，经南淝河向南 70 里于施口处入巢湖，再经巢湖可达于长江。当时合肥与安徽省内主要府县或商业城镇均有水路或陆路连接，交通发达（具体见表 5 - 1）。

表 5 - 1　　　　合肥与皖省主要府县或商业城镇交通情况

城镇名称	与合肥距离（里）	交通方式	备注
芜湖	360	水路	东南
安庆	360	陆路	南
三河	90	水、陆路	南
蚌埠	360	陆路	北
寿县	210	陆路	北
正阳关	270	陆路	西北
六安	180	陆路	西

资料来源：根据龚光朗、曹觉生《安徽各县工商概况》，《安徽建设月刊》1931 年第 3 卷第 3 号。

近代以来，新式交通兴起，合肥的交通状况也明显改善。水路方

---

① 合肥市人民政府地方志编纂办公室编：《合肥概览》，安徽新华印刷厂 1987 年印刷，第 6—7 页。

② 李絜非：《合肥风土志》，《学风》1935 年第 5 卷第 7 期。

面，"肥水自县城以下，可以通航民船、汽船。自县城至施口七十里，越巢湖西南往三河，东北往巢县。自县城至巢县凡百八十里，夏秋水涨，汽船可以直达，春冬水浅，则无能为役"①。当时，开通合肥至芜湖、三河至芜湖的小轮公司有泰昌、利济、源丰、大安、瑞丰泰等，有汽船十余只。从合肥至芜湖，正常行驶，两日可以到达。此水路属于季节性通航，"现省府计行以工代赈，开浚施口以至附近县城一带河道，谋水利畅用，与冬季通航"②，但限于财力，此计划并没有落实。合肥居于安徽中部，安徽主要公路大多由此通过，公路交通开始起步（具体见表5-2）。这些公路大多实在原有的驿路或铺路基础上整修而成，路面以土路为主，通车以晴天为主。"惟诸路路基皆欠坚整，一届雨雪，则交通立停，殊感不便"③。淮南煤矿大规模开采，运煤问题提到日程上。1934年，淮南铁路开工修筑。"该路全线计二百十五公里，去年（1934）4月至今年（1935年）春，已先完成矿山至合肥一段，计八十七公里。合肥至巢县为第二段，土方大都完成，桥梁将此兴筑，今年六月以后可以停车。巢湖至裕溪口为第三段，计今年之内全线可以停车。江淮之间，固多捷径，而合肥枕居其冲要，交通影响尤为重大"④。新式交通的兴起，给合肥带来发展的新机遇，其市政建设也逐步展开。

表5-2　　　　　　　民国时期合肥公路交通情况

路名	修筑时间	里程（公里）	沿线城镇	备注
合乌公路	1923年完成勘测，1929年完成合巢段，1933年修至乌江	73	经店埠、柘皋、巢县等地	属于京陕公路

① 李絜非：《合肥风土志》，《学风》1935年第5卷第7期。
② 同上。
③ 同上。
④ 同上。

续表

路名	修筑时间	里程（公里）	沿线城镇	备注
合六公路	1927 年修筑，1931 年进行整修	158	经三十里铺等地	
合安公路	1928 年完成勘测，1932 年整修	150	经桃城、舒城、桐城等地	属于京川公路
合蚌公路	1923 年完成勘测，1929 年通车	150	经梁园、定远、凤阳等地	

资料来源：根据李絜非：《合肥风土志》，《学风》1935 年第 5 卷第 7 期；合肥市公路志编纂委员会编：《合肥市公路志》，安徽人民出版社 2002 年版，第 11—28 页相关资料整理而成。

合肥地方政府对市政建设十分重视，1928 年喻学源出任建设局长。他节流机关费用，改作事业费用，至 1929 年底，先后修筑吴大巷、卫山巷、党部街、县署街、府学前横街、德胜门大街等处街道，共计 480 丈；鉴于"本县沟涵，多年未掏，类多淤塞之处，一经雨天，街道积水甚深"[①]，疏掏市内沟渠，实为当务之急。至 1929 年底，已完成 1400 多丈，一定程度上缓解遇雨雪街道积水的状况。1930 年，吴清泉接任建设局长，进一步加强市政建设。"合肥城区内外，地段辽阔，人烟繁密，对于市政，素乏讲求，以至大小街道，狭窄崎岖，诸多窒碍，沟渠淤塞，污气熏蒸，若不从速修筑，不特交通上颇感困难，且与市民卫生康健大有妨碍"[②]。由于各街道修筑道路需款甚巨，县政府款项不敷使用，于是召集各业士绅开会，讨论筹款办法，并组织经济保管委员会，积极筹款进行市政建设。经过努力，城内多条街道开工修筑，并对一些重要街巷进行铺垫整理（具体见表 5–3），合肥市内道路有了明显改观。

---

① 喻学源：《一年来之合肥建设》，《安徽建设》1929 年第 12 期。
② 《地方建设资料·合肥县修筑城区道路计划》，《安徽建设》1931 年第 3 卷第 25 期。

表 5 - 3　　　　　　　　　1931 年合肥城市道路修筑情况

整修路段	道路状况	费用	备注
三孝口至西门大街	街道高低不平，碎石纵横，积潦弥漫，行人畏而裹足，商业因之不振。1930 年底动工，下垫碎石，上铺砂渣，用滚碾固，道路做成鱼背形，两旁砌有走道，并挖排水沟，以便排水。长 250 丈，宽一丈四尺	约大洋 600 元	与德胜门马路连接
东门外至汽车站	该路为县城水路交通要道，商务颇盛，亟须修筑马路，与合巢、合蚌省道相接。长 245 丈，平均宽一丈五尺	约大洋 500 元	1931 年 1 月动工
大东门至十字街	该段为合肥商务精华之地、往来冲要之区，亟应特别修筑，以期树立城区建设之规模。拟在街心添铺红糙石五条，约计四尺阔，长 236 丈	需款甚巨，由县商会积极筹集	
十字街至府学一段	该路长 320 丈，拟就原有石道添铺青石五条	需款由商店、住户按门面宽度摊派	
整理原有马路	对德胜门大街、横街、县署街、府学前街一带马路，因历时过久，车马往来，毁坏严重		
整理重要街巷	合肥街巷共计百余条。巷内皆系泥路，一经雪雨，交通颇感不便。建设局雇用挑夫，挑煤渣铺垫，上覆碎石，锤筑坚固		已将卫山巷、县署东小巷修筑完竣

资料来源：根据《合肥县修筑城区道路计划》，《安徽建设》1931 年第 3 卷第 25 期的相关资料整理而成。

随着津浦铁路通车，蚌埠崛起，合肥的商业一度受到很大影响，"乃衰落不及以前三分之一。以交通之不便，商旅货物，皆舍合肥而趋蚌埠"①。加上芜湖兴起，江淮之间的贸易中心移向沿淮、

----

① 张善玮：《淮南铁路沿线生产交通情形及其业务发展之计划》，《铁路杂志》1935 年第 2 卷第 8 期。

沿江，居于蚌埠与芜湖之间的合肥商业衰落也不足为怪。1936 年，淮南铁路全线通车，为合肥城市发展注入新的动力。合肥至长江之间，已可朝发夕至。六安之茶、麻，三河之米，舒城之棉花运销京沪等地，均集中于合肥，昔日商业繁荣得以重现。① 合肥年输出的物资：大米 130 万石，麦 18 万石，牛皮 2 万张，棉花 3 万担，鹅鸭毛 1.6 万担，麻 2.4 万担，食油 8 万担，土布 80 万匹，猪 75 万担，禽蛋 10 万担。输入商品主要有，洋纱 8000 包，洋布 5000 件，颜料 4000 件，食盐 3.7 万担，木材 1.5 万码，煤油 5 万箱，纸张 14 万件，煤炭 10 万吨，食糖 1 万包。② 当时合肥商业比较繁荣，规模较大的商铺主要有布业 80 户，纱业 30 户，杂货业 80 户，米行 30 户，广货业 17 户，书店 4 户，钱庄 4 户。③ 合肥的“大商店多集中鼓楼新街、鼓楼西大街、东门大街一带，以布业、洋货业为多，六安的茶叶，舒潜的竹簟，及各乡土布，咸出其中”④ 合肥东关外的坝上街，是仅次于芜湖的省内第二大米市，皖西一带的粮食在此汇集，通过水路运往外地，无锡、三河的大米也由水路运到这里销售。坝上街北面，南淝河岸畔的木滩街，是全省著名的木材集散地，大小木棚从今天的长江路桥北头，沿河排到凤凰河口，那里堆积如山的山木、杂木和毛竹，大多由四川、江西等地水路运来。⑤

　　民国时期，合肥工业也有初步发展。1923 年，耀远电气股份有限公司成立，这是合肥电力工业的开端。当时有厂房 5 间，装置 100 马力柴油机和 50 千瓦发电机各 1 台，设配电线路 3 条，工人

---

① 张善玮：《淮南铁路沿线生产交通情形及其业务发展之计划》，《铁路杂志》1935 年第 2 卷第 8 期。

② 合肥市人民政府地方志编纂办公室编：《合肥概览》，安徽新华印刷厂 1987 年印刷，第 7 页。

③ 龚光朗、曹觉生：《安徽各县工商概况》，《安徽建设月刊》1931 年第 3 卷第 3 号。

④ 李絜非：《合肥风土志》，《学风》1935 年第 5 卷第 7 期。

⑤ 牛耘：《旧合肥的特色街巷》，《安徽文史资料全书·合肥卷》（上），安徽人民出版社 2007 年版，第 476 页。

20余人。当年9月中旬，电厂建成发电，日供电18—24小时，主要供给地方官府和少数巨商大户照明用电。到1935年，公司职工增加到40余人，固定资产达到银圆6.93万元，资本总额达到9.46万元。1936年，淮南铁路通车后，全市的用电量大增，全年共发电8.77万千瓦时，营业总收入2.34万元，盈余0.19万元。[①] 至1937年，合肥城区居民已有300余户家庭使用电灯照明。除了电力工业外，合肥的其他工业也发展较快。据1935年的统计，当时有碾米公司3家，纺织厂17家，印染42家，印刷厂10家，窑厂11家，油坊100余家，铁业200余家，共计近400家。[②] 至1949年，合肥除数家营造、纺织厂外，尚有8家烟厂、21家皮革厂、3家机器修配厂、6家肥皂厂、6家碾米厂、3家榨油厂、1家窑厂、数家篾器厂及木器厂等，总计为626户（含私营小作坊），年工业产值80余万元。[③]

合肥人口也因铁路的开通而快速增长。20世纪20年代有2万—3万人，抗日战争前夕，已达7.7万人。[④] 在城市建设的促进下，合肥萌蘖了公共卫生事业，反映了城市发展的需求。[⑤] 1937年，合肥警察局内设立清洁队和清洁所，设队长1人，夫目、夫役若干人，配有垃圾车、铁铲、扫帚、铜铃、号衣，负责清扫街巷。抗日战争期间，这些清扫机构大多解体。1945年11月，安徽省政府迁至合肥，陆续建立4所卫生机构。[⑥] 合肥的疫病防治工作随即

---

① 合肥市地方志编纂委员会：《合肥市志·工业》，安徽人民出版社1999年版，第481页。

② 合肥市人民政府地方志编纂办公室编：《合肥概览》，安徽新华印刷厂1987年印刷，第7页。

③ 合肥市地方志编纂委员会：《合肥市志·工业》，安徽人民出版社1999年版，第407页。

④ 谢国兴：《中国现代化的区域研究——安徽省（1860—1937）》，（台北）"中央研究院"近代史研究所1991年版，第518页。

⑤ 李忠萍：《民国时期合肥城市公共卫生事业述论》，《安庆师范学院学报》（社会科学版）2011年第4期。

⑥ 汪胜：《解放前合肥卫生概述》，《安徽文史资料全书·合肥卷》（上），安徽人民出版社2007年版，第631页。

展开。1946 年，开展春季种痘运动，受种者 36467 人，1947 年受种者 12799 人；在 1946 年夏季防疫注射运动中，注射伤寒霍乱混合疫苗者 18022 人，注射霍乱疫苗者 17182 人，1947 年注射疫苗者 21864 人。同时开展了社会卫生工作，加强对饮水卫生的宣传和管理，学校卫生运动和妇婴卫生工作也开展起来。①

总之，合肥居江淮之冲要，扼公路之枢纽，西通六安，西南达安庆，东南达巢芜，北趋蚌埠，加上淮南铁路贯通，区位优势明显增强。在新式交通，特别是铁路的拉动下，城市发展初具规模。1945 年 11 月，安徽省政府迁至合肥，进一步促进了合肥城市发展，为新中国成立后成为安徽省会打下了基础。

二　铁路与近代宿州城市发展

（一）宿州的沿革与传统交通状况

宿州是唐宋时期因汴河（通济渠）发达的漕运和转运贸易而成长起来的城市。唐宪宗元和四年（809）置宿州，治于埇桥镇。宋元时期，虽有变化，但宿州建制一直保留，并辖有周边的符离、蕲、临涣、灵璧等县。明代宿州属凤阳府，下辖灵璧县。清代宿州仍属凤阳府，灵璧县改属凤阳府直辖，宿州不再辖县。民国初年，废府、州，宿州改为宿县，属淮泗道管辖。1927 年废道，宿县属安徽省直辖。1932 年宿县属安徽第六专员公署，后改属第四专员公署。

旧志载："宿州西翼梁宋，北控邳徐，南襟濠寿，东阻淮泗，舟车要会，战守所资也。"② 元、明、清时期，汴河淤塞，黄河泛滥，宿州渐趋衰落。明清时期，宿州处于南北交通的主要驿道上，驿路交通十分发达。据载，宿州明代位于北京至江西、广东水陆路

---

① 李忠萍：《民国时期合肥城市公共卫生事业述论》，《安庆师范学院学报》（社会科学版）2011 年第 4 期。

② 光绪《宿州志》卷 3《舆地志·形势》。

上①；清代，这条南北交通干线仍经由宿州，且在宿州的睢阳驿与东西驿道交会。②在传统交通模式下，宿州仍保持着重要交通路线节点的地位，在皖北传统城镇体系中发挥着沟通南北的作用。

（二）新式交通与宿州城市发展

1912 年，津浦铁路通车，宿州设站，这使当地的转运业迅速兴起，运输本地出产的高粱、大豆、小麦、皮革等至浦口、镇江、天津等，而由这些城市输入洋货、杂货及煤油等。其农产品的运输情况见表 5 - 4。民国五年（1916），蚌埠资本家李某带 5 辆汽车来宿州开办长途汽车运输公司，实行客货兼营。③虽然运量有限，但这毕竟是宿州汽车运输的开始。

表 5 - 4　　　　　1931—1933 年津浦铁路宿州站农产品运量

货物		年份与数量（公斤）		
		1931 年	1932 年	1933 年
起运	猪	1741300	150300	148400
	鲜蛋	564920	559537	868536
	牛皮	149235	78729	70211
	小麦	18250	6278751	7588076
	高粱	31668	560890	653437
	大豆	—	2898754	790382
	绿豆	—	3075174	649537
	其他豆类	2370165	766037	3267171
	芝麻	2179138	1251538	675276
	芝麻油	127226	81333	281974

---

① 黄汴：《一统路程图记》，程春宇：《士商类要》，杨正泰撰：《明代驿站考》，上海古籍出版社 2006 年版，附录 2。

② 冯熙主修：《皖政辑要》，黄山书社 2005 年版，第 878 页。

③ 宿州市地方志编纂委员会编：《宿州市志》，上海古籍出版社 1991 年版，第 128 页。

续表

货物		年份与数量（公斤）		
		1931 年	1932 年	1933 年
到运	米	1083825	61064	752490
	高粱	350350	3921095	—
	面粉	3562027	9909218	338964

资料来源：根据章建《铁路与近代安徽经济社会变迁研究（1912—1937）》（苏州大学 2013 年博士学位论文），第 203 页表格制成。

新式交通兴起，特别是津浦铁路的通车，促进宿州城市的近代化。首先，宿州工业从无到有，发展很快。私人投资兴办有酒厂、油厂、布厂、袜厂、外地商人还在宿州兴建蛋厂、电厂。连同原有的铁业、木业、食品、制鞋、竹器、建筑，共有各种厂、坊近 100 家，产品达 100 多种①（具体见表 5-5）。从此表可以看出，民国时期宿州工业发展门类较为齐全，机械化程度较高，有些工厂，生产规模较大，以永盛打蛋厂和宿州电灯公司为代表。

表 5-5　　　　　　　　　民国时期宿州工业发展情况

行业	工厂	生产情况	备注
机械工业	铁匠铺	主要铸造犁铧、犁面、铁锅、大口油锅以及农具等。抗战后，增制机床，可以生产轧花机、弹花机等	清末由河南与山西人经营
煤炭工业	烈山煤矿	周玉山投资创办普利公司，后倪嗣冲插手，成立普益煤矿公司，煤炭生产增加，外销至江西、福建等省，颇有名气	民国时期，濉溪烈山煤矿一带属于宿州管辖

① 戴兴华：《民国时期宿城工业概况》，宿州政协文史资料研究会编：《宿州市文史资料》（第 2 辑），1992 年印刷，第 13 页。

行业	工厂	生产情况	备注
电力工业	宿县电灯公司	1917年宿县商会薛体乾倡办，主要供政府、学校及其他团体照明用电；1928年扩大了发电能力	公司名称先后为耀宿电灯公司、安平电灯公司、明远电灯公司、耀华电灯公司
纺织工业	德纶布厂	厂址在小河南西头白衣阁，有7台铁木结构织布机，主要生产白细布、条子布	民国初年，由山东潍县迁来
	生生工厂	本地商人在北关创办，主要生产毛巾、袜子等	
加工工业	永盛打蛋厂	英国怡和洋行雇佣宁波商人开办。该厂规模较大，实行机械化生产，有工人近千名主要生产蛋黄粉和蛋清皮	该厂后更名为元丰打蛋厂、大有打蛋厂
	面粉厂	1936年，本地商人李廷元购买机器创办面粉厂，日产100袋，每袋30斤，主要供给面行和学校。张心元也创办面粉厂，日产面粉2000斤	
	油坊	最早的使用机器生产的油坊是宏源油坊，规模最大的是德聚合油坊，煤炭可生产5000斤左右	还有衡义、公信、东关等油坊，规模较小
	义泰丰皮革厂	李廷元创办，收购本地牛羊皮，从江南聘请技师2人，雇用本地工人若干人，生产皮革运销京沪一带	
食品工业	糕点店	主要有恒隆、豫泰生、稻香村糕点店等。三家商号都是前店后坊，自产自销。主要生产传统糕点，如三刀、京蜜、蓼花、蚂蚱腿等，细点有寸金、麻片、酥糕等	

续表

行业	工厂	生产情况	备注
酿造工业	酒坊	岐丰号老板周岐山酒坊，日产酒300斤。1934年，与李廷元合办，改名源丰酒坊，抗日战争期间，被迫生产酒精。抗日战争胜利后，生产大曲酒，商标仍为岐丰大曲	新中国成立后改为宿州酒厂

资料来源：根据戴兴华的《民国时期宿城工业概况》，宿州政协文史资料研究会编的《宿州市文史资料》（第2辑）1992年印刷，第12—19页；曾中义的《民国期间宿城电业概况》，宿州政协文史资料研究会编的《宿州市文史资料》（第2辑）1992年印刷，第94页的记载整理而成。

　　英国怡和洋行选择在宿州创办鸡蛋加工厂，是因为宿州在交通和原料上的优势。一方面津浦铁路通车，宿州设站，火车可直达各大城市和港口，便于产品运销；另一方面，宿州一带农户家家养鸡，盛产鲜蛋，而且经过化验，当地所产鸡蛋质量优于其他地区。经过宁波商人杨继青调查，怡和洋行决定在宿州建厂，厂名为永盛打蛋厂，厂址选在火车站西北方向半里处，占地50多亩，厂内设有机器房、发电房、飞黄楼（处理蛋黄）、炕青房（处理蛋清），还有刷洗、打蛋、过筛、库房等车间。机器从德国西门子公司进口。民国五年（1916）开始投产，月加工鸡蛋近100万只。生产最旺盛时，全厂共有工人1200人，其中从外地来的工人将近一半。① 产品主要通过铁路运往南京、上海等沿海大城市，除了内销外，大部分出口欧美。该厂是当时皖北地区生产规模最大的工厂之一。

　　宿州电力工业是从永盛打蛋厂购置发电机，建立发电房开始的。该厂购置45千瓦发电机，所发电力只供本厂动力和照明使用。1917年，商会会长薛体乾倡议兴办电灯公司，机构、团体、居民、商界以及同业公会都积极响应，筹集资金1万元，购得10万千瓦

---

　　① 雨辰：《外商投资兴办的鸡蛋加工厂》，《安徽文史资料全书·宿州卷》，安徽人民出版社2007年版，第338—340页。

216

发电机组 1 台。公司定名为耀宿电灯公司,电力主要供应商会和政府机关,供电时间是下午 5 点至 12 点。1920 年,宿州商会与上海商人马幼眉达成协议,联合投资,扩大经营,马将 25 千瓦发电机组 1 套及附属设施作价 2 万元入股,供电能力增强。1928 年,公司又从济南慎昌洋行购置 45 千瓦发电机组 1 套,并添置了煤气发生炉和抽水机,进一步扩大了发电能力。公司供电用户有 550 户,在县政府门前、小隅首、小东门等处设有少量路灯,共架 2300 伏高压配电线路 1.5 公里,220 伏低压电配电线路 3 公里,配电变压器6 台,共有电线杆 52 根,发电总容量为 52.5 千伏安,年发电量4.5 万度左右。在 10 年中,公司先后改名为安平电灯公司、明远电灯公司、耀华电灯公司。1937 年,经国民政府实业部批准,该公司加入全国民营电力联合会。1938 年,因日军侵占宿州而停产①。

津浦铁路通车,宿州的商业随之迅速发展。清末,宿州城有坐商 83 户,店员 170 人,有各类小商小贩 500 户,只是一个商业规模很小的州城。铁路建成后,至民国八年(1919),宿州商号增加到 120 户,仅学徒就有 189 人。抗日战争期间,宿州被日军占领,本地商号大多逃散,商业上以日本人设立的福寿昌、清喜、富士等18 家洋行为主,主要为日本采购粮食、油料、牛羊皮等,为日本侵华服务。抗日战争胜利后,商业得到恢复,至 1946 年,宿州有大小商店近 300 家,店员、学徒有 1300 多人,商业兴盛一时。宿州的商业主要分布在环城旧城区,街道呈东西走向的有四条:小河南街、大河南街、中正街、中山街。呈南北走向的是子午街。它从城南门到城北门,和上述四条街构成“丰”字形的格局。当时商业店铺主要在中正街及子午街中段,也有设在后街的,以大隅口和小隅口地段比较繁华②。火车站至城内道路是新兴的街道,新兴的转

---

① 曾中义:《民国期间宿城电业概况》,宿州政协文史资料研究会编:《宿州市文史资料》(第 2 辑) 1992 年印刷,第 94—95 页。

② 戴兴华:《民国时期宿城商业概况》,宿州政协文史资料研究会编:《宿州市文史资料》(第 2 辑) 1992 年印刷,第 1—2 页。

运商行就分布在这条街道的两旁①。

　　宿州商业主要经营类型有行商、商贩、商行、商号等。行商主要是从外地采购货物在宿州批发销售，或者从当地收购土特产品贩运到外地的商人。他们不通过商行、货栈等中间环节，经营一般规模不是太大。商贩主要是做小本生意的人，要么摆摊设点，要么走街串巷，赚取零钱供养活家庭。商行不直接采购或销售货物，主要为买卖双方提供交易场所，收取佣金。主要商行有粮行、粮栈、油行、盐行等。商号的规模较大，是宿州城市商业的龙头，主要著名的商号有恒隆、岐丰、豫泰生等。这些商号主要经营京广杂货、布匹、粮食等。津浦铁路通车后，"五洋"商品大量输入，冲击传统商业。这些商号大多也开始经营外来商品，并且规模不断扩大。同时这些商号，还自己加工各类特色糕点和月饼，十分畅销，收益颇丰。除此之外，还有经营绸布业的德丰恒、蒋增盛，经营烟草的凌云烟庄，经营文具书籍的庆祥泰，经营西式糕点的黄元兴，经营传统糕点和水果罐头的稻香村等商号。至1931年，宿州的岐丰、恒隆、豫泰生等大商号的资金多达数万元，德丰恒、天凤祥、聚兴隆等商号资金也在万元左右，华丰、聚丰、天成、义兴源等20多家商号的资金也不下3000元②。这足见当时宿州商业的规模。

　　总之，新式交通兴起，特别是津浦铁路通车，为宿州城市发展注入了发展的动力。宿州崛起于蚌埠与徐州之间，其城市规模与影响不及二者，但其城市发展与自身之前相比，变化十分显著。不管是城市街道的扩展，还是工商业的发展，在皖北地区较为突出，是因新式交通而获得发展新生的传统城镇。

---

　　① 龚光朗、曹觉生：《安徽各县工商概况》，《安徽建设月刊》1931年第3卷第3号。
　　② 戴兴华：《民国时期宿城商业概况》，宿州政协文史资料研究会编：《宿州市文史资料》（第2辑）1992年印刷，第4—7页。

第二节　凤阳、阜阳、亳州交通与
区位优势的弱化

皖北地区一些重要的传统城镇，在传统交通模式下，区位优势明显，在传统城镇体系中发挥着重要作用。但以铁路为代表的新式交通兴起后，它们没有与新式交通接轨，其传统交通枢纽或经济中心地位弱化。同时，这也导致它们的政治中心地位也受到冲击，甚至丧失。过去以传统城镇为中心的城镇体系，日渐向由以区域商业城市和交通枢纽城镇为主体的城镇体系转变。

一　明清以来凤阳历史地位的变迁

（一）明初凤阳设府及其政治地位的提升

凤阳古为淮夷之地，春秋时，在今临淮镇附近建有钟离国，并筑有钟离城。秦统一后，钟离城属九江郡。西汉初，设钟离县。两汉时期，钟离县属九江郡。三国时，钟离县属魏。西晋时，属淮南郡。东晋时，分九江郡为九江、钟离二郡。南北朝时，钟离先后属北齐、陈、北周。隋唐时钟离改成豪州，后又改豪州为濠州。两宋时期，钟离县属淮南西路濠州。元朝时，钟离属河南行省安丰路濠州安抚司。元末农民起义军攻占濠州，1367 年，朱元璋改濠州为临濠府。明洪武二年（1369），改钟离县为中立县，同时在濠州西南凤凰山南麓建中都。洪武三年（1370），因县城北临淮河，将中立县改为临淮县，这是临淮地名之始。洪武六年临濠府改为中立府，洪武七年中立府改名凤阳府，此时的凤阳府管辖寿州、邳州、徐州、宿州、颍州、息县、光州、六安、信阳 9 州，五河、怀远、中立、定远、蒙城、霍丘、英山、宿迁、睢宁、砀山、灵璧、颍上、泰和、固始、光山、丰县、沛县、萧县等 18 州县，[①] 范围涵盖今天的安徽省北部、河南省东南部、江苏省北部与西部。但是，由

---

① 《明太祖实录》（广方言馆本）卷 195，（台北）商务印书馆 1958 年版，第 645 页。

于管辖范围过大，一些州县距离府城较远，事务处理不便，同时也不利于中央对地方有效控制。于是，从洪武七年（1374）开始，一些州县逐渐从凤阳府划出，或归周边各府，或改为直隶州由中央政府直接管理。如，洪武十三年（1380），信阳州、光州划归邻近的汝宁府。此后一直到明末，凤阳府领五州、十三县，分别是颍州、泗州、宿州、寿州、亳州、凤阳县、临淮县、怀远县、定远县、五河县、虹县、霍邱县、蒙城县、盱眙县、天长县、灵璧县、颍上县、太和县。[①]

元代淮西濠州因是朱元璋的"龙兴之地"，得以建为中都，后虽中都并未建成，但此地设凤阳府，其管辖范围之大，史无前例。这使凤阳成为淮河流域的政治、经济、交通、文化中心，一直延续到明末，并影响至清前期。这其中主要原因是凤阳地理位置重要，利于控制江淮地区。凤阳"背涡口之曲流，望马丘之高滋，东连三吴，南引荆楚，钟离天险，建业肩髀，淮海内屏，东南枢辖，长淮横北，石梁环西，淮南一都会，北接中原，南通江淮，梁宋吴楚之卫，齐鲁汴洛之道，阻淮带山，为淮南之险"[②]。这里也许有抬高、夸大凤阳地位的溢美之词，但也充分说明凤阳地理位置的重要性。同时，江淮地区历来为兵家必争之地，占据并巩固在此地的统治有着重要的军事意义。这正如顾祖禹在《读史方舆纪要》中所言：

> 府西连汝、颍，东道楚、泗，为建业之肩背，中原之腰膂。春秋时，吴人观兵于淮上，遂能争长中原。及赵灭吴，而不能正江淮地，楚东侵诸侯地至泗上……自秦之后，东南多故，起于淮泗间者，往往为天下雄。南北朝时，钟离常为重镇，岂非以据淮之中，形势便利，阻水带山，战守有资乎？自陈人失淮南，而江边卑小，遂无以抗中原。宋绍兴六年，刘豫寇淮西，朝议欲弃淮保江。张浚曰："淮南诸屯，所以屏蔽大

---

① 李天敏：《安徽历代政区治地通释》，1986 年印刷，第 156—158 页。

② （明）李贤、彭时：《大明一统志》卷 7《凤阳府·形胜》，（台北）联国风出版社 1965 年版，第 254 页。

江，使贼得淮南，因粮就运，以为家计，则长江之险，与敌共
有，江南未可保也"。又曰"淮东宜于盱眙屯驻，以扼清河上
游；淮西宜于濠、寿屯驻，以扼涡、颍运道"。真氏曰："有濠
梁之遮蔽，则敌不得走历阳。"后魏邢峦曰："钟离天险，盖以
控扼淮滨，防守要重也。"又，长淮南北，土广田良，从来有
事江淮者，耕屯其并兼之本欤！①

（二）凤阳关设立及凤阳地位的变迁

明朝初年，凤阳府因具有特殊的政治地位，经济也开始繁荣起
来，一跃而成为安徽北部的政治、经济中心和淮河流域的首府。② 随
着社会的稳定和经济的发展，皖北地区的农业、手工业发展很快，商
品流通日益兴盛，为本地区商品输出提供了货源，同时也形成了本地
区对于外地商品需求的市场。凤阳地处中原腹地，跨淮河两岸，地势
平坦，河流众多，水陆交通便捷。水路方面，凤阳府北枕淮河，东滨
洪泽湖，水运十分便利。淮河及其支流颍河、涡河、沱河等水路可上
达河南周口、鹿邑等地，下游可经洪泽湖入江达海。可谓"五水交
汇，皆通舟楫，为南北往来要衢"③。陆路方面，隋唐时即有驿道连
接南北交通，宋元时期在此设有多处驿站，交通便利。明清时期凤阳
驿路，"北起灵璧交界起，南至王庄驿十里，又南至凤桥集六十里，
渡淮水至西土壩，又南至红心驿六十里，又南五里交定远界，与淮水
成直交"；"铺路则自府城四出，北至淮边，西至怀远，西南至洛河，
南至定远，东南至总铺、红心以至南京，东至临淮诸地"④。商业、
手工业的发展，加上交通的便捷，凤阳成为明前期皖北地区商品集散
的中心，成为长途贩运商路的必经之地和皖北粮食等输出的通道。明

① （清）顾祖禹：《读史方舆纪要》卷21《南直三·凤阳府》，中华书局2005年
版，第996页。
② 廖声丰：《清代前期凤阳榷关的征税制度与商品流通》，《淮南师范学院学报》
2005年第1期。
③ （明）柳瑛：《中都志》卷1《形胜》，齐鲁书社1997年版，第4页。
④ 李絜非：《凤阳风土志》，《学风》1936年第6卷第4期。

朝政府为增加国家财政收入，控制往来客商，于成化元年（1465）在凤阳设立钞关，包括正阳、临淮二关，官署设在府城。

　　明代凤阳钞关直属户部，具体事务由凤阳府通判管理，"止税船钞及庵篷、竹木、排炭无过往落地及鱼、茶、酒、醋杂项诸税"[①]。正阳关位于淮河、颍河、淠河交汇处，为淮河中游之关锁，水路沿颍河西北可达周口，向东由淮河可至江苏沿海一带，向南沿淠河可达六安州城，为淮河水运枢纽。临淮关位于淮河岸边，距离凤阳府城18里，为府城的出淮口，交通区位优势明显。正阳、临淮二关，因居于水陆交通要道，迅速成为皖北地区的交通与经济中心，其在交通与商业上的地位超过当时的州城或府城。据明代黄汴的《一统路程图记》和程春宇的《士商类要》记载，通过凤阳府的水陆路有9条（具体见表5－6），而同一时期的正阳关，则有13条（具体见前文表3－1）。在正阳关的水陆路中，有7条是以其为起点或终点的，而凤阳府的交通路线则全是经由此地。这也一定程度上反映出正阳关在明代皖北交通体系中的地位超过凤阳。

表5－6　　　　　　　　　明代凤阳府水陆交通道路

序号	道路名称	资料出处
1	北京至南京、浙江、福建驿路	黄汴：《一统路程图记》卷1
2	北京至江西、广东水、陆路	黄汴：《一统路程图记》卷1
3	南京由东平州至北京路	黄汴：《一统路程图记》卷2
4	南京至河南、山西路	黄汴：《一统路程图记》卷2
5	淮安由南河至汴城水路	黄汴：《一统路程图记》卷5
6	徽州府由徐州至北京陆路程	程春宇：《士商类要》卷1
7	瓜州由凤阳府至颍州陆路	程春宇：《士商类要》卷2
8	淮安府由荆山至亳州陆路	程春宇：《士商类要》卷2
9	清江浦由南河至汴梁水路	程春宇：《士商类要》卷2

　　资料来源：黄汴：《一统路程图记》，程春宇：《士商类要》，杨正泰撰：《明代驿站考》上海古籍出版社，2006年版，附录2、3。

---

　　① 冯煦主修：《皖政辑要》，黄山书社2005年版，第334页。

清代，随着社会的稳定和经济的发展，长途贩运兴起，商品流通量增加，正阳关交通中心的地位更为凸显，而凤阳关署设在府城，不利于对税关事务的管理，因此，康熙三十三年（1694），凤阳钞关官署移驻正阳镇。同年，凤阳关由清政府从中央直接委派官员管理。五十五年（1716），交给安徽巡抚委地方官管理，"其口岸除添设之盱眙、亳州二口及炉桥、长淮卫、凤阳府城照旧征收外，增设怀远、涧溪、蚌埠、大沙等口，复因凤阳府城地非通衢，停其征收"①。乾隆十四年（1749），凤阳关增设青阳镇和符离集两税口，又在蒋家坝河口设立稽查口岸，稽查商人纳税情况。十九年（1754），青阳镇税口移驻濉河口。到乾隆三十八年（1773），凤阳关共设税口十一处，正阳关一处为大关，临淮、怀远、盱眙、亳州四处为大口，新城、涧溪、长淮、蚌埠、符离、濉河六处为小口。根据康乾年间凤阳关署和税关征税的变迁可以看出，凤阳府城因距离淮河有近20里的路程，在此设立税口，只能对陆路过往客商征税。凤阳关署迁至正阳关后，凤阳府城的税口也停止征税，其经济功能日渐弱化。凤阳关逐渐成为清代税关的一个名词，其税收业务主要由正阳关来完成；同时，其在商业上的地位也被附近的临淮关所夺，凤阳在皖北城镇体系中的地位只能靠其政治功能来维持了。

（三）蚌埠兴起和凤阳地位进一步弱化

清末民初，新式交通兴起，津浦铁路通车。该路经宿县入灵璧，至蚌埠入凤阳县境，南行过长淮卫、门台子、临淮关、板桥、小溪河等站，然后入嘉山界。蚌埠因铁路通行，加上淮河水运，成为"津浦铁路南段重心，东南交通之枢纽"②。而凤阳城则因交通变迁而渐趋衰落，"今则形势变异，蚌埠已跃为皖北交通之中心，取凤阳、临淮昔日之地位而代之"③。

---

① 冯煦主修：《皖政辑要》，黄山书社2005年版，第334页。
② 李絜非：《凤阳风土志》，《学风》1936年第6卷第4期。
③ 同上。

　　凤阳府城始建于明洪武七年（1374），"周五十里有奇，高丈余，皆土筑，惟东北砖垒四里余，门十有二"[①]。清乾隆十九年（1754），筑府城，"较旧城减小之七八，周一千一百八十一丈，高两丈，为门六"[②]。县城在府城西三里，是明中都城的里城，"周迴六里，内外俱甃砖石，高两丈五尺"[③]。凤阳府城和凤阳县城是当时全国范围内为数不多的府城与首县治所单独筑城的案例，[④] 具体见图 5 - 1。入民国，府、县两城的发展一直未突破城墙限制，两城之间也为形成相应的经济街区，"府、县两城相去咫尺，然居民商业，多集中府城，城内以花铺廊大街为繁荣，居民约三万人，多属住户，无大工商业之可言"[⑤]。而这一时期的蚌埠，"自津浦中通，淮河南岸，逐渐繁荣，盖已取昔日运、淮交合点之淮阴而代之。地当江淮咽喉，南北枢纽，二十年来，商贾辐辏，舟车交轨，遂为豫东、皖北之经济中心，洋货土产之集散地点"[⑥]。蚌埠人口超过 10 万人，成为当时安徽仅次于芜湖、安庆的商业城镇。1921年，蚌埠已设有 5 个治安区，全市有 20 多条街道，"以二马路、白飞路、大马路东段，东通车站，西达河岸，为商务最盛之区；他如华昌街、中山路，商业亦为可观"[⑦]。蚌埠虽为凤阳县下辖的集镇，其人口、商业规模、城区面积均超过凤阳府城，其经济地位已远远超过凤阳府城。

---

　　① 光绪《凤阳府志》卷 11《建置考·城郭》。
　　② 同上。
　　③ 李絜非：《凤阳风土志》，《学风》1936 年第 6 卷第 4 期。
　　④ 当时中国大部分府城与首县治所居于一城。像凤阳府城与首县凤阳县单独建城被视作"不合常规的一类"。这样的例子还有重庆、叙永厅（四川）、惠州府（广州），它们均是府城与首县治所单独建城的案例。[美] 施坚雅主编、叶光庭等译：《中华帝国晚期的城市》，北京：中华书局 2000 年版，第 102 页。
　　⑤ 李絜非：《凤阳风土志》，《学风》1936 年第 6 卷第 4 期。
　　⑥ 同上。
　　⑦ 同上。

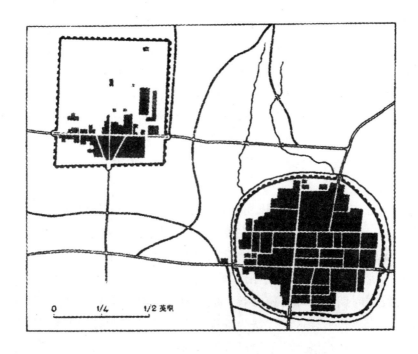

图 5 - 1　凤阳府城（右下）和凤阳县城（左上）①

民国时期，倪嗣冲将督军署设于蚌埠，一度使蚌埠成为安徽事实上的省会。"本省军事长官，始终驻节此间，以其居形势之胜，有军事之险，北抚鲁豫，东控徐海，南屏京辅，西联颍寿，南北多事，时见重要"②。1914 年，皖北盐务局迁至蚌埠，并设阜安盐栈，蚌埠很快成为皖北、豫东一带食盐集散地。同年，正阳关的关署也移至蚌埠。另外，随着蚌埠城镇规模的扩大，各种违法犯罪行为增多，设立地方法院势在必行。1935 年，蚌埠市设立地方法院，1936 年 7 月，将设在凤阳的安徽省高等法院分院迁至蚌埠。1938 年 2 月，蚌埠沦陷，汉奸倪道烺在蚌埠组织"安徽省维新政府"，凤阳县直属伪省府管辖，伪凤阳县政府设在蚌埠。1940 年，"安徽

①　［美］施坚雅主编：《中华帝国晚期的城市》，叶光庭等译，中华书局 2000 年版，第 97 页。

②　李絜非：《凤阳风土志》，《学风》1936 年第 6 卷第 4 期。

省维新政府"改为"安徽省政府"，蚌埠仍为"省会"，凤阳县属第一行政督察区。[1] 1947年1月，蚌埠正式设市，蚌埠从凤阳分离出去，成为新中国成立前安徽唯——个设市的城市。1949年1月，凤阳解放，凤阳县人民政府成立。凤阳县属江淮第四专员公署，4月改属定远专区，7月改属滁县专区，1956年，宿县、滁县两专区合并成蚌埠专区，1961年，蚌埠专区分为滁县、宿县两个专区，凤阳县属滁县专区。[2] 1992年凤阳县属地级滁州市管辖，至今未变。

总之，明清以来凤阳由皖北地区政治、经济中心，因交通变迁，城市地位逐渐下降。在传统交通模式下，因其距离淮河20余里，不能得淮河水运之利，仅靠陆路交通难以维系，其皖北地区的交通与商业中心地位被正阳关、临淮关取代，只是皖北的政治中心。民国时期，蚌埠迅速崛起，成为皖北交通与商业中心。凤阳因与蚌埠距离较近，区位优势为蚌埠所夺，虽然凤阳行使对蚌埠的管辖权，但其在经济上的地位已远被蚌埠超过，一些重要政府机关纷纷迁至蚌埠，其皖北地区政治中心的地位也逐渐丧失。新中国成立以来，水陆交通进一步发展，蚌埠城市地位进一步提高，一直是省辖市或者是专区公署所在地；而凤阳的交通发展明显滞后于蚌埠，其与蚌埠距离不到20公里，在这一区域不可能设立两个专区，凤阳只能处于从属地位，成为皖北地区一个普通的县城。

二 近代阜阳城市发展的迟滞

（一）阜阳的沿革与交通状况

阜阳，明代为颍州府，领颍上、太和两县，属凤阳府。[3] 清初，颍州府及所属颍上、太和两县皆直隶于凤阳府。"雍正二年（1724），升颍、亳二州为直隶州，颍上、霍邱属颍州，太和、蒙

---

[1] 凤阳县地方志编纂委员会编：《凤阳县志》，方志出版社1999年版，第44页。

[2] 同上。

[3] 亳州，明洪武初，以州治谯县废入亳州，不久降为县，属归德府。亳县洪武六年（1373）至弘治九年（1496）属颍州。弘治九年复升为亳州，改属凤阳府。

226

城属亳州。十三年（1735），升颍州为府，置附郭阜阳县，以原属之颍上、霍邱并亳州及所属之太和、蒙城属焉"①。至此，颍州府领亳州、阜阳、太和、颍上、蒙城、霍邱。同治三年（1864）增置涡阳县，属颍州府。民国初年，裁府留县，均属淮泗道管辖。民国二十一年（1932），阜阳、颍上、涡阳、亳县、太和属第七行政督察区。②民国二十九年（1940），根据抗日战争形势，重新划分行政督察区，阜阳、颍上、蒙城、亳县、太和、涡阳、临泉（1934年1月新置）属第三行政督察区。

阜阳城位于颍河、泉河交汇之处，是淮河流域重要的都会之一。"颍属之西北及南，皆接连豫壤，而沙、涡、颍、雉、沘、茨、茨、宋塘诸河，为通身脉络，流贯而汇于淮"③，水运条件较好。陆路方面，因地处平原，驿路畅通，商路发达。明朝初期，随着社会经济的恢复与发展，阜阳的水陆交通畅通，"郡甲乎淮右，沃壤千里，东襟江淮，南接荆楚，西连襄邓，北通汴徐，为四冲八达之地"④。据明代黄汴的《一统路程图记》和程春宇的《士商类要》记载，以颍州为起点或途径颍州的陆路有10条，水路有5条（具体见表5-7）。

据此表，可以看出当时颍州水陆交通发达，是南北水陆交通的重要枢纽之一，也是长途贩运的通途，对周边各县产生较大的经济辐射。颍州"襟带长淮，控扼陈蔡，东连三吴，南引荆汝。梁宋吴楚之冲，齐鲁汴洛之道。淮海内屏，东南枢辖"⑤，地理区位优势明显。

经过清朝初年的经济恢复，颍州"土壤饶沃，风雨和会，亦淮西一重镇也"⑥，政治经济地位显著提高。"北接睢陈，东通淮泗，

---

① 乾隆《颍州府志》卷1《舆地志·沿革》。
② 霍邱属第四行政督察区，蒙城属第六行政督察区。
③ 乾隆《颍州府志》《序》。
④ 嘉靖《颍州志》卷1《郡纪》。
⑤ 正德《颍州志》卷1《形胜》。
⑥ 乾隆《颍州府志》卷1《舆地志》。

为江淮间之都，固宜立郡统率，以壮藩维"①。经过安徽巡抚王纮的奏请，颍州升府、附郭设阜阳县得到清廷批准。这进一步提升了颍州的政治地位，以政治推动经济发展的作用得以加强。清代有名大路之一的"颍州大路"，自六安经正阳关、阜阳而达河南开封，是当时皖豫两省重要的陆上通道。② 另外，颍州到所属州县以及周边州县如本省凤台、寿州、蒙城等以及河南的固始、息县、新蔡、汝阳、项城、沈丘、周口等都有便利的水陆道路。

表 5-7 明代颍州水陆交通道路

路别	道路名称	资料出处	备注
陆路 （10 条）	巢县由汴城至临清州路	黄汴：《一统路程图记》卷 6	途经颍州
	瓜州至武当山路	黄汴：《一统路程图记》卷 6	途经颍州
	正阳至襄阳路	黄汴：《一统路程图记》卷 6	途经颍州
	颍州至陈州路	黄汴：《一统路程图记》卷 6	起点
	南京由汝宁府至武当山路	程春宇：《士商类要》卷 1	途经颍州
	瓜州由凤阳府至颍州陆路	程春宇：《士商类要》卷 2	终点
	正阳由颍州至北舞渡陆路	程春宇：《士商类要》卷 2	途经颍州
	颍州由归德府至临清陆路	程春宇：《士商类要》卷 2	起点
	徐州由蒙城至颍州陆路	程春宇：《士商类要》卷 2	终点
	汴梁由正阳至芜湖县陆路	程春宇：《士商类要》卷 2	途经颍州
水路 （5 条）	淮安由南河至汴城水路	黄汴：《一统路程图记》卷 5	途经颍州
	正阳关至南顿水路	黄汴：《一统路程图记》卷 5	途经颍州
	颍州由前河至汴城水路	黄汴：《一统路程图记》卷 5	起点
	颍州至襄城县、钧州水、陆路	黄汴：《一统路程图记》卷 5	起点
	清江浦由南河至汴梁水路	程春宇：《士商类要》卷 2	途经颍州

资料来源：黄汴《一统路程图记》、程春宇《士商类要》，杨正泰撰《明代驿站考》上海古籍出版社，2006 年版，附录 2、3。

---

① 乾隆《颍州府志》卷 1《舆地志》。
② 周昌柏：《安徽公路史》，安徽人民出版社 1989 年版，第 14 页。

　　清末，列强在华竞相修筑铁路，以扩大利益范围。国内民间力量为收回利权也纷纷要求修筑铁路。1905年，商办安徽铁路公司成立，对安徽铁路路线进行初步规划。阜阳因在传统交通中的重要地位，在规划或筹建铁路时，也得到应有的关注，成为一些铁路线路的节点。在民国初年，规划或筹建经过阜阳的铁路路线共有3条（具体见表5-8）。但是，由于皖北地区经济相对落后，筹建铁路的动力不足，难以落实这些铁路规划，一直到1971年，阜阳才结束没有铁路的历史。

表5-8　　　　　　　　　　规划或筹建有关阜阳铁路路线情况

路名	起点	终点	沿途路线	备注
合亳铁路	合肥	亳州	阜阳、正阳关	经阜阳
安颍铁路	安庆	颍州	桐城、舒城、六安、正阳关、颍上等	
汴正铁路	开封	正阳关	阜阳	经阜阳

　　资料来源：蒯光典：《复同乡京官论安徽全省铁路书》《金粟斋遗集》（卷5），文海出版社1969版；宓汝成：《中华民国铁路史资料（1912—1949）》，社会科学文献出版社2002年版，第70—72页；王金绂：《中国经济地理》（上），文化学社印行1929年版，第522页。

　　民国初期，安徽出现官办公路。这一方面是将原来过境的归信、归祁官道等加固整修而成；另一方面新修的公路，如阜蚌、阜涡等公路。阜阳作为皖北公路交通的枢纽，公路交通有相当发展。1922年，皖北镇守使李传业之子购买汽车，经营阜阳至蚌埠的客货运输。这是阜阳公路运输的起点。之后，又开辟了到太和、亳州等地的公路运输路线。

　　除公路交通的发展外，这一时期阜阳水路交通出现小汽船，淮河、颍河、泉河等均可通行（具体见表5-9）。向东经正阳关沿淮可至蚌埠，向南可达六安以及河南的商城、固始，西北方向可达河南新蔡、上蔡以及周口甚至更远。

表 5-9 　　　　　　　　民国时期阜阳水路交通情况

河流名称	通航重要市镇	阜阳段市镇	通航状况	备注
淮河	东行由三河尖经正阳关、凤台县、怀远县、达蚌埠；西经固始境可达潢川、息县；南行由史河可达商城、固始；由淠河可达六安苏家埠、麻埠街	洪河口、老观巷、小曹集	由三河尖至蚌埠，终年可通小汽船；由三河尖至潢川、息县水涨时，可通小汽船，其余地段仅通小帆船	
洪河	西北行由洪河口处经方家集达新蔡、上蔡	洪河口、地里城、许埠口	沿河至新蔡可通小汽船	
颍河	东南由县城起，经颍上县达正阳关；西北经太和县可达周家口及西华、临颍、禹县；由周家口入贾鲁河，可通扶沟县；由沙河口入沙河，可通郾城、襄县、郏县	两河口、行流集、茨河铺、三里湾、袁家寨、洄溜集、口孜集、永兴集	由郡治至正阳关终年可通小汽船；其余地点仅通小帆船	
泉河	西行自县城起，经临泉达沈丘、项城	龙王堂、田村镇、三里湾	水涨时可通小汽船	
洝河	王市集、延陵集、阚疃集，至峡山口入淮	王市集、延陵集	可通小帆船	

资料来源：民国《阜阳县志续编》卷1《舆地六·交通》之《阜阳重要河流一览表》。

（二）传统商业的兴盛

便捷的交通，也促进了阜阳商业的发展。明朝起，就有山西商人来颍州经商，他们开设的有岳阳楼菜馆、大升酱园等。[1] 道光《阜阳县志》记载"城乡阛阓中，恒多晋人"[2]。随着外来商人来阜阳开店铺、设作坊、做生意的增多，他们为了联络感情，增进友谊，互相协作，先后在阜阳建立会馆（具体见表5-10）。

---

① 阜阳县政协文史资料委员会编：《颍州古今》（第3辑）1989年印刷，第103页。
② 道光《阜阳县志》卷5《舆地·习俗》。

表 5 - 10　　　　　　　　　　阜阳会馆情况

会馆名称	坐落位置	建立时间	房屋、田产或义地	涉及行业	历任会长（均为义职）	备注
山陕会馆	一处在东关外牛市街；另一处在北大街蕴泰酱园旧址	清同治年间	东关处 40 多间；北大街处20 多间；两顷40 余亩	餐饮、酱园、果店、钱庄	霍蕴年、王占奎、李北海、畅耀臣、庞玉祥	
江西会馆	一处在鼓楼北炮铺街；另一处在玉环桥	清道光年间	炮铺街处30 多间；玉环桥处门面 7 间；4.5 亩	书笔业、银楼、包子铺	吴筱斋、吴宝和、吴恩、吴祥林	
湖北会馆	北关专署街口南	清光绪年间	40 多间；20多亩	烟铺、绸布庄	熊德臣、刘成斋、潘长生、王少安	1916 年改为两湖会馆
江苏会馆	拟建在东关外北石桥	抗战前	7 亩	中药店	陈如意	因抗日战争爆发会馆房屋未建成

资料来源：周世中：《山陕会馆及其他》，阜阳县政协文史资料委员会编：《颍州古今》（第 3 辑）1989 年版。

　　在阜阳的外地客商，以山西商人实力最强，他们经营的较大商铺有十余家，如蕴泰酱园、晋昌祥、晋裕隆、义昌祥、义昌号、福泰祥、天兴和等。此外，他们还经营钱庄、银庄、银号等。湖北人在阜阳的投资和商业规模仅次于山西人。当时，阜阳城最大的绸布庄二十家，湖北人就占了八家。[①] 据此，我们从一个侧面看出阜阳当年商业发展的情况，外来商人在阜阳经营的行业多，规模较大，

---

　　① 阜阳县政协文史资料委员会编：《颍州古今》（第 3 辑）1989 年印刷，第 103、105 页。

人员较多，一定程度上活跃了阜阳商业和市场，促进社会经济发展。据统计，民国初期阜阳城建立商业工会的有绸布、京广纸糖、汽车、国药、粮业、盐业、皮货、酱园、成衣、竹木、船行、菜馆、估衣等15个组织，394户，资金102万元，县商会直属会员有钱庄当铺、轮船、打蛋厂、纸烟厂、皮箱、丝行、牛行、茶叶行、杂货行、颜料行等13个行业，28户，资金530万元。小型商业和前店后厂的手工业有印刷、针织、丝织、鞋业、笔墨、煤炭、金银首饰业、铜铁器业、鲜肉、杂货等12个行业，计400户，总资金137万元。[①] 这反映出当时阜阳工商业的行业比较齐全，资金规模也是相当客观的。

　　商业的发展与繁荣，离不开银钱业的金融支持。清末民初，阜阳的钱庄有四十多家，资金相当丰厚（具体见表5－11）。当时钱庄的业务主要有存贷款、出钱票。其中益顺恒、益萃恒、汇昌合等钱庄，与皖督倪嗣冲有着密切的联系，故实力较强。钱庄通过存贷款、出钱票、汇票，有的甚至从事实业经营，获取利润。钱庄活跃市场，促进商业发展的作用不容忽视。但是，由于民初阜阳地方治安差，土匪横行，特别是1922年豫匪"老洋人"洗劫阜阳，对阜城商业、金融业破坏很大，银钱业在阜阳城的兴盛如昙花一现，很快衰落下去。

表5－11　　　　　　　　　清末民初阜阳钱庄情况

钱庄	地址	财东	经理	倒闭时间	备注
益顺恒钱庄	阳隅首北路东	倪腾辉	郭焕章	1922年豫匪劫城停业	
益萃恒钱庄	今解放北路福音堂南路西	倪老九	高鸣九	1925年前后	同业中实力较强

---

① 张宁：《阜阳通史》，黄山书社1998年版，第402页。

钱庄	地址	财东	经理	倒闭时间	备注
汇昌合钱庄	大隅首北路西	王慈生	马俊峰		同业中的姣姣者
道生恒钱庄	阳隅首北路东	口孜集程家	徐子厚	1929 年	
宝兴隆钱庄	解放北大街路东	程小溪	霍蕴年	1929 年	
庆和祥钱庄	解放北大街路西	连喜清	李跃先	1929 年	
和兴钱庄	解放北大街路东	正阳关人（姓名不详）	夏云臣	1922 年	
阜兴公钱庄	解放北大街路东	宁介臣	畅耀臣	1922 年	
三义和钱庄	解放北大街路东	李子让等	魏德夫	1922 年	
协和钱庄	南门内路西	宁振清	温天让	1929 年	同业中较大
际昌隆钱庄	大隅首北路东	程会亭	杨学孟	1922 年	
新昌和钱庄	解放中大街路东	印筱山等	徐沐尘	1922 年	

资料来源：政协阜阳市委员会、文史资料工作委员会：《阜阳史话》（第 4 辑）1984年版。

庙会也是促进商业发展的有效途径。庙会是定期性的集宗教、娱乐和商贸为一体的民众集体活动，当集市和市镇的发展尚不能满足农民和商贾购销商品的需求时，庙会便成为补充形式。[①] 阜阳每年春季有四次庙会，即农历三月三日西关祖师庙庙会、三月二十八日东岳庙庙会、四月八日大石桥庙会、四月十九日北关庙会。其中以四月十九日北关庙会——城隍庙会最为隆重。庙会除了宗教活动和娱乐演出外，商品交易才是其载体。会期一般为三天。外地行商提前陆续赶到，坐商也提前备好各种商品，四乡百里以内的农民、工匠以卖铁木农具、桌柜等生产、生活用具为主，蜂拥而至。据民国《阜阳县志续编》记载，"至光绪年间，人民于咸同以后休养生

---

① 吴春梅等：《近代淮河流域经济开发史》，科学出版社 2010 年版，第 191 页。

息，日臻富庶，商业中有多主张出会者。其法每日按商业之大小捐钱，积少成多，至次年十一月一日以前出城隍会"。会上有大型的迎送神仪式，伴有肘哥、抬哥、高跷、旱船等表演，沿城内外主要道路行进，最后汇聚城北门城隍庙前。"每次出会，各处来观者动一二十万人，商贩旅店，均获利甚丰"[①]。因此，庙会的商业功能就十分明显了。它对于活跃阜城市场，促进阜阳城乡商品流通起到重要作用。

（三）对阜阳城市发展迟滞的探讨

传统商业的兴盛并不代表阜阳城市发展的近代化水平。新式交通推动阜阳城市发展的作用并不明显。清末民初，铁路在皖北地区出现，京汉、津浦、陇海铁路相继修筑，东、西、北三面距铁路各三百里，南面距离 20 世纪 30 年代通车的淮南铁路，也大致三百里，阜阳恰好位于 4 条铁路之间的空白地带。铁路对于阜阳的经济拉动作用似乎并不明显。阜阳是在 20 世纪 70 年代以后才修通铁路，之后，淮南铁路、京九铁路贯通，阜阳逐步成为皖北铁路交通的枢纽。新式汽船出现在颍河是在 20 世纪 20 年代。利淮、通达、裕淮、长淮四家轮船公司先后在阜阳设立代办处，小轮船一度发展到 31 艘，但航行受季节限制，冬季枯水期难以通航。新式汽船并非主要运输工具，木帆船仍是货运的主要工具。公路虽有修建，大多为土质路面，路况较差，雨天难以通行。公路运输只是刚刚起步，运输客货运输相当有限，对阜阳社会经济的发展作用有限。传统的交通模式仍占主导，这也是阜阳缺乏发展新式交通运输的物质基础的体现。

同时，由于新式交通对阜阳城市发展的推力有限，阜阳城市发展处于停滞状态，徘徊在"前现代"阶段。传统商业比较兴盛，虽然也销售所谓的"五洋"商品，但始终没有突破传统商业的范畴；从空间上讲，商业发展一直没有突破城墙的限制，虽然抗日战争期间为防止日本飞机轰炸，出于人员疏散的考虑，阜阳城墙被拆，但

---

① 民国《阜阳县志续编》卷 5《风俗志·咸同光宣时代之风俗》。

这并不是商业发展的需求。解放前阜阳工业很少，有外国人投资的两家打蛋厂、本地人投资创办的两淮布厂以及以宏达烟厂为代表的卷烟厂数十家，也没有像蚌埠、宿州、合肥等城市创办电力工业，只是在 1922 年，棉布商人蒯煌斗由上海购买一部发电机，发电用于商店照明，这是阜阳用电之始，[①] 但没有形成任何的商业用电规模。阜阳市政工程也没有起动，城内没有安装路灯，没有柏油马路。

总之，阜阳城市发展的停滞状态的主要原因是新式交通推力不够，在近代化的过程中，阜阳区位优势的丧失，在新的城镇体系中被边缘化，城市发展迟滞。

三　近代亳州城市的渐趋衰落

（一）亳州的沿革与交通状况

亳州，明朝洪武初年，以州治谯县废入亳州，不久降为县，属归德府。亳县洪武六年（1373）至弘治九年（1496）属颍州。弘治九年复升为亳州，改属凤阳府。"雍正二年（1724），升颍、亳二州为直隶州，颍上、霍邱属颍州，太和、蒙城属亳州。十三年（1735），升颍州为府，置附郭阜阳县，以原属之颍上、霍邱并亳州及所属之太和、蒙城属焉"[②]。民国初年，裁府留县，亳县属淮泗道管辖，1932年、1940 年分属第七、第三行政督察区。新中国成立初期，属阜阳专区。

亳州有涡河航运之利，该河上连惠济河至开封，下注淮入江。明清时期亳州曾是涡河上最大的港口，城北关涡河两岸的二口桥、新桥口、玉帝庙、姜桥口四处均设有水旱码头。码头上舳舸相撞，帆樯林立，水运兴盛至民国时期。[③] 亳州陆路交通也比较畅通（具体见表 5－12）。除商道外，亳州的驿站传递也相当发达。亳州设

---

① 阜阳市地方志编纂委员会编：《阜阳地区志》，方志出版社 1996 年版，第 373 页。
② 乾隆《颍州府志》卷 1《舆地志·沿革》。
③ 亳州市政协文史资料研究会编：《亳州文史资料》第 8 辑（工交篇）1997 年印刷，第 129 页。

有总铺，且为急递铺，在亳州至鹿邑，亳州至蒙城，亳州至颍州的官道上设有驿站，有涧清、颜家铺、张村、东埠口、翟村寺、钓鱼铺、鱼李铺、义门、双沟、洮河等递铺。① 这反映出亳州是当时交通要道上的重要城市，为商品流通和长途贩运创造条件。

表 5 - 12　　　　　　　　　　明代亳州水陆交通情况

路别	道路名称	资料出处	备注
陆路	淮安府由荆山至亳州陆路	程春宇：《士商类要》卷 2	终点
	徐州由永城县至亳州陆路	程春宇：《士商类要》卷 2	终点
水路	淮安由南河至汴城水路	黄汴：《一统路程图记》卷 5	经亳州

资料来源：黄汴：《一统路程图记》，程春宇：《士商类要》，杨正泰撰：《明代驿站考》上海古籍出版社 2006 年版，附录 2、3。

进入清代，随着社会经济的恢复，亳州的地理条件的优越性更得以显现。"亳州为中州门户，南北交途，东南控淮，西北接豫，涡河为域中之襟带，上承沙汴，下达山桑。百货辈来于雍梁，千樯转输于淮泗。其水陆之广袤，固淮西一都会也"②。当时，亳州到京城、总督府、省城以及颍州府之间都有水陆道路，与河南的归德府、开封府等地的交通也十分便利。

（二）传统商业的兴盛

清康熙年间，社会经济得到恢复发展，亳州交通便利，这促进了商业的繁荣。当时的文学家钮琇在《觚賸》一书中写道："亳之地为扬豫之冲，豪富巨商，比屋而居，高舸大艑，连樯而集。花时则锦幄为云，银灯不夜，游人之至者，相与接席携觞。徽歌啜茗，一喙之俶，一箸之需，无不价踊百倍，浃旬喧宴，岁以为常"③。这其中可能有过誉之词，但也能在一定程度上反映出当时亳州商业的繁盛。

---

① 亳州市政协文史资料研究会编：《亳州文史资料》第 8 辑（工交篇）1997 年印刷，第 115 页。
② 光绪《亳州志》卷 1《舆地·形胜》。
③ 钮琇：《觚賸》卷 5《豫觚》，上海古籍出版社 1986 年版。

亳州的商户以外地人为主，"商贩土著者十之三四，其余皆客户"①。客商主要有徽商、山陕商人、两湖商人等。随着来亳经商人员增多，他们为了各自经营方便，及时交流商业信息，妥善解决纠纷，维护权利，以及满足生活需要和祈福求财的愿望，纷纷集资修建具有同乡会性质的会馆，并定期举办庙会，加强同地方客户的交流。最多时，亳州有各地商业会馆30余处（具体见表5-13）。亳州商业会馆众多，一方面显示了商人队伍庞大和商业辐射的范围；另一方面也反映出当时的商业规模和商人实力，特别是山陕会馆，正是山陕商帮雄厚实力的真实体现。

表5-13　　　　　　　　　亳州主要会馆情况

会馆	位置	兴建时间	商帮及经营范围	备注
山陕会馆	北关涡河南岸	顺治十三年（1656年）始建，经康熙、乾隆年间扩建、修缮	山陕商人；银钱业、绸缎、药材等	又称"大关帝庙"，俗称"花戏楼"
湖广会馆	北关天棚街		来自鄂、湘、粤桂等商人	又名"两湖会馆"
徽商会馆	北关门神街东段	康熙八年始建	徽商；竹木、笔墨、纸砚等	
金陵会馆			南京商帮；经营糖、纸、杂货等	
宁、池二府客民会馆	火神庙街	乾隆五十八年修为会馆	宁国、池州商民	
浙人会馆	城东二里		浙江商民	
福建会馆	爬子巷	乾隆元年	福建商民	
药商会馆	铁果巷西	雍正十年修为会馆	药商	
染商会馆	永和街	咸丰元年	染商	

资料来源：根据光绪《亳州志》卷4《营建志·寺观》等资料记载整理而成。

---

① 光绪《亳州志》卷2《舆地志·风俗》。

　　清末民初，亳州的传统商业得以维持。据民国《亳县志略》记载，亳县为产药区域，如白芍、菊花均为出产大宗，其他如瓜蒌、桑白、二丑等，产量亦丰。① 加上便利的交通条件，自明朝以来，逐渐成为药材集散地。至清中后期，药材贸易达到鼎盛时期，成为与河南禹州、河北祁州、江西樟树齐名的四大药材集散地之一。药商主要来自山陕、徽州、两湖、浙江、金陵等地，其经营区域主要集中在城内纸坊街、里仁街、老花市三条街。药材市场内，药商摩肩，行栈毗连。药号是坐收鲜药材加工后贩运到外地的行商。清末时有近 20 家。随着上海开埠，亳州的白芍等药材从扬州转运到上海，药号资本雄厚，销售动辄吞吐三十票、五十票（每票一万斤）。② 药行是专为客商和本地药材商人之间牵线说合，从交易中收取佣金的经纪人。清末亳州有药行 20 余家。虽然药行只是中介，其在药材贸易中的作用是不可低估的。他们讲究信誉，热情服务，极力扩大营业额，这无形中促进了药材的交易，扩大了药材市场。民国时期的最大的药行——祥兴药行，其客户遍及河南、河北、辽宁、天津、上海等省市，山东更多。平时祥兴药行住客商一二十家，秋季经常住五六十家，最多的时候，住过三百辆"红车"③。

表 5–14　　　　　　　　　亳州民国初期钱庄情况

钱庄	经理	位置	钱庄	经理	位置
泰丰钱庄	胡少安	爬子巷	祥和钱庄	程开仁	爬子巷
同信钱庄	戴冀挺	爬子巷	鑫华钱庄	孔凡止	爬子巷
汇丰钱庄	刘某	爬子巷	宝源钱庄	朱锡五	爬子巷
镇源钱庄	王哲臣	爬子巷	万成钱庄	贾朗轩	爬子巷

---

① 民国《亳县志略·经济·商业》。
② 安徽省地方志编纂委员会：《安徽省志·医药志》，方志出版社 1998 年版，第110 页。
③ 亳州市政协文史资料研究会编：《亳州文史资料》（第 4 辑）1990 年印刷，第 4 页。

钱庄	经理	位置	钱庄	经理	位置
牲场钱庄	田绍先	爬子巷	金瑞隆钱庄	刘彩亭	爬子巷
六吉昌钱庄	刘书堂	爬子巷	华裕钱庄	孙某	爬子巷
德成钱庄	吕开洲	爬子巷	同裕钱庄	解世卿	爬子巷
复新钱庄	邓珍武	爬子巷	俊兴钱庄	石振芝	白布大街
大康钱庄	黄龚臣	爬子巷	际昌钱庄	赵干臣	白布大街
晋泉钱庄	郝某	爬子巷	鸿昌钱庄	徐蒲苞	白布大街
宏兴钱庄	蔡传慎	爬子巷	益昌钱庄	田乐堂	白布大街
慎源钱庄	张某	爬子巷	裕源钱庄		纯化街
大通钱庄	王子衡	爬子巷	万泰长钱庄	曹斌三	南京巷
恒昌钱庄	项调辅	爬子巷	三泰钱庄	杨励亭	南京巷
瑞成钱庄	李香南	爬子巷	同泰钱庄	侯步云	北门口
同泰钱庄	童海南	爬子巷	裕通钱庄	陈子亢	北门口

资料来源：根据李济良的《亳州的钱庄》，亳州市政协文史资料研究会编《亳州文史资料》（第 4 辑）1990 年印刷，第 99—106 页的记载整理而成。

商业的发展与繁荣离不开银钱业的金融支持。亳州最早的钱庄是山西人开设的。随着商业发展，亳州钱庄不断增多，至孙殿英祸亳前，已有 32 家（具体见表 5 - 14）。钱庄通过买卖银钱、汇票，向外贷款，甚至参与商品买卖，获取利润。钱庄活跃市场，促进商业发展的作用十分明显。据民国《亳县志略》记载，民国十四年（1925）前，"城市金融，多由质号、钱庄周转调剂，极呈灵活之象。大小商店，论议资本之多寡，均因周转灵动，各业行况无不蒸蒸日上，且各行号与外埠多系驿号（上海、蚌埠），来往汇兑，毫无阻滞。此亳县金融极活动之时代也"①。匪灾以后，恢复营业者，仅五六家，嗣因营业衰微，相继闭歇。这势必影响了商业的资金周转，制约其发展。

___

① 民国《亳县志略·金融》。

  亳州寺庙众多，有城隍庙、火神庙、三皇庙、关帝庙、华祖庙等，每年定期举办庙会是少不了的。庙会是集宗教、娱乐和商贸为一体的民众集体活动。亳州庙会举办频繁，每年农历正月至九月，几乎每月都举办庙会（具体见表 5 - 15）。这其中，薛阁、咸平寺（大寺）和城隍的庙会规模比较大。每次逢会，数日前本地和邻县的做买卖的就来设摊叫卖。盛会当天，赶会的人成群结队，从四面八方涌来。有唱戏的、踩高跷的、耍猴的等，热闹非凡。"就中尤以牲畜及农具市场为大观，举凡县境及附近邻县之马、牛、骡、驴等牲畜，赶赴庙会而求售者，毕集于斯，购者预往论价，交易而退，各得其所。农具以犁头、耙齿、镰刀、铁斧、锹、铲、木叉、板插、柳箕、柳编、木篓等，无不具备"①。由此看出，庙会对繁荣商业、活跃市场所起的作用是十分重要的。

表 5 - 15   亳州庙会情况

庙会日期（农历）	庙会地点或逢会集镇	备注	庙会日期（农历）	庙会地点或逢会集镇	备注
正月初七	火神庙会	城乡火神庙均逢会	三月十五	涡北瘟神庙会	
正月十五	十河集庙会		三月十八	小奈集玉皇庙会	
二月十日	城内老祖殿、涡北老君堂、城东吴庙后均逢会		三月二十五	十九里集和孙关口逢会	
二月十九	薛阁、龙德寺、泥店子逢会		四月初八	咸平寺、东台庙、十河、双沟、木兰祠	相传花木兰四月初八逝世
三月初三	西关地藏庵、洪山庙	每值甲子年逢大会	四月十二	十八里逢会	

①　李汉信：《皖北见闻录》，《农业周报》1935 年第 20 期。

续表

庙会日期 （农历）	庙会地点或 逢会集镇	备注	庙会日期 （农历）	庙会地点或 逢会集镇	备注
三月初七	五马沟、魏岗逢会		四月十八	观塘集逢会	
三月初八	古城集逢会		六月十七	城隍庙会	
三月十三	十九里关帝庙会		九月十九	薛阁逢大会	

资料来源：根据王备吾《亳州庙会见闻》，亳州市政协文史资料研究会编《亳州文史资料》（第 4 辑）1990 年印刷，第 243—244 页记载整理而成。

（三）近代工业的起步

亳州近代工业是从创办蛋厂开始的。1909 年，同茂顺蛋厂在北关的纸坊街诞生，这是亳州工业史的开端。亳州先后有四家蛋厂，即同茂顺蛋厂、永生蛋厂、源丰蛋厂和裕源蛋厂。[①] 四家蛋厂具体情况见表 5 - 16。兴办蛋厂大多由外地客商投资，本地绅商积极参与其中，并逐渐成为投资和管理主力。永生蛋厂和裕源蛋厂后来都采用机器生产，产量大幅提高，初具规模。据民国《亳州志略》记载："福兴蛋厂，开始于北关马厂街，资金约三万元，有三十马力匹引擎一座，飞黄机两座，每年制蛋二千数百万，制成蛋白七百箱，蛋黄二千箱；福义蛋厂开设河北德聚圩，资金两万元，有十五匹马力引擎一座，飞黄机一座，出货数量较福兴稍逊，均运销平津一带"[②]。由此可看出蛋厂的设备、生产、运销的情况。

亳州近代卷烟业比较发达。民国初年，河北人张某在亳州爬子巷开设"三合同"纸烟经销店，经营英美烟草公司的纸烟，如"老刀""顶球""大鸡"等品牌，月销售额达 1000 银圆，不久，营业额就达到 3000 圆之多。高额的利润使本地商人积极创办卷烟厂。1921 年，亳州商人张晓岚联合纸烟销售店，创办福华卷烟厂。设备有左车卷烟机一台，10 寸切丝机一台，六马力单缸式柴油机

[①] 洪冠军、周学良：《亳州的蛋厂》，亳州市政协文史资料研究会编：《亳州文史资料》（第 3 辑）1987 年印刷，第 121—126 页。

[②] 民国《亳县志略·经济·工业》。

一部，110 瓦直流发电机一台，磨刀机一台，全厂有工人 80 多人。该厂后改为福成卷烟公司。抗日战争期间，福成卷烟公司改为宜成烟厂，每天可生产 10 余箱卷烟，每箱 250 条，除在亳州销售外，也销往周边豫、苏、鲁一带县城。[①]

表 5－16   亳州蛋厂情况

厂名	建厂时间	关闭或转产时间	创办人或经理人	厂址	产品与产量	备注
同茂顺蛋厂	1909 年	1923 年关闭	陈春权投资，秦栋良任经理	北关纸坊街	每天打蛋约 8 万枚；产品有新粉盐黄、老粉盐黄、蛋粉	
永生蛋厂	1910 年	1950 年关闭	李灿章等投资，樊文华任经理，秦俊夫任副经理，实际主持工作	北关马厂街	每日加工鸡蛋 30 万枚；年产蛋白 700 余箱、蛋黄 2000 箱	先后曾改名为协和、鼎记、福兴、茂昌、协兴
源丰蛋厂	1919 年	未投产，即关闭	南京商人投资	义和街		
裕源蛋厂	1919 年	1955 年公私合营	李筱亭等投资	涡河北驴市街	年产蛋品 200 吨	曾改名为福义蛋厂

资料来源：根据洪冠军、周学良《亳州的蛋厂》，亳州市政协文史资料研究会编《亳州文史资料》（第 3 辑）1987 年印刷，第 121—126 页的记载整理而成。

亳州近代纺织业开始于 1919 年。是年，亳州织布厂创立，这是全省最早的六家纺织厂之一。1939 年春，蒋逊之在辘轳湾创办织布厂，有织布机 16 台，20 多名工人。不久，因火灾而停办。后

---

① 周学良、洪冠军：《亳州卷烟各业的兴起与发展》，亳州市政协文史资料研究会编：《亳州文史资料》（第 3 辑）1987 年印刷，第 116—118 页。

来，张晓岚等集资在马场街南头创办华益布厂，有织布机 12 台，工人 20 多名，生产花色被面、条格布等。1947 年停业。① 总之，亳州近代工业的行业比较少，生产也未形成规模，仅处于起步阶段。

（四）近代亳州城市的衰落

随着新式交通的兴起，亳州传统的交通优势在弱化。亳州对外运输的主要依赖涡河水路。由于黄河多次泛滥，特别是 1938 年河南郑州花园口黄河大堤被炸开后，黄河泥沙大量流入涡河，河床增高，河道逐渐狭窄。加之河上桥梁屡建屡毁，河底遗有大量石块和暗桩，每到枯水季节船只就不能正常航行。至 1948 年亳州解放时，境内 76 千米航道中，共有浅桩 8 处，沉石 7 处，浮桥 22 座，通航极为不便。② 民国时期，亳州公路有所发展，主要是在原先的驿路、铺路的基础上整修而成（具体见表 5 - 17），路况仍以泥土路为主，遇有阴雨天气，出行极为不便。当时运输工具主要是马车、牛车以及人力车，运力极为有限。

清末民初，陇海铁路、津浦铁路相继通车，一定程度上改变了包括亳州在内的皖北地区的交通格局，商品流向因之改变，亳州商业渐趋衰落。在陇海铁路未通车前，豫东、鲁西各县麇集贩运，杂货营业，极为发达，大小不下百余家。迨陇海路通车，以上批货县份，均由铁路直接运输。营业方面，大有一落千丈之势。现在只能批销本县各集镇，较之往昔，有霄壤之殊矣③。总之，在近代化的过程中，亳州的发展水平与传统商业地位不相称，主要原因是新式交通兴起，传统的交通方式难以承载内外运输的重任，而以铁路为代表的新式交通方式并没有与亳州接轨，商品流向改变，传统商路变迁，亳州城市发展趋于衰落。

---

① 洪冠军、周学良：《亳州纺织行业今昔》，亳州市政协文史资料研究会编：《亳州文史资料》（第 3 辑）1987 年印刷，第 132 页。

② 张文禄：《亳州商业经济盛衰原因的概述与思考》，《合肥学院学报》（社会科学版）2012 年第 2 期。

③ 民国《亳县志略·经济·商业》。

表 5 – 17　　　　　　　　民国时期亳州公路建设情况

路别	道路名称	亳境长度（里）	备　注
省道	归信公路	110	碎砖路面，公家投资 3 万元，民间投资数十倍
	蚌亳公路	70	土路面，宽两丈四尺
县道	亳鹿公路	40	土路面，宽两丈四尺，共计 414 里
	亳观公路	40	
	亳永公路	45	
	亳夏公路	45	
	亳阜公路	110	
	亳龙公路	90	
	亳柘公路	44	
区道	亳芦公路		共修区道 48 条，计 1070 里，宽一丈五尺至两丈不等
	亳梅公路		
	亳泥公路		
街道	城关街道		共修街道 32 条，计 123 里

资料来源：根据民国《亳县志略》之《行政事项节要》记载整理而成。

第三节　皖北商业小城镇的变迁

皖北地区除了府、州、县城镇，还有一些县级以下的商业小城镇，它们大多位于河岸、驿道或铺路附近，便于商品的流通。随着商业活动的频繁、商品交易和流通量的增大，这些城镇的规模也渐趋扩大，有些城镇的商业地位甚至超过所在的州、县城镇，在市场层级中居于较高的地位。本节所述的这些商业小集镇，在近代以来的城镇自身发展过程中，若交通发达，商品流通便利，城镇商业繁荣。反之亦然。这些商业城镇是皖北地区商路上的重要节点，在商品流通中起到承上启下的作用。

一　淮河以北主要商业城镇

（一）颍河沿岸的界首、洄溜集

界首古名界沟，宋代此处是汴京通往建业、临安的必经之路，设有驿站，又称界沟驿。元代称界沟店。明后期，为查缉私盐等，在此设税关，名为界首关。清代改称界首集。清咸丰六年（1856），为抵御捻军袭击，地方士绅饶元章、郭秉仁等修筑寨墙，称界首堡。民国初年，此镇称界首集，隶属太和县管辖。据民国《太和县志》记载："界首，居沙河上游，商业麦豆为大宗，舟车络绎，境内镇称第一"①。这表明清末民初，界首已经成为皖豫两省交界的重要商业集镇。

界首的水陆交通条件较为优越。颍河流经市区，上至漯河、周口，下至阜阳、正阳关，水运畅通。陆路方面，陈州至颍州的官道通过界首，1934年6月，阜阳至周口的公路修通，1935年，国道临汝至太和的公路竣工。此外，界首至河溜、界首至亳州、界首至漯河、界首至南阳等线路也能通车，这给界首的经济发展提供有利条件。

抗战前，界首主要街道有至公街、花布街、大义街、坊子街。大义街通往码头，沿河有街。除了部分门店外，商人大多临街摆摊设点售卖。皂庙、刘兴人烟稀少，尚无商务可言。抗日战争爆发，日寇相继攻占徐州、蚌埠、商丘、开封等城市，津浦、陇海、平汉铁路相继断绝。而未沦陷地区如洛、宛、陕、川的日常用品大多仍须购自沪、宁、蚌等地，其商品只有依赖颍河水路运输。"界首集位于颍河北岸，隔河为市，南岸为河南沈丘地，当本省最西水陆之冲，皖北粮食输豫多经是地，近年人口激增，商业特盛"②。当时界首的商业已远超过太和县城，该县城"街道窄狭，市肆商业远逊于西之界首集，北之原墙集"③。因界首拥有沙（颍）河水运之利，

① 民国《太和县志》卷1《舆地·区堡》。
② 贾宏宇：《安徽乡土地理——舒城太和》，《安徽政治》1946年第9卷第6期。
③ 同上。

迅速成为沪、宁、商、蚌等地进入内地之第一门户。"是以各方商贾咸来集聚，以此日渐繁荣，人口愈形增加。迨二十八年，突然成为豫皖边区贸易之中心与货运交通孔道矣"①。

界首三镇②畸形发展，兴盛一时，并非当时社会经济发展的结果，而是在国难当头，灾民遍野的情况下由于它所处的特殊交通地位决定的。③当时界首水陆交通发达，货物转运畅通。水路交通线有两条。一是界首至正阳关线，全程380华里，经税子铺—太和—阜阳—洄溜集—颍上—杨湖镇—沫河口—正阳关。二是界首至漯河线，至周口180华里，至漯河330华里。经过纸店—新安集—槐店—水寨—周口—逍遥—漯河。水运有轮船和帆船运输。界首设有长淮轮船公票处，轮船行驶于周口、正阳关之间。有嘉鄂、江安、飞鲸、恒发等轮船，每三日开航一次。在阜阳、杨湖镇、正阳关设有公票处。界首设有船业公会，主要从事帆船运输，行驶于漯河至正阳关之间，船只有500多只。陆路交通线主要有三条。一是界首河溜线，全线长338华里。由界首东行，路线为太和—关集—王市集—周集—蒙城—双涧集—龙亢—河溜，此为北路；南路为董集—三义集—黄隆集—河溜。二是界首亳州线。界首北行，经张大桥—大黄庙—张册店—沘河口—双沟—亳州。三是界首南阳及漯河线。界首至南阳，经沈丘—黄庙—谢桥—黄埠—杨凤集—诸市店—沙河店—羊册—赊旗镇—南阳。界首至漯河，经纸店—槐店—新站—水寨—周口—漯河。再由漯河向北至洛阳，向南可至老河口。④当时陆运汽车很少，主要是架子车、独轮车、自行车等，依靠大量人力

<hr>

① 韦光周编著：《界首一览》，政协界首市委员会文史资料委员会校订，1990年印刷，第17页。
② 界首三镇指抗战时期太和县的界首镇、颍河南岸临泉县的刘兴镇以及颍河北岸河南省沈丘县皂庙镇。1947年10月，界首解放，设界首市，刘兴、皂庙均划归界首市。1953年，撤市设界首县。1989年，撤县复市。
③ 界首市历史文化研究会、地方志办公室合编：《界首市的诞生》，黄山书社2001年版，第9页。
④ 韦光周编：《界首一览》，政协界首市委员会文史资料委员会校订，1990年印刷，第43—49页。

运货。货物主要有颜料、布匹、文具、中西药材、食盐、食糖、烟草、纸烟等。

界首的交通便捷与市场繁荣，引起了豫皖两省驿运处的重视。1940年6月，河南设立界首驿运站，固定运输路线有界首—叶县—洛阳、孟家楼陆路驿运线和界首—襄城水路驿运线，新建了界首—洛阳的汽车客运路线。该驿运站招用800多名运夫，拥有马车25辆，太平车25辆，架车、独轮车600辆。1941年5月，安徽省也在界首设立驿运站，固定运输路线有界首—正阳关、界首—蒙城两条陆路驿运线和界首—正阳关水路驿运线。该驿运站有固定运夫80名，临时运夫184名，驮驴25头，架子车395辆，独轮车100辆。1942年，沙河警备司令部设立了沙河船舶管理处，统管沙河水运。驿运的开办，交通秩序稳定，不但小宗的日用品货运频繁，而且大宗的竹木、茶麻、煤炭、粮食、食盐、烟叶和工业原料等日益增多，货物周转率大幅度提高，促进了商品流通，也吸引了大批外地商人来界首经商。一时间，界首遂成为20万人的商业城镇。[①]

交通事业的发展带来界首商业上的繁盛。当时界首三镇有街道70多条，主要街道为中山路、致中街、中正路、林森路、警备路、至公街、博爱街、富强路、三民路街、五权街、太平路、海晏街、裕民路、民族路、民权街等（具体见图5－2）。其中以致中路、中山路最具代表性。致中街系由沙河警备司令李铳、副司令王君培创建于1942年。要求沿街房屋均盖成二层楼房，统一规格，整齐划一，是当时界首最新最大的建筑群，共有600多间。街道上方以毛竹为架，用芦席覆顶搭棚，故称"天棚街"。"该两街均系楼房，门面整齐，为三镇商业之中心。商行以达川、大光为较大，其次即百货商店及零市店为最多，店内均系京广洋货，每日开市后，各店

---

① 王起才：《界首的交通业》，安徽省界首市政协编：《小上海岁月》，黄山书社1997年版，第84页。

货物陈列，琳琅满目，晚上则玻璃街灯，光明如同白昼"①。中山路的商业最为齐备，系三镇主要街道。其以中华贸易公司、信丰、大东、豫昌、金城、德孚、豫泰、华中等商行为大，其京货以中原、大成、大光、胜利等百货商店为大，鞋业以美最时、三友、三级等店为大，熟食也以希来饭庄、民众食堂为大，以三义斋为最经济。② 当时界首的大行栈、商店共有 657 家，小商贩和小摊贩近万户，到 1944 年底达到鼎盛。③

　　总之，抗日战争时期在津浦、陇海、平汉铁路运输断绝的情况下，界首因有颍河水运之便，成为敌占区进入内地的唯一孔道和重要门户。加上国民党驻军为战时需要修筑公路，并设置驿运，形成了以界首为中心通往各地的水陆交通网，沪宁京津货物经过徐州、蚌埠沿淮河、颍河而上，由此再转运至洛阳、西安、南阳、襄樊。因此，界首畸形发展，人口骤增，商贾云集，大量难民到此谋生，城区面积不断扩大，市场空前繁荣，成为豫皖边区经济、政治和文化中心，被誉为"小上海"。在界首繁盛的诸多因素中，交通方面的因素是不可或缺的。一是其地理优势，即它是沦陷区通往国民党大后方的交通孔道和货物转运口岸；二是铁路运输断绝后，抗战军民努力开辟了以界首为中心，以颍河水路为主干发达的水陆运输网。抗日战争胜利后，驻守界首的军政机构撤走，人员纷纷离去，巨商大贾也将生意迁回大都市，寄居界首的难民也返回家乡。界首人口从 20 多万人迅速下降至 7 万人。此时的界首虽不能与抗日战争时期相提并论，但其仍不失为皖北商业重镇。这为界首解放后建县设市打下了坚实基础。

---

　　① 韦光周编：《界首一览》，政协界首市委员会文史资料委员会校订，1990 年印刷，第 19 页。
　　② 同上书，第 17 页。
　　③ 李建军：《商业的发展及其特点》，安徽省界首市政协编：《小上海岁月》，黄山书社 1997 年版，第 46 页。

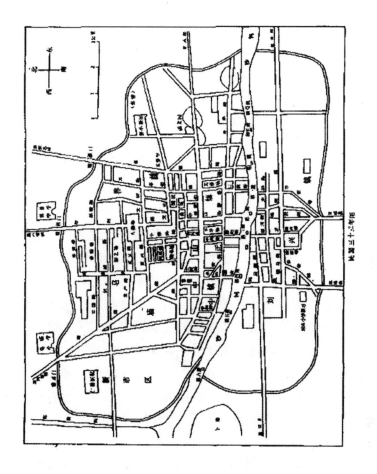

图 5-2　界首三镇街市形势①

　　洄溜集原名洄窝溜集，因濒临颍河转弯处而得名。洄溜集的兴起应该在清中后期。明代的正德《颍州志》中对其并无记载。清代乾隆《颍州府志》对此地有记载："洄流集，东乡三十五里"②；此书还对当地的洄龙桥有记载："洄龙桥，洄窝溜集，东乡四十里，居民马坤修"③。道光《阜阳县志》对此有两处记载，一是"东三

————————

①　安徽省界首市政协编：《小上海岁月》，黄山书社1997年版，第369页。
②　乾隆《颍州府志》卷2《建置志·村集》。
③　乾隆《颍州府志》卷2《建置志·桥渡》。

里，泅溜集、留陵口、炉熬店、柳沟村"①；二是"泅龙桥，县东三十里，泅溜集。里人马坤修"②。在传统交通方式下，皖北地区土路崎岖，依靠笨重的畜力车和人力车运载货物，难以满足商业发展的需求，大宗的商品主要依赖水路运输。泅溜集水运条件优越。阜阳三里湾一段，因河道较浅，枯水期难以通行较大吨位的船舶，而泅溜集的颍河大拐弯处河宽水深，湾流回旋，适合船舶通行、停靠，自然成为来往船只的天然良埠。由此向上游，经颍州三里湾、太和税镇、界首，可达河南商业重镇周口；向下游，经颍上，至正阳关入淮河，经蚌埠、临淮关，入洪泽湖，可至南京等地。

清末民初，泅溜集商业达到鼎盛。当时沿颍河用青石铺成的三条大街上有商行80多家，有大别山茶行、穆印同盐行、竹木行、瓷器行、牛羊行、煤油铺、当铺等。码头上经常停泊着载重数十吨至百吨的船只，把颍州一带的粮、油、棉、麻运出，又将沿海的丝绸、蔗糖、食盐以及六安竹木、茶叶、山货由此运入，成为皖北地区重要的商品集散地。这里商贾云集，店铺鳞次栉比，一度被称为"小香港"。商业上的繁荣，使泅溜集的政治地位上升，成为阜阳县东乡的政治、经济中心。当时阜阳县附郭十一乡（镇）直属县政府，东为泅溜区，南为王化集区，西为大田集区，北为王老人集区。泅溜区辖泅溜镇、北照乡、临润乡、袁集镇、夷陵镇、九宫乡、新集镇、致和乡、朱寨乡、张寨乡、正午镇、中流镇、枣庄乡、瓦房乡、炉熬乡、公平乡、润河乡、许堂乡等18个乡镇，共153保。③

新中国成立后，随着公路运输的发展，许多商品舍舟登陆，颍河水运渐趋衰落。特别是20世纪60年代河南沈丘老节制闸建成后，切断了漯河至界首的营运航线，致使这条具有2000余年通航历史的省际航线只能分段通航。④颍河水运进一步衰落。依靠颍河

---

① 道光《阜阳县志》卷3《建置·诸乡》。
② 道光《阜阳县志》卷3《建置·津梁》。
③ 民国《阜阳县志续编》卷1《舆地·行政区划》。
④ 马茂棠：《安徽航运史》，安徽人民出版社1991年版，第422页。

水运而兴的洄溜集，其交通优势日益弱化，加之该集镇地处颍河拐弯处，兴修公路较为困难，直至当前，洄溜集只有一条乡间小公路与外界联系。这使洄溜集在乡镇调整过程中不再是乡镇政府的驻地，而日渐被边缘化。1949 年 4 月，阜阳解放，阜阳县下设 18 个区，256 个乡（镇），洄溜区是 18 个区之一，仍是区政府的驻地。1958 年，撤区、乡，改建人民公社，洄溜集不再是公社驻地，而是改属新设的袁寨公社。1984 年，改人民公社为乡镇，洄溜集属袁寨镇。① 1992 年三十里铺乡成立，洄溜集归属三十里铺乡。1996 年，撤阜阳县，设颍州、颍泉、颍东三区，洄溜集属颍州区三十里铺乡，成为颍州区东北角与颍东区袁寨镇接壤的一个偏远的行政村。总之，洄溜集的衰落是颍河水运逐步让位于公路运输，从而导致商品运输路线发生变更，交通区位优势逐渐弱化而造成的。

（二）涡河沿岸的义门集、龙亢

义门位于涡阳县西北，涡河之畔，是一座古老的城镇。春秋时代，该镇属楚国边地，介豫州、徐州之交，居亳州、蒙城之间。唐代在此设真源县，该镇为县治。因此地庙宇林立，又称为庙集。宋元明时期，义门属亳州。清同治三年（1864），设涡阳县，义门从亳州划归涡阳管辖。此后，该镇一直属涡阳县。1935 年义门改为涡阳县第三区，所辖范围扩大到新兴集各保。新中国成立后，义门设区，辖一镇十三乡。1958 年设人民公社，所辖区域范围有变动。1979 年复设义门区。1992 年撤区并乡（镇），设义门镇。1993 年被涡阳县政府批准为副县级建制镇。

在传统交通方式下，义门交通主要依赖涡河水运。本地出产的粮食、中药材、苔干、牛羊皮等大多经由涡河运出，涡河成为该镇经济发展的动脉。陆路交通主要有涡亳之间的官道。1936 年，国民政府在此官道的基础上修筑蚌亳公路，对路基进行整修，路面铺有石子、砖渣，晴通雨阻。运输工具主要是"红车"和"小土车"，载重一般四五百斤，均是人推人拉。除此之外，还有畜拉太

---

① 阜阳县地方志编纂委员会编纂：《阜阳县志》，黄山书社 1994 年版，第 45 页。

平车。当时陆路运输能力较低，大宗商品仍由水路运输。

清末民国时期，由于涡河上通亳州、鹿邑，下达涡阳、蒙城、怀远、蚌埠，外埠商人不断到义门收购中药材、牛羊皮等农副产品，销售食盐、煤油等日用商品，义门成为涡阳西部重要的商品集散地。该镇城镇规模较大，城内有 8 条街道。一是西顺河街，由三桥口至小隅顶，此街南端建有"迎董门"；二是西大街，由大西门至水巷口，大西门又称"瞻华门"；三是东顺河街，北起水巷口，南至四桥口，四桥口建有小南门，门上石匾刻有"伯俞故里"四字；四是东大街，自水巷口始经穆阁巷至东大门，建有"蕴德门"，再向东为东正门，上书"古真源"三字；五是花巷街，由花巷口至大北门，大北门又称"锡类门"；六是穆阁巷，由穆阁巷口至天主堂，天主堂南设有"拱辰门"；七是公馆街，自穆阁巷中心至花巷街中心，当典坑东边设有"怀柔门""寅宾门"；八是天相街，从袁家坑向西至西河沿，西首设有"天相门"。涡河南岸有三桥街、史小街、邓小街、四桥街，这四条街均系砖城以外的街道，又名"四关"（具体见图 5 - 3）。[①]

义门商业门类齐全，如牙行、花行、船行、盐行、烟酒、医药、饭店、茶馆、理发、浴池、木料、棉布、油漆、铁货等商店布满集镇的各条街道。[②] 仅涡河南岸的"四关"就有"鼎裕杂货行""瑞昌杂货行""德隆杂货行""瑞昌烟草公司""杨记首饰店""庆瑞昌布庄""张记布庄""吴记药草行""泰源堂药房""石记酱园""广成油杂铁货店""谭家饭馆""锁家饭馆"等 127 家大小商店。此外，该镇还有理发、浴池、照相、各类摊贩 300 多家，较大的商户是德隆、瑞昌、泰源堂等几家，每家资金约有一两万元，其他商户资金多则两三千元，少则二三百元。[③] 镇上开设的钱庄有"同泰昌""万祥盛""泰来成""德兴昌""义和勇""庚沅"六

[①] 涡阳县义门区编史修志办公室编：《义门区志》，1983 年印刷，第 12 页。
[②] 同上书，第 89 页。
[③] 同上书，第 90 页。

家，其他规模较小的钱店有 12 家，[①] 主要经营存、放款业务，获利颇丰。这一时期，镇上还建有多家会馆，如"山陕会馆""河南会馆"等。

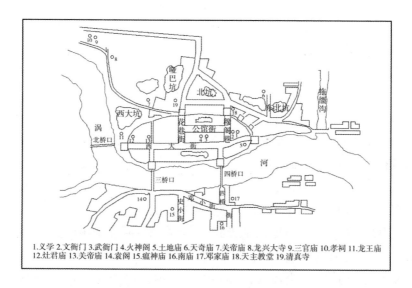

1.义学 2.文衙门 3.武衙门 4.火神阁 5.土地庙 6.天奇庙 7.关帝庙 8.龙兴大寺 9.三官庙 10.孝祠 11.龙王庙 12.灶君庙 13.关帝庙 14.袁阁 15.瘟神庙 16.南庙 17.邓家庙 18.天主教堂 19.清真寺

图 5 - 3　义门古镇②

今天的义门镇交通更为便捷，307 省道由镇南端经过，可连接 105 国道和宁洛、济广高速，加上涡河水运，这成为义门镇经济发展与城镇建设的主动力，现在的义门镇是安徽省 60 个小城镇重点建设镇之一，被国家命名为"中国苔干之乡""药材产区"，区域经济中心的地位进一步巩固。

龙亢位于怀远县西北，历史悠久。西汉建元四年（公元前 137 年），设龙亢县，后为龙亢侯邑所在。南北朝时期，梁武帝置龙亢郡。隋开皇初年，郡县俱废。唐武德四年（621）复置龙亢县。北宋沿旧制。1127 年，北宋灭亡，龙亢县废。元置怀远县，龙亢属

---

①　涡阳县义门区编史修志办公室编：《义门区志》，1983 年印刷，第 128 页。

②　此图根据涡阳县义门区编史修志办公室编：《义门区志》，1983 年印刷中的《义门古镇略图》绘制而成。

之。明清循旧制。乾隆二十一年（1756），怀远县主簿移驻龙亢。民国初年，县下设区，龙亢为第十区。1932 年，保甲制推行，龙亢辖 70 保、713 甲，包括寨头、贡集、河溜、大成、燕集、太平、顺河、池庙等。1936 年，怀远县合并为 5 个区，龙亢为第四区。

明末清初，龙亢城址因战争破坏而变化。据嘉庆《怀远县志》记载："今汇源桥北，俗名上集，前临抄河，西至崇宁寺二里，东至萧桥一里余，地皆瓦砾，碎如鸡卵，居人耕耘处，时获金石残器，其为龙亢旧址无疑"[1]。据此可以确认，龙亢古城在抄河以北的关庙一带。明崇祯十四年（1641）二月，李闯王农民军一部攻占龙亢，焚烧并行，龙亢煨烬。[2] 此后，龙亢城区重心移至涡河岸边，抄河以北城区渐成废墟。

龙亢水陆交通发达。涡河由蒙城界沟入境，经龙亢流向东南，在怀远县城东北入淮。涡河河槽宽深，水量丰富，有航运之利，上达蒙、亳，下通怀远，由淮河入洪泽湖，可至江南地区。陆路有宿州至寿州的驿道和怀远至蒙城的铺路由此经过。清代，龙亢商业比较发达，成为怀远西部粮油集散地。民国初年，蚌埠崛起，成为皖北交通与商业中心，对龙亢的商业较强的商业辐射。龙亢的城镇规模和商业发展很快。当时龙亢有南北街道 4 条，东西街道 2 条。街道大部分用条石和块石铺筑，是全县乡村集镇中最好的街道。商业主要集中在后街和庙巷街。该镇建有四门，南门外有石阶通往顺河街，席行、面行和山货竹器行多在此街。粮行大多分布在东、西、北门外。抗日战争时期，为了适应盐业的发展，东门外新辟 2 条土街，在涡河对岸也兴起一条街道，主要是旅店和饭店[3]（具体见图 5 - 4）。

---

① 嘉庆《怀远县志》卷 13《古城戍考》。
② 嘉庆《怀远县志》卷 12《大事记》。
③ 怀远县《龙亢志》编纂委员会编：《龙亢志》，方志出版社 2002 年版，第 64—65 页。

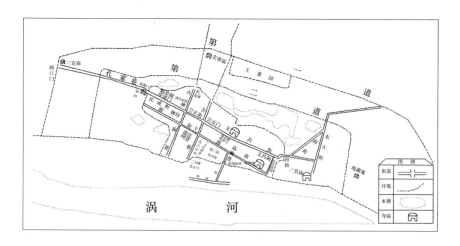

图 5 - 4　抗日战争时期龙亢概况①

　　同时，龙亢镇一些大的商号与蚌埠的商号建立合作关系。如邵正升杂货店经销的美孚牌煤油、老刀牌香烟等，均由蚌埠商号发货。其他商店如王丽山的食盐店，东泰丰、西泰丰、王家丙、张凤周、时景春的京广货店，汤正兴、东泰丰经营的光华、亚细亚、德士古、飞鹰牌煤油等，均因价格合理，吸引了陈集、褚集、板桥、临焕以及亳州、豫东等地的客商前来交易。龙亢码头经常停泊货船数十艘，粮油收购季节多达上百只。帆樯林立，甚为壮观。当时全镇有大粮行 18 家，粮商 7 家，油行 7 家，面行 5 家，竹木店 2 家，窑货店 2 家，船行 2 家。在批发商中，杂货 1 家，盐行 1 家，绸缎布匹 2 家，酱园 2 家，其他商号 30 余家。②

　　抗日战争时期，龙亢位于敌占区和抗日后方的接合地带，距离铁路较远，日军难以控制，加上涡河的水运便利，许多商人从敌人封锁区将食盐、百货、布匹等货物运至龙亢、河溜一带销售。鄂、豫、陕等省的客商均来此进货。龙亢还是当时商业重镇界首重要的

---

　　①　此图根据怀远县《龙亢志》编纂委员会编：《龙亢志》，方志出版社 2002 年版中的《抗战时期龙亢概况图》绘制而成。

　　②　怀远县《龙亢志》编纂委员会编：《龙亢志》，方志出版社 2002 年版，第 167 页。

商品来源地之一。① 据统计，1940 年，龙亢有盐行 72 家，百货店 39 家，绸缎布店 23 家，粮行 24 家，酒油行 8 家，面行 10 家，鱼行 8 家，牲畜行 5 家，酒坊 30 家，糖坊 5 家，油坊 3 家，染坊 5 家，以及猪羊行、席行、柴行等数十家，共计 564 家（具体见表 5 - 18）。当时，贩盐者大多手推独轮车成帮结队，太平车络绎不绝。往来客商的增多，使饮食、旅店等服务行业也大有发展，龙亢商业异常繁荣，故有"小南京"之称。②

　　抗战胜利后，由于政治、经济形势的变化，龙亢商业顿衰，商户锐减到 222 家（具体见表 5 - 17）。此表中龙亢抗战期间和战后商户数量的变化，清晰地反映出该镇商业由盛到衰的过程。龙亢镇商业兴盛是与抗战期间特殊的经济环境分不开的，在当时铁路交通断绝的情况下，只能充分利用水运、陆路人力运输来保障大后方的物资供给。龙亢有涡河水运的便利，又地处敌占区和抗日后方接合部，形成了沿涡河的水陆商路，在商品转运过程中，也带给龙亢自身商业的繁荣和街区的扩展。抗战胜利后，铁路、公路运输渐趋畅通，战时形成的商路被废弃，龙亢商业衰落就在所难免了。

二　淮河南岸主要商业城镇

（一）淠河沿岸的苏家埠

　　苏家埠即今天六安市裕安区苏埠镇，位于大别山东北麓，居于淠河中游。很早的时候，有苏姓人家在淠河上摆渡，故称"苏家渡"。为了方便商旅，在渡口设有茶水、小吃等铺子，又称"苏家铺"。因有淠河水运之利，大批竹木茶麻在此集散、转运，此地逐渐成为码头、商埠，于是人们称之为"苏家埠"。1984 年，撤区设镇，称"苏埠镇"。苏家埠是淠河茶麻古道中从津渡发展到繁荣商

---

① 韦光周编：《界首一览》，政协界首市委员会文史资料委员会校订，1990 年印刷，第 20 页。
② 怀远县《龙亢志》编纂委员会编：《龙亢志》，方志出版社 2002 年版，第 167—168 页。

表 5 - 18 　　　　　　　　1940—1948 年龙亢镇商户统计 　　　　　　　单位：户

行业		1940—1945 年	1946—1948 年	行业		1940—1945 年	1946—1948 年
日用百货	棉布店	23	15	酒油、杂货	酒坊	30	10
	纱布店	2	0		油坊	3	3
	丝店	4	2		酒油行	8	3
	毛巾店	1	0		丝烟店	4	0
	帽店	2	0		香店	1	0
	银饰店	6	5		糖坊	10	6
	其他	36	20		纸坊	1	1
盐粮业	盐行	72	0		缸场	2	0
	粮行	24	16	食品业	猪肉铺	8	4
	面行	10	5		畜禽行	2	2
服务业	理发店	10	10		鸡蛋行	6	0
	浴池	3	1	其他牙行	蔬菜行	3	1
	染坊	5	1		牛行	8	1
	修钟表店	1	0		船行	1	0
	镶牙店	1	0		竹器行	8	1
	菜馆	6	4		木器行	3	1
饮食业	饭店	60	15		席行	8	1
	菜馆	11	0		竹篮行	1	0
	馄饨店	4	2	药店		8	7
	麻苏店	1	0	酱品店		5	2
	卤菜店	8	6	水作坊		67	35
	其他	83	39	食品业		16	6
				合计		564	222

　　资料来源：怀远县《龙亢志》编纂委员会编：《龙亢志》，方志出版社 2002 年版，第 169 页。

埠的典型代表。[①]

　　苏家埠系淠河出山入淮的第一镇，水运发达。由此向上游，毛筏可达独山、麻埠、霍山等地，下游可至正阳关入淮，经淮河可至长江，经颍河可达阜阳、周口。明清时期，大别山一带的茶麻、竹木、药材等土特产品的外运，沿海地区的食盐、日用百货的输入，均在此集散。可谓万商云集，百业兴旺。淠河是苏家埠繁荣的经济大动脉，水上运输约占货物总吞吐量的80%。[②] 在传统交通方式下，陆路运输较为落后，不论是进城下乡，只有土路可走。运输除肩挑手提外，只有手推独轮车，运载量不过五六百斤，且速度很慢。到了20世纪30年代，出于军事需要，国民政府修筑六安至苏家埠的公路，但该路系沙石路面，晴通雨阻，行车颠簸。抗日战争期间，政府又在韩摆渡设置汽车轮渡，可达独山，此两处公路通行汽车较少，难以形成运输规模。

　　苏家埠商业发达，明代已初具规模。清康乾时期，省内外客商云集，经商贸易，开店设号。十字街周围店铺鳞次栉比，作坊遍布；西、北大街及沿河一带，船行、茶麻行、粮油行、车轿行、搬运行、旅馆饭店、茶楼酒肆比比皆是。苏家埠大小商号近千家。其特点是"三多三少"：兼营店多，专营店少；独资店多，合营的少；外来户多，本地人少。按其经营方式分为行、店两大类。行，有门面、客房，无多少资金，代客买卖，收取买卖双方3%—5%的行佣。计有麻行、茶行、粮行、竹木行、杂货行、蹄脚行、船筏行等。店，有店面，又有一定的资金，自购或自制食品，自行销售。计有布店、杂货店、山货店、烟店、香店、窑货店、文具店、药店、茶叶店、银器店、炮竹等。[③]

　　苏家埠是皖西著名的土特产品集散地和交易中心。麻类的经营，在苏家埠经济领域举足轻重。早在清代前期麻的贸易已成规模。据清雍正三年（1725）徽州会馆碑文记载："苏家埠是姜、

①　马育良：《淠河"茶麻古道"初探》，《皖西学院学报》2012年第6期。
②　六安县《苏家埠镇志》编纂领导组编：《苏家埠镇志》1988年印刷，第278页。
③　同上书，第220—221页。

茶、麻、竹木、瓜果之地。白浒圩、韩摆渡、苏家埠、八里滩等保素为产麻之区，行青岛、营口，通日、俄诸国"①。到清末，苏家埠麻的贸易进一步发展。众多麻商中，江苏镇江的麻商居首位，年购麻可达20余万元。江苏德润堂白麻公所的设立，表明苏家埠麻业逐渐向规范化、规模化发展，并得到官府的保护。苏家埠众麻商禀请六安知州称："窃商等原籍江苏，寄治西乡苏家埠采购白麻运售出埠，每年约有20万金交易，向皆萍居星散，春往秋来，一切加减，行情评较，货每苦相离距远，划一为难，实于商业前途窒碍，前经商等议定买市房一所，合立德润堂。颜曰'江苏白麻公所'，以作商等议论麻业之地，赤契抄粘呈核。从兹终商情团聚，商力于国课民生而有裨益。诚恐人事代谢，后起变迁，将前任组织之艰难，或多懈怠。因公定规则数条②，缮粘电鉴恳准附示勒石，以便永远遵守，不许干涉。为此恳请赏准备案给示勒石，以慰商情，实为德便。"③ 此请得到六安知州批准，给示勒石，要求商民遵守。由此看出，麻业是苏家埠的经济支柱，麻业的兴衰成为苏家埠商业的晴雨表。麻贵则麻农收入多，市场兴旺；反之，麻贱，则百业不振。④

茶叶是苏家埠输出商品中仅次于麻类的商品。茶行有十多家，以"春茂茶庄"规模为大，主要是代茶商购茶。茶行将收购的茶叶进行分类用篓包装，再行载运。竹木、粮食也是苏家埠输出的主要

---

① 马育良：《淠河"茶麻古道"初探》，《皖西学院学报》2012年第6期。

② 所定规则四条：一、颜曰"白麻公所"，应属商等自有权利，凡仕宦过境，盖不借作行台，以及本镇富绅或有宴会酬神诸事假借公所，均一律不准认可；二、茶麻为六安出口巨宗，商等挟重资来镇购办白麻，实行于各山麻户，有成败相依之原，因公所为商等议论麻业之地，理应肃静。如有地痞游民藉词观览，肆行横闯，居邻或有任意倾泼污秽作践者，准商等扭案请办；三、公所为商等议论麻业之地，其余籍属江苏而非麻业者，不得在公所任意逗留视作旅邸。倘有因公交涉，非旬日可以解决，必住公所始能灵通者，准邀同人临时酌议；四、公所业经雇人看守，而商等春间运麻出口售卖，秋季始回六采办，公所之内或有存储麻捆各件，除请本保董事及邻右代为关照外，可否恳恩赏谕本保董事一体随时保护，以安商业。

③ 六安县《苏家埠镇志》编纂领导组编：《苏家埠镇志》（附录），1988年印刷，第493页。

④ 六安县《苏家埠镇志》编纂领导组编：《苏家埠镇志》，1988年印刷，第221页。

商品。这些商品主要通过淠河水路运出。河下帆船往来如梭，盛时近千，平常亦在三五百只。[①] 清末民初，每当春茶新麻上市，山东的茶客、江苏的麻商纷纷来此采购。大批的茶麻由大小船筏，由淠河经正阳关运往蚌埠，再转火车北上济南、天津，南下南京、上海。同时，外国商品也在苏家埠市场出现，如美孚石油公司将煤油运至该镇销售，逐渐取代了乡民传统的照明燃料。刘铭传家族在此设有当铺，规模很大。本地富商还开设钱庄，进行汇兑，并发行庄票，流通于皖西一带。商业的发达，使苏家埠一度拥有"小南京"的称号。当地"金麻埠，银独山，苏家埠就是金銮殿"的歌谣凸显了该镇的商业地位。

今天的苏家埠，是皖西大别山口重要的农副产品集散地和商贸中心，成为全国重点镇、省重点中心建制镇、省综合改革试点镇和省现代农业综合开发示范区。[②] 苏家埠之所以有今天的发展成果，除了其良好的经济基础外，主要是因为其便捷的交通条件。当淠河水运衰落，虽没有铁路经过，但公路运输已兴起，足以为该镇经济发展提供交通上的支持。

（二）史河沿岸的叶家集

叶家集即现在霍邱县叶集镇，位于该县西南，地处皖豫两省和金寨、固始、霍邱三县交界处。该镇南依大别山，西濒史河，素有大别山门户之称，是安徽西大门。明永乐年间一叶姓人家在此立埠经商，叶家集由此得名。清乾隆二年（1737），霍邱县将原设在开顺镇的"开顺汛"迁至叶家集，改称"叶家集汛"，增设外委千总一员，守兵六名，建营房一所。"开顺镇巡检司"也迁至叶家集，改称"叶家集巡检司"[③]。叶家集拥有史河水运之利，可上通大别山，下达淮河，交通便捷。据载，叶家集"西枕史，东濒淠，田肥

---

① 六安县《苏家埠镇志》编纂领导组编：《苏家埠镇志》，1988年印刷，第278页。
② http：//www.subu.gov.cn/SortHtml/3671/473957603685.html.
③ 霍邱县叶集镇地方志办公室编纂：《叶集镇志》1987年印刷，第1页。

而原沃，竹、茶、麻、米、菜之饶，甲于通郡。舟车旁达，商贾云集"①。明中期以后，该镇成为大别山区麻、茶、丝、竹、木、中药材、桐油、生漆等土特产集散地。各地商贾云集于此，叶家集商业渐趋兴盛。外地商人相继建立三楚、河南、河北、江西、山陕、安徽6家会馆。清代中叶，叶家集商业进一步繁荣，集镇建设有较大发展。当时该镇的五里长街，南北杂货、山区的土特产品应有尽有，镇上会馆、庙宇多达20多处，砖、瓦、木结构的楼房、住宅沿街栉比，各种货行、店铺、手工作坊遍布大街小巷。据同治《霍邱县志》记载："邑中舟车之集，商贾所凑，以叶家集为最"②。颍州府曾在此镇设立税卡，名曰"三府衙门"③。

清末民初，新式交通兴起，但是史河上南来北往的商贾贩运货物仍以帆船、毛排为主要运输工具。据1943年《皖报》记载，史河金家寨至叶家集段，有"江声""江风"两汽船从事客货运输。每逢汛期，每天下放的木船、毛排达300多只。④民国时期，叶家集公路交通有所发展。政府修通了叶家集至固始、叶家集至霍邱、叶家集至六安的公路。这些公路为泥石路面，晴通雨阻，很难满足客货运输的需求。因此，筹建铁路提到日程上来。清末规划勘测的浦信铁路一直没有付诸修筑，随着经济社会的发展，此路修筑再次提起。皖豫两省积极筹建合信铁路，该路东段为合叶铁路。合叶铁路路线为自合肥起，经官亭、六安、徐家集、杨柳店、大固店，至叶家集。全路共长140公里，建筑费概算为760万元，材料、车辆、机件等费用共需300余万元，此款由铁道部担保向外商借款；其余400余万元，其中150万元暂由建设委员会淮南铁路承担，余下款项由皖省政府筹集。⑤此路筹建，对于改善皖北乃至安徽交通

---

① 窦以显撰：《开顺分司庄去思碑》，霍邱县叶集镇地方志办公室编纂：《叶集镇志》（附录），1987年印刷。

② 同治《霍邱县志》卷2《营建志四·市镇》。

③ 霍邱县叶集镇地方志办公室编纂：《叶集镇志》1987年印刷，第8页。

④ 同上书，第46页。

⑤ 《合叶铁路将兴工》，《改进专刊》1936年第21期。

有着重要意义。"将来此路筑成，由合肥以达叶家集，豫省再接修展至信阳，则东西两端可与淮南、平汉两路衔接。如将来经济充裕，再将此合叶路另筑支线，由合肥达安庆。加之原有各公路互相联络，交通发达，皖省农产物品以及煤铁各种矿藏，可以尽量开发运输，农村繁荣可立而待"[①]。皖省政府立即行动，着手修筑，"现在合肥至六安间已告开工，六安至叶家集间亦已测量完竣云"[②]。但是，不久到来的抗日战争，使筹建该路的活动结束，叶家集与铁路失之交臂。

抗日战争期间，日军于1938年、1943年两次短暂占领叶家集。该镇成为撤往大后方的前哨站，国民党有两营军队在此驻守，"把地方农工商业维持常态，于是叶家集由动摇的状态而变为安定了，由衰落的状态变为繁荣了。小买卖生意的勃兴真像雨后的春笋，小贩商人获利不止三倍了，汽水每支不折不扣地要卖大洋一元，松甜的河南西瓜一角洋只两斤，一块洋十二斤的猪肉也涨到五斤半了。香烟、电池、手巾、鞋袜，这些日用品的销售，真有供不应求之势。食品店的生意，更不停日夜市。逃到这里的人停足了，逃到更后方的人回来了，是的，叶家集是破天荒的繁荣了"[③]。1949年6月，叶集解放，区政府成立。之后，叶集一直是叶集区、叶集公社、叶集镇的政府驻地。1993年，省委、省政府在叶集镇实施综合改革试点，并实行地区计划单列。1995年，叶集又被国家建设部、原国家体改委等11部委批准为全国综合改革试点镇，1998年12月，省委、省政府在试点取得明显成效的基础上，批准设立叶集改革发展试验区。2004年，宁西铁路通车，其皖境路线基本与当年合叶铁路相同，叶集镇成为宁西铁路进入安徽后的第一个重要站点，城镇发展获得强劲的交通动力，为该镇的下一步发展注入新的能量。

---

① 《皖合叶路提早兴筑》，《公余杂志》1937年第3期。
② 《合信路合叶段已动工》，《时事月报》1936年第15卷第6期。
③ 孤鹤：《繁荣了叶家集》，《全面战周刊》1938年第36期。

余论　新式交通与皖北地区城镇
变迁关系评析

清末民初，新式交通在皖北地区兴起。这冲击了皖北传统的交通格局，推动皖北传统城镇体系变动。同时，新式交通导致商品运输路线发生变更，成为皖北传统商路的变迁的主导因素。有学者将铁路为代表的新式交通纳入城镇乃至社会变迁的动力系统，且在这一系统中占有重要地位①。皖北地区也不例外，新式交通成为该地区城镇变迁的主动力。

一　新式交通推动皖北地区城镇体系变动

明清时期，在皖北地区传统城镇体系中，府、州、县城镇占主导地位，县级以下商业城镇居于从属地位。有明一代，凤阳府城的政治地位在皖北地区无城可比，其在经济上的地位也不可小觑。但随着商品经济的发展和长途贩运的兴起，皖北地区城镇体系中出现商业城镇地位明显上升的现象。明成化元年（1465）凤阳关的设立，表明皖北地区商品流通体系初步形成。凤阳关下设的正阳、临淮二关，因位于淮河水运商路的重要节点上，其商业地位与日俱增。清康熙三十三年（1694）凤阳关官署移驻正阳镇，专管正阳、临淮二关。晚清时期的正阳关有四个城门，城周围5里，城内修有

---

　　① 熊亚平：《铁路与华北乡村社会变迁1880—1937》，人民出版社2011年版，第308—312页。

主街 3 条，巷道 56 条，均为石条路面，街道整齐，商铺林立，沿河街道长约数里，码头 6 座，供泊船装卸之用。[①] 由此可东下扬州，南溯大别山，西入桐柏山，北上颍阜，数百年来为鄂、豫、皖边区货物中转、集散地，素有"皖北秦淮""小上海"之称。[②] 此时的正阳关已是皖北地区交通与商业中心，虽是镇的建制，但其商业地位远超州城——寿州城，也居于凤阳府城之上。这是商品经济发展过程中，传统商业依托淮河水路交通在正阳关这一交通节点上的集中体现，也是传统城镇体系中孕育出新的商业城镇的因素，虽未改变传统城镇体系，但一定程度上反映出皖北地区城镇体系发展变动的方向。

清末民初，皖北地区新式交通兴起。在新式交通的拉动下，皖北地区出现新的中心城镇，即皖北地区新的交通与商业中心——蚌埠以及煤炭资源型城镇——淮南，这冲击了皖北传统城镇体系，致使皖北地区以府、州、县为主导的传统城镇体系逐渐向新的城镇体系转变。

1912 年，津浦铁路通车，蚌埠迅速崛起，成为新兴的铁路枢纽性城市，[③] 也是皖北地区最大的城市。同时，铁路与水运联运的实现，进一步促进蚌埠成为皖北交通与商业中心。淮南城市的兴起源于煤炭资源的开发，这使人口快速集聚，大通、九龙岗等居民点形成；因运煤需要，修筑铁路，将大通、九龙岗与淮河岸边的田家庵连接起来，淮南城市的基本框架形成，淮南成为煤炭资源型城镇。这一时期，皖北地区的城镇的等级规模发生了明显的变化。一是蚌埠、淮南新兴城镇的经济规模和人口数量超过了皖北地区的县城、府城。而且蚌埠崛起于凤阳府城 20 公里外的淮河岸边，对凤阳府城的冲击尤为明显；二是传统的交通与商业中心正阳、临淮二

---

① 戴戒华：《历史名港——正阳关变迁》，《志苑》1990 年第 4 期。

② 沈世培：《文明的撞击与困惑：近代江淮地区经济和社会变迁研究》，安徽人民出版社 2006 年版，第 110 页。

③ 顾朝林：《中国城镇体系——历史·现状·展望》，商务印书馆 1992 年版，第 145 页。

关的商业规模和人口数量却因蚌埠的崛起而逐渐缩小。因此，经济规模和人口数量逐渐取代行政级别（府、州、县城），成为衡量城市等级规模的标准，这就进一步突破了以行政级别区分城市规模的传统体系，加快了城市等级规模的重构。① 随着蚌埠、淮南城市的进一步发展，1947 年 1 月，蚌埠设市，取得了与其经济地位相等的政治地位。淮南城市发展已势不可当，亦于 1952 年设市，成为安徽省重要的煤炭资源型城市。皖北传统城镇体系逐渐解体，向以区域交通枢纽和商业中心城镇以及新兴的煤炭资源型城镇为主体的城镇体系转变。

二　新式交通主导下的商路变迁

早在 1907 年，利淮小轮公司成立，运营于正阳关与江苏清江浦之间，这标志着皖北地区新式交通的兴起。但真正使皖北商路发生改变的则是铁路的运营。在铁路未兴起之前，淮河干支流的水运凭借运量大、运费低的优势在皖北交通体系中居于主导地位。随着铁路通行，铁路以其运量大、运速快、安全可靠等优点，成为皖北地区大宗商品运输的主要工具。淮河干支流水运逐渐成为替铁路输送货源的主渠道。这是淮河水运能够得以维持的基础。因处于淮河与津浦铁路的交点上，蚌埠占据水运与铁路运输的优势，并成功实现二者之间的联运，这也是蚌埠快速崛起的重要原因。

在传统交通模式下，皖北商品流通以水路运输为主，陆路运输为辅。淮河干、支流是皖北地区主要运输路线，该路线上重要的商品集散地有正阳关、临淮关、阜阳、亳州、六安等。以铁路为代表的新式交通兴起，极大地冲击传统运输方式，即由原来的淮河干支流水运转变为以铁路为主导的，淮河干支流水运为补充的运输体系。当时皖北地区主要物产如粮、茶、麻等沿淮河干流或沿颍、

---

① 熊亚平：《铁路与华北乡村社会变迁 1880—1937》，人民出版社 2011 年版，第286 页。

涡、浍等河运至正阳关或临淮关，再转运江或京津。输入的商品如江南的杂货以及食盐由水路运抵临淮关、正阳关，再行分销。新式交通兴起后，蚌埠城市崛起，皖北水路变更，即皖北输出商品通过淮河干支流水路集中蚌埠或后兴起的田家庵，通过铁路南下北上；输入商品则通过铁路或水路运抵蚌埠，再通过淮河干支流水运分销。这一时期，皖北地区的商品流向并未有明显的改变，但商品运输路线发生了改变，商品流通网络得以重构。这一重构的过程，也是传统水路运输逐渐让位于铁路运输的过程。民国时期张其昀《本国地理》的记载，清晰地反映了铁路通行导致传统商路变迁的情况。

> 淮水古称七十二涧，可见其支流之多，而以颖河水利为最大。由颖入淮，由淮入运，由运入江，舟楫极盛。其中兹清江浦至正阳关六百五十里，可航行小汽船，正阳关至郾城六百五十里，可航民船。惟周口至郾城一段，航行颇难。……其次，溯涡河可至亳州，溯浍河二百里可至六安。六安者，安徽中部产茶名区也。自平汉铁路、津浦铁路相继开通，而河南与安徽北部之物产，次第为所吸收，淮河水运渐行寂寞①。

三 新式交通是皖北地区城镇变迁的主动力

一个区域城镇体系的变动是以城镇变迁为基础的。新式交通的兴起，引发不同城镇因交通区位优势发生变化，从而导致区域内城镇或发展迅速，或发展缓慢甚至停滞，新城镇迅速崛起，进而使区域内新的城镇体系确立。这一过程的主要推动力就是以铁路为代表的新式交通。皖北亦是如此。

皖北地区传统的府、州、县城镇合肥、宿州等，因有铁路通过，城市获得新生，为城市未来发展获得交通上的优势，政治地位

---

① 张其昀：《本国地理》（上）第 10 版，商务印书馆 1932 年版，第 111 页。

得以提高，为宿州日后成为宿县专区政府所在地以及合肥成为安徽省会奠定了基础。而凤阳、阜阳、亳州因没有与铁路接轨，加上公路和水运推力极为有限，导致其传统交通枢纽或经济中心地位下降，城市发展缓慢或陷于停滞。作为皖北传统交通与商业中心的正阳关因与铁路失之交臂，其传统城镇地位逐渐被新兴的蚌埠取代，出现皖北地区交通中心的位移。临淮关虽有铁路通过，但其区位优势为蚌埠所夺，也失去了往日的荣光。与此同时，津浦铁路沿线的符离集、固镇、三界、明光等以及淮南铁路沿线的田家庵、水家湖、撮镇、洞炀、柘皋等小城镇兴起，成为铁路沿线的重要商业城镇。而这一时期的淮河主要支流沿岸的商业城镇如颍河沿岸的界首、洄溜集，涡河沿岸的义门、龙亢，漯河沿岸的苏家埠，史河沿岸的叶家集等，则因交通变迁而面临不同的兴衰命运。

以铁路为代表的新式交通的兴起，是近代皖北地区城镇变迁的主动力。不管是府州县城镇，还是县级以下的小城镇，得之则兴，失之则衰，变化十分明显。正如有学者所言："交通条件是制约农村地区市镇发展的关键性因素之一，这差不多是学术界的常识。市镇规模、结构、文化类型、商品经济发展水平等，无一不受制于它联系腹地及外部世界的交通手段……交通条件的改变，也必然引起市镇经济文化结构的相应的变化。"[①]

四　新式交通与皖北城市新风尚的形成

新式交通兴起，除了将外界的大量商品输入皖北地区，也将沿海城市生活习尚带到皖北。城市生活不再是"日出而作，日落而息"的农耕生活节奏，而是打破了传统作息时间，城市夜生活丰富多彩，皖北新的城市生活的风尚逐渐形成。蚌埠是"火车拖来的城市"，在城市快速发展的同时，商业极为繁盛。每当华灯初上，熙

---

① 包伟民主编：《江南市镇及其近代命运（1840—1949）》，知识出版社 1998 年版，第 111 页。

熙攘攘的人流向当时的二马路、华盛街一带聚集，人声鼎沸，热闹非凡。通过当时杂志的记载可以真实反映出蚌埠的夜景。

> 在黄昏的时候，正是它兴奋的开始。到二马路去看吧！好像辉煌的都市正在荡漾着呢！一堆堆的人蠕动着，一辆辆流线型的汽车吐出两道白虹似的银线，恰好在人与人相隔离的空隙中穿了过去。妖媚妖态的女人穿着华丽的单薄的衫子在人群潮浪中晃动，大商店的水晶窗里陈列着说不清什么名目的精致货品。带着诱惑性的各色的年红灯，发着强烈的光芒。在飘拂着的大减价、大赠品旗帜中流露出无线电尖锐悦耳的歌声。……但这时候最热闹的是东西两游戏场啊！那里有黄梅戏、扬州戏、合肥戏、徽北特有的扭古戏。还有大鼓京腔、梆子、玩猴子的、卖艺的、说书的、卖卜的……各种杂耍，无不应有尽有。人们的灵魂在飞舞，心情在荡漾，哗然的哄笑，青春的悼歌。[①]

新式交通也给皖北带来了新的生产方式——机器工业。工厂的工人主要是来自城市周边的农民，他们不再是完全依靠土地来生活。他们有的农闲时到工厂打工，补贴家用，有的因失去土地，只能到工厂劳动，养家糊口。甚至许多妇女也走出家门，到工厂上班。当时皖北地区宿州、亳州、阜阳等城市都出现了鸡蛋加工厂（亦称打蛋厂）。打蛋车间全部使用女工。每天早上7点钟汽笛一响，工人就要准时上班，中午留有一小时的吃饭时间，但不准出厂。晚上汽笛不响不能下班。女工按打蛋数量付给报酬。每天进厂，厂方每人发一个铜牌，凭牌领取前一天或几天的工资。[②] 当时宿州城流传着这样富有戏谑性的歌谣："中华民国大改变，闺女媳

---

① 孝痴：《蚌埠印象记》，《市政评论》1935年第3卷第21期。
② 雨辰：《外商投资兴办的鸡蛋加工厂》，《安徽文史资料全书·宿州卷》，安徽人民出版社2007年版，第338—340页。

妇去打蛋。临走浑身摸一遍，看你带蛋不带蛋。"① 亳州也有类似的歌谣："亳州风俗变，闺女媳妇去打蛋，八十钱天不管饭，又换衣来又称面，看来还是打鸡蛋。"② 这折射出新的生产方式对传统观念的冲击，由此看出妇女在新的生产方式中所发挥的重要作用，也体现出妇女自食其力的新思想。新的城市风尚初步形成。

---

① 雨辰：《外商投资兴办的鸡蛋加工厂》，《安徽文史资料全书·宿州卷》，安徽人民出版社 2007 年版，第 338 页。

② 洪冠军、周学良：《亳州的蛋厂》，亳州市政协文史资料研究会编：《亳州文史资料》（第 3 辑），1987 年印刷，第 122 页。

参考文献

一　地方志

（明）刘节等纂修：（正德）《颍州志》，上海古籍书社影印本 1963
年版。

（明）吕景蒙等修纂：（嘉靖）《颍州志》，上海古籍书店 1990
年版。

（清）张廷玉等撰：《明史》（四）（七），中华书局 1974 年版。

（清）王敛福修纂：（乾隆）《颍州府志》，黄山书社 2006 年版。

（清）刘虎文等修纂：（道光）《阜阳县志》，江苏古籍出版社 1998
年版。

（清）冯煦等修纂：（光绪）《凤阳府志》，江苏古籍出版社 1998 年版。

（清）冯煦等修纂：《皖政辑要》，黄山书社 2005 年版。

（清）钟泰等修纂：（光绪）《亳州志》，江苏古籍出版社 1998
年版。

（清）李蔚等修纂：（同治）《六安州志》，江苏古籍出版社 1998
年版。

（清）陆鼎敦等修纂：（同治）《霍邱县志》，江苏古籍出版社 1998
年版。

（清）曾道唯等修纂：（光绪）《寿州志》，江苏古籍出版社 1998
年版。

（清）李师沆等修纂：（光绪）《凤台县志》，江苏古籍出版社 1998
年版。

（清）黄佩兰等修纂：《涡阳风土记》，江苏古籍出版社 1998 年版。

汪簃等修纂：（民国）《重修蒙城县志》，江苏古籍出版社 1998 年版。

（清）都宠锡等修纂：（同治）《颍上县志》，江苏古籍出版社 1998 年版。

刘焕东修纂：（民国）《临泉县志略》，江苏古籍出版社 1998 年版。

丁炳烺等修纂：（民国）《太和县志》，江苏古籍出版社 1998 年版。

（清）何庆钊等修纂：（光绪）《宿州志》，江苏古籍出版社 1998 年版。

（清）贡震修纂：（乾隆）《灵璧县志略》，江苏古籍出版社 1998 年版。

（清）叶兰修纂：（乾隆）《泗州志》，江苏古籍出版社 1998 年版。

（清）方瑞兰等修纂：（光绪）《泗虹合志》，江苏古籍出版社 1998 年版。

（清）孙让等修纂：（嘉庆）《怀远县志》，江苏古籍出版社 1998 年版。

（清）赖同晏等修纂：（光绪）《重修五河县志》，江苏古籍出版社 1998 年版。

（清）杨慧等修纂：（道光）《定远县志》，江苏古籍出版社 1998 年版。

（清）于万培等修纂：（光绪）《凤阳县志》，江苏古籍出版社 1998 年版。

（清）张祥云等修纂：（嘉庆）《庐州府志》，江苏古籍出版社 1998 年版。

（清）黄云修等修纂：（光绪）《续修庐州府志》，江苏古籍出版社 1998 年版。

（清）左辅修纂：（嘉庆）《合肥县志》，江苏古籍出版社 1998 年版。

（清）张楷纂修：（康熙）《安庆府志》，江苏古籍出版社 1998 年版。

南岳峻等修纂：（民国）《阜阳县志续编》，江苏古籍出版社 1998 年版。

易季和等修纂：（民国）《凤阳县志略》，成文出版社 1975 年版。

安徽省地方志编纂委员会编：《安徽省志·交通志》，方志出版社 1998 年版。

安徽省地方志编纂委员会编：《安徽省志·商业志》，方志出版社 1995 年版。

安徽省地方志编纂委员会编：《安徽省志·医药志》，方志出版社 1998 年版。

安徽省地方志编纂委员会编：《安徽省志·烟草志》，方志出版社 1998 年版。

合肥市人民政府地方志编纂办公室编：《合肥概览》，安徽新华印刷厂 1987 年印刷。

蚌埠市志编纂委员会编：《蚌埠市志》，方志出版社 1995 年版。

凤阳县地方志编纂委员会编：《凤阳县志》，方志出版社 1999 年版。

阜阳市地方志编纂委员会编：《阜阳市志》，黄山书社 1993 年版。

阜阳县地方志编纂委员会编：《阜阳县志》，黄山书社 1994 年版。

安徽省六安县《苏家埠镇志》编纂领导组编：《苏家埠镇志》1988 年印刷。

长丰县地方志编纂委员会编：《长丰县志》，中国文史出版社 1991 年版。

固镇县地方志编纂委员会编：《固镇县志》，中国城市出版社 1992 年版。

涡阳县义门区编史修志办公室编：《义门区志》，1983 年印刷。

霍邱县叶集镇地方志办公室编：《叶集镇志》，1987 年刻印。

怀远县《龙亢志》编纂委员会编：《龙亢志》，方志出版社 2002 年版。

《炯炀区志》编纂领导小组编：《炯炀区志》，1987 年印刷。

王秾主编：《合肥市公路志》，安徽人民出版社 2002 年版。

杜广铎主编：《六安地区公路志》，安徽人民出版社 2000 年版。

刘济民主编：《蚌埠市公路志》，安徽人民出版社 1992 年版。

阜阳地区交通志编纂委员会编：《阜阳地区交通志》，1999 年印刷。

阜阳地区公路志编纂委员会编：《阜阳地区公路志》，中国对外翻译出版公司 1997 年版。

臧励龢等编：《中国古今地名大辞典》，商务印书馆 1931 年版，1982 年重印。

二　著作

盛叙功：《交通地理》，商务印书馆 1931 年版。

林传甲：《大中华安徽省地理志》中华印书局 1919 年版。

顾朝林：《中国城镇体系——历史·现状·展望》，商务印书馆 1992 年版。

薛毅：《英国福公司在中国》，武汉大学出版社 1992 年版。

［美］施坚雅主编：《中华帝国晚期的城市》，叶光庭等译，陈桥驿校，中华书局 2000 年版。

白寿彝：《中国交通史》，河南人民出版社 1987 年版。

茅家琦：《横看成岭侧成峰——长江下游城市现代化的轨迹》，江苏人民出版社 1993 年版。

邓亦兵：《清代前期商品流通研究》，天津古籍出版社 2009 年版。

张研等：《19 世纪中期中国双重统治格局的演变》，中国人民大学出版社 2002 年版。

张锦鹏：《南宋交通史》，上海古籍出版社 2008 年版。

周昌柏：《安徽公路史》（第 1 册），安徽人民出版社 1989 年版。

杨正泰：《明代驿站考》，上海古籍出版社 2006 年版。

谢国兴：《中国现代化的区域研究——安徽省（1860—1937）》，（台北）"中央研究院"近代史研究所 1991 年版。

武进：《中国城市形态：结构、特征及其演变》，江苏科技出版社 1990 年版。

宓汝成：《帝国主义与中国铁路（1847—1949）》，经济管理出版社

2007 年版。

宓汝成：《中华民国铁路史料 1912—1949》，科学文献出版社 2002
　　年版。

马陵合：《清末民初铁路外债观研究》，复旦大学出版社 2004 年版。

朱从兵：《铁路与社会经济：广西铁路研究（1885—1965）》，广西
　　师范大学出版社 1999 年版。

尹铁：《晚清铁路与晚清社会变迁》，经济科学出版社 2005 年版。

丁贤勇：《新式交通与社会变迁——以民国浙江为中心》，中国社会
　　科学出版社 2007 年版。

吴海涛：《淮北的盛衰：成因的历史考察》，社会科学文献出版社
　　2005 年版。

陈业新：《明至民国时期皖北地区灾害环境与社会应对研究》，上
　　海人民出版社 2008 年版。

马俊亚：《被牺牲的局部——淮北社会生态变迁研究（1680—
　　1949）》，北京大学出版社 2011 年版。

李德甫：《明代人口与经济发展》，中国社会科学出版社 2008 年版。

王鑫义：《淮河流域经济开发史》，黄山书社 2001 年版。

吴春梅等：《近代淮河流域经济开发史》，科学出版社 2010 年版。

牛贯杰：《17—19 世纪中国的市场与经济发展》，黄山书社 2008
　　年版。

张宁等：《阜阳通史》，黄山书社 1998 年版。

王鹤鸣等：《安徽近代经济轨迹》，安徽人民出版社 1991 年版。

王鹤鸣：《安徽近代经济探讨（1840—1949）》，中国展望出版社
　　1987 年版。

李天敏：《安徽历代政区治地通释》1986 年印刷。

郭学东：《蚌埠掌故》，黄山书社 2008 年版。

李良玉：《阜阳历史文化概观》，黄山书社 1998 年版。

李良玉等：《倪嗣冲年谱》，黄山书社 2010 年版。

沈世培：《文明的撞击与困惑——近代江淮地区经济和社会变迁研
　　究》，安徽人民出版社 2006 年版。

虞海深：《淮南古镇——正阳关史记》2008年版。

程必定：《近代安徽经济史》，黄山书社1989年版。

张义丰等编：《淮河地理研究》，测绘出版社1993年版。

王子今：《交通与古代社会》，陕西人民教育出版社1993年版。

王子今：《邮传万里——驿站与邮递》，长春出版社2004年版。

马茂棠：《安徽航运史》，安徽人民出版社1991年版。

中国社会科学院科研局编：《宓汝成集》，中国社会科学出版社 2008年版。

傅玉璋等辑纂：《明实录：安徽经济史料类编》，黄山书社2003 年版。

徐东平等主编：《淮河文化与皖北振兴——第六届淮河文化研讨会 论文选编》，合肥工业大学出版社2012年版。

廖声丰：《清代常关与区域经济研究》，人民出版社2010年版。

刘景纯：《清代黄土高原地区城镇地理研究》，中华书局2005年版。

熊亚平：《铁路与华北乡村社会变迁（1880—1937）》，人民出版社 2011年版。

曾谦：《近代山西城镇地理研究》，宁夏人民出版社2009年版。

郭海成：《陇海铁路与近代关中经济社会变迁》，西南交通大学出 版社2011年版。

赵世瑜：《小历史与大历史——区域社会史的理念、方法与实践》， 生活·读书·新知三联书店2010年版。

张德生主编：《安徽省经济地理》，新华出版社1986年版。

李胜田：《符离史话》，中国文史出版社2010年版。

三 报纸杂志

中国旅行社：《旅行杂志》（1927—1952）。

安徽省建设厅：《安徽建设》（1929—1931）。

安徽省建设厅：《安徽建设公报》（1931—1932）。

国民政府交通部交通公报处：《交通公报》（1921—1948）。

交通杂志社：《交通杂志》（1932—1937）。

国民政府工商部工商访问局：《工商半月刊》（1929—1935）。

李辛白：《安徽白话报》1908 年第 5 期。

北京经济讨论处：《中外经济周刊》（1923—1927）。

中国农业银行调查处：《农友》（1933—1938）。

实业部国际贸易局：《国际贸易情报》（1936—1937）。

中国养鸡学术研究会：《鸡与蛋》（1936—1937）。

天津国立北洋工学院：《北洋理工季刊》1935 年第 3 卷第 4 期。

上海申报馆：《申报》（1919 年、1936 年）。

安徽省立图书馆：《学风》（1935 年、1936 年、1937 年）。

财政部盐务署：《盐务公报》（1937 年第 2 期）。

市政问题研究会：《市政评论》（1934—1949）。

国立西北联合大学地理学系：《地理教学》（1937 年第 1 卷第 1—6
期）。

上海中国银行经济研究室：《中行月刊》（1931—1938）。

丙辰学社：《学艺》（1930 年第 1—6 期）。

中华全国铁路协会：《铁路杂志》（1935 年第 1—6 期）。

经济建设出版社：《经济建设半月刊》（1937 年第 8、9 期）。

上海青年中国社：《青年中国》（1936 年第 13—14 期）。

四　学术论文

王开队：《地理开放性对历史时期淮河流域社会发展的影响》，《淮
北煤炭师范学院学报》（哲学社会科学版）2009 年第 1 期。

李修松：《西周时期淮河流域工商业及交通简论》，《安徽史学》
1999 年第 3 期。

樊树志：《市镇与乡村的城市化》，《学术月刊》1987 年第 1 期。

陈业新：《清代皖北地区行政区划及其变迁》，《清史研究》2010 年
第 2 期。

张崇旺：《论明清时期安徽淮河流域蚕丝业的推广与变迁》，《中国

发展》2010 年第 6 期。

戴戒华：《历史名港——正阳关变迁》，《志苑》1990 年第 4 期。

张崇旺：《试论明清江淮地区的农业垦殖和生态环境的变迁》，《中国社会经济史研究》2004 年第 3 期。

李松：《民国时期煤炭资源开发与淮南城市近代化》，《安徽广播电视大学学报》2012 年第 1 期。

李忠萍：《民国时期合肥城市公共卫生事业述论》，《安庆师范学院学报》（社会科学版）2011 年第 4 期。

李伯重：《中国全国市场的形成：1500—1840》，《清华大学学报》（哲学社会科学版）1999 年第 4 期。

王开文：《曾国藩笔下的车船——周口百多年前交通纪实》，《周口师专学报》1996 年第 3 期。

刘秀生：《清代内河商业交通考略》，《清史研究》1992 年第 4 期。

邹逸麟：《略论历史上交通运输与社会发展的关系》，《复旦学报》（社会科学版）1991 年第 1 期。

邹逸麟：《黄河下游河道变迁及其影响概述》，《复旦学报》（社会科学版）1980 年第 1 期。

廖声丰：《清代前期凤阳榷关的征税制度与商品流通》，《淮南师范学院学报》2005 年第 1 期。

邓亦兵：《清代前期商品流通的运道》，《历史档案》2000 年第 1 期。

许檀：《清代河南商业重镇周口——明清时期河南商业城镇的个案考察》，《中国史研究》2003 年第 1 期。

许檀：《清代河南朱仙镇的商业——以山陕会馆碑刻资料为中心的考察》，《史学月刊》2005 年第 3 期。

丁贤勇：《方法与史实：以民国交通史研究为中心的考察》，《清华大学学报》（哲学社会科学版）2008 年第 3 期。

马陵合：《民营江南铁路的修筑与运营评述》，《安徽史学》2009 年第 3 期。

秦熠：《铁路与淮河流域中下游地区社会变迁（1908—1937）》，

《安徽史学》2008 年第 3 期。

朱正业 等：《民国时期铁路对淮河流域经济的驱动（1912—1937）》，《福建论坛》（人文社科版）2010 年第 10 期。

朱正业：《近十年来淮河流域经济史研究述评》，《社会科学战线》2005 年第 2 期。

马陵合 等：《张静江与淮南铁路——兼论淮南铁路的经济意义》，《安徽师范大学学报》（人文社科版）2005 年第 1 期。

马陵合：《地方史视野下的铁路交通：以近代安徽为例的思考》，《安庆师范学院学报》（社会科学版）2013 年第 2 期。

杨立红 等：《民国时期淮河流域汽车运输业探析》，《阜阳师范学院学报》（人文社科版）2010 年第 6 期。

谭刚：《陇海铁路与陕西城镇的兴衰（1932—1945）》，《中国经济史研究》2008 年第 1 期。

李荣：《从煤炭城市到山水城市》，博士学位论文论文，东南大学，2004 年。

章建：《铁路与近代安徽经济社会变迁研究（1912—1937）》，博士学位论文，苏州大学，2013 年。

周德春：《清代淮河流域交通路线的布局与变迁》，硕士学位论文，复旦大学，2011 年。

任文杰：《交通变革与蚌埠城市发展（1911—1938）》，硕士学位论文，复旦大学，2006 年。

张晓芳：《蚌埠城市历史地理研究》，博士学位论文，复旦大学，2007 年。

五　资料汇编及文史资料

宓汝成编：《中国近代铁路史资料》（1—3），中华书局 1963 年版。

宓汝成编：《中华民国铁路史资料（1912—1949）》，社会科学文献出版社 2002 年版。

聂宝璋等编：《中国近代航运史资料》（第二辑），中国社会科学出版社 2002 年版。

李良玉等编：《倪嗣冲函电集》，社会科学文献出版社 2011 年版。

阜阳县政协文史资料委员会编：《颍州古今》，1989 年版。

政协阜阳市委员会、文史资料工作委员会编：《阜阳史话》（第四辑），1984 年版。

政协阜阳市委员会、文史资料工作委员会编：《阜阳史话》（第六辑），1986 年版。

政协阜阳市委员会、文史资料工作委员会编：《阜阳史话》（第七辑），1987 年版。

政协亳州市委员会文史资料研究委员会编：《亳州文史资料》（第三辑），1987 年版。

政协亳州市委员会文史资料研究委员会编：《亳州文史资料》（第四辑），1990 年版。

政协亳州市委员会文史资料研究委员会编：《亳州文史资料》（第五辑），1992 年版。

政协亳州市委员会文史资料研究委员会编：《亳州文史资料》（第八辑），1997 年版。

政协亳州市文史委员会编：《中原宝藏——花戏楼》（第九辑），1999 年版。

中国人民政治协商会议安徽省委员会文史资料研究会编：《安徽文史集萃丛书之七——〈工商史迹〉》，安徽人民出版社 1987 年版。

中国公路交通史编审委员会：《中国公路史》（第一册），人民交通版社 1990 年版。

界首市政协编：《小上海岁月——抗日时期界首文史资料集》，黄山书社 1997 年版。

政协蚌埠市委员会、蚌埠市志编纂委员会编辑组编：《蚌埠古今》（第一辑），1982 年版。

政协蚌埠市委员会、蚌埠市志编纂委员会编辑组编：《蚌埠古今》（第二辑），1984 年版。

宿州市政协文史资料研究会编：《宿州市文史资料》（第二辑），

1992 年印刷。

《安徽文史资料全书·蚌埠卷》编委会编：《安徽文史资料全书·蚌埠卷》，安徽人民出版社 2005 年版。

《安徽文史资料全书·宿州卷》编委会编：《安徽文史资料全书·宿州卷》，安徽人民出版社 2007 年版。

《安徽文史资料全书·淮南卷》编委会编：《安徽文史资料全书·淮南卷》，安徽人民出版社 2007 年版。

《安徽文史资料全书·阜阳卷》编委会编：《安徽文史资料全书·阜阳卷》，安徽人民出版社 2007 年版。

《安徽文史资料全书·亳州卷》编委会编：《安徽文史资料全书·亳州卷》，安徽人民出版社 2007 年版。

《安徽文史资料全书·六安卷》编委会编：《安徽文史资料全书·六安卷》，安徽人民出版社 2005 年版。

《安徽文史资料全书·合肥卷》编委会编：《安徽文史资料全书·合肥卷》（上），安徽人民出版社 2007 年版。

《安徽文史资料全书·滁州卷》编委会编：《安徽文史资料全书·滁州卷》，安徽人民出版社 2007 年版。

后　记

　　本书是在我的博士学位论文的基础上修改而成的。在本书即将出版之际，内心感慨颇多。因为这是我的第一本真正意义上的学术专著，也是我近几年从事交通史、城镇史研究的最主要学术成果。

　　2003 年，我结束了八年的中学执教生涯，考入安徽师范大学社会学院，攻读中国近现代史专业硕士学位。在马陵合教授的指导下，我初步走上治学之路，步入学术的殿堂。2006 年，我硕士毕业，进入阜阳师范学院工作。马老师仍关心我的学术成长，给我诸多指导。2011 年，我再次拜在先生门下，攻读中国史专业博士学位。

　　安徽师范大学中国史学科实力雄厚，有王世华教授、李琳琦教授、周晓光教授、肖建新教授、庄华峰教授、欧阳跃峰教授以及恩师马陵合教授等名师。在读博的三年多的时间里，他们精彩的授课夯实了我的专业基础，拓展了我的学术视野，也增加了我对学术研究的兴趣。马老师结合我工作高校所在地区和研究的方向，指导我确立了博士学位论文的选题——"新式交通与皖北地区城镇变迁研究（1907—1949）"。

　　在论文写作过程中，除了在安师大图书馆查阅专业期刊和学术著作，我还先后到合肥、蚌埠、淮南、南京、上海等地的图书馆、档案馆搜集资料，还利用暑假，克服酷暑高温，驱车到凤阳、临淮关、正阳关、义门镇、龙亢镇、苏埠镇、界首市等实地调查，搜集第一手资料。在广泛搜集资料的基础上，围绕论文提纲，写

281

出几篇学术论文，提交马老师修改。尽管马老师行政工作繁忙，但对于修改学生的论文，却极为认真。比如《近代皖北交通中心的变迁》一文①，从论文的选题、框架，到参考文献，甚至字词、标点，马老师不厌其烦，数次修改，直到发表。由于学界长期对皖北地区的交通与城镇变迁研究不多，文章发表后引起学界较多的关注②。

除了修改论文，马老师也时刻关注着与我的毕业论文有关的资料。如果发现对我有价值的材料，他便及时告知我，经常深夜收到马老师提供论文资料的电子邮件。马老师对学术的追求、对学生的关爱，是我永远学习的榜样。

本书得以出版，我要感谢帮助过我的老师、专家、同事、亲友。首先，感谢恩师马陵合先生。如前所述，从论文选题到修改，都凝聚了先生太多的心血。在拙作出版之际，又蒙先生在百忙之中赐序，为本书增色不少。

其次，感谢给本书提出宝贵意见和建议的专家学者。在博士学位论文开题和答辩过程中，北京师范大学瞿林东教授、南京大学李玉教授、苏州大学迟子华教授、安徽大学周晓光教授、安徽师范大学王世华教授、李琳琦教授、肖建新教授、庄华峰教授、欧阳跃峰教授、徐彬教授等专家对我的博士学位论文提出了宝贵的意见和建议。本书责任编辑刘艳女士敬业负责，专业水平精湛，消除本书的一些疏漏和失误。

再次，感谢在学术上、工作上以及生活上给我诸多关心和帮助的领导和同事。他们是阜阳师范学院院长吴海涛教授、历史文化与旅游学院院长李良玉教授、书记吴云教授、副院长陈雷教授、吴修申教授、刘家富博士、郭从杰博士、陈玲玲老师、江进德老师、继续教育学院院长梁家贵教授、图书馆馆长王申红女士、科研处副处长魏遥教授、马克思主义学院王洪刚博士。

---

① 此文修改后发表在《安徽师范大学学报》（人文社会科学版）2013 年第 2 期。
② 此文先后被《中国社会科学文摘》2013 年第 7 期、《全国高等学校文科学术期刊文摘》2013 年第 3 期、《人大复印资料·中国近代史》2013 年第 7 期全文转载。

　　最后，我要感谢我的家人。我的妻子陈颖、儿子李论，他们无私的付出与支持，是我不断进步的动力。父母、姐弟的关爱，也使我精神上得到慰藉。在此向他们致以最真挚的谢意。

2017 年 7 月 26 日